氣の科学

経絡、気エネルギーの
電気生理学的証明と東西医学統合の試み

文学博士
本山 博

宗教心理出版

序　文

　現代は西洋医学がナノテクの進歩で、分子レベルの DNA の構造機能、基幹細胞の研究、癌細胞の特徴に基づく抗癌剤治療など、目覚しい進歩がある。しかし、人々の体質に基づく機能異常、あるいは精神不安定、神経症については、西洋医学は薬による対症的、一時的療法しかもたない。且つ、抗神経作用をもつ薬は長期連用で肝、腎臓機能を弱め、老化、痴呆を早める結果となる。その結果、西洋医学の進歩したアメリカ、ヨーロッパでも、alternative medicine、東洋医学、経絡医学による治療を受ける人口が増加している。

　一方、アメリカ、日本の東洋医学、経絡医学の学校は経絡を全く無視し、西洋医学的自律神経、生化学的観点から経穴の研究をしている。そして、治療効果はあまり上がらない。

　東洋医学と西洋医学の成り立ちを歴史的に振り返ってみると、西洋医学は中世、近代における死体の解剖、臓器の分類、機能の研究から始まり、顕微鏡の発達から細胞の次元に進み、現代はナノテクの発達で DNA 等分子レベルの研究に発展した。つまり、身体を電子顕微鏡等を通じて視覚で把握しうる物質の次元で研究している。

　しかし、神経細胞、各臓器の細胞、筋肉を動かしているのは、各細胞の内に含まれるミトコンドリアがクエン酸回路等で作り出した ATP が燐酸を分離して ADP になる時に生じる電気エネルギーである。

　われわれの身体は分子レベルまで細分化されたが、それらを機能させ動かすのはエネルギーである。物理学では、量子力学に至って、質量とエネルギーの相互変換を証明した。現代の医学は、未だ、分子レベルの物質、質量の医学である。

　これに対して、インドのヨギの瞑想時のプラーナの流れの体験に基づくナディ説が秦の時代に中国に渡り、ナディが「経絡」と訳され、プラーナが「気エネルギー」と訳され、中国の東洋医学の基礎を作った。

　東洋医学では、気のエネルギーを活性化し、そのバランスをとること、気エネルギーの不足（虚）している経絡に気を鍼灸で補い、過剰の経絡から瀉して、全身の経絡のバランスを整え、病気を防ぎ、健康を保つのがその目的である。

　しかし、東洋医学の学校は気エネルギーとそれの流れる経絡のことを忘れ、目に見える生化学的反応、自律神経の反応のみを追い求めて、本来の微細エネルギー医学である経絡医学のことを忘れている。

著者は、自らの長年のヨーガの経絡体操、瞑想によって、経絡と気の流れを実感してきた。これをなんとか科学的に証明する方法はないかと、この40年ほど研究を続けて、遂に経絡と気の流れを電気生理学的に証明することができた。
　それまでに多くの生理学会誌、東洋医学会誌、微細エネルギー医学会誌、CIHS（カリフォルニア人間科学大学院大学）のジャーナル、生命物理学研究所の *Life Physics* 等に以上の研究を発表してきた。これ等を一冊に纏めたのがこの本である。

　まず最初に、脳波計、生体用直流アンプによるGSR、脈波の測定で、ヨギの瞑想中の生理的特徴を研究した。しかし、これらの電気生理学的機器は、その時の被験者の生理的状態、精神的状態を捉えても、体質、性格等、長期的、体質的データは得られない。また、生体のもつ微細エネルギーの測定はできない。
　或る時、生体に矩形波電流をかけ、その周波数が5〜10MHzもある初期電流を測るgate回路アンプを作り、その初期電流を測定すると、GSRでは3Vの電圧をかけて3μA〜10μAの電流しか得られなかったのが、1000μA以上の電流が測定され、$e^{-\frac{t}{\tau}}$という指数関数に従って200〜500μsecの内に減衰し、3μA〜10μAの定常電流（GSR）になることを発見した。この1000μA以上の電流こそ、表皮でなく、真皮内の結合織の多水層の内を流れる電流であることが、次々と多くの実験機器で証明された。この真皮結合織を流れる電流は、表皮基底板のcapacitanceと真皮内の抵抗からなる直列回路を一瞬の内に通過する電流であることが判明した。
　この真皮結合織内を流れる電流こそ気のエネルギーのパラメータであり、真皮結合織内に経絡のあることが、次々と種々の実験を通して明らかになった。この真皮内電流を測る機械はAMI (the Apparatus for measuring the functioning of the Meridians and their corresponding Internal organs) と呼ばれている。

　次に、この気エネルギー、経絡による診断と西洋医学的診断との高い相関性、相補性も明らかとなりつつある。西洋医学では、神経症、体質、性格についての診断はなかなか決め手がなく判明しないが、これらも、各経絡内の気エネルギーの虚実、上／下比等でかなり診断基準が判明しつつある。
　経絡、気エネルギーは、人種、性別、年齢によって特徴ある相違を示し、シーズンの影響を受ける。また、日内バイオリズムも示す。
　各臓器と関連する経絡では、〔陰経の気エネルギー＜陽経の気エネルギー〕のように正常な〔陰＞陽〕の関係が逆転すると、その陰陽経絡と関係する臓器に疾病のあることを判定できる。ホメオパシーのレメディに関する実験では、レメディの分子はもはや水の中にない状態で、水の分子にレメディのエネルギーパターンが記憶され、それが各特定の周波数をもつ経絡の気エネルギーに影響することが予測された。

さらに、心的エネルギーや気エネルギーを特定の経穴（ヨーガのチャクラ）に送ると（超心理学でいうＰＫ）、その経穴を含む経絡に気エネルギーが急激に増加することが解った。これは今まで不問に付されてきた、心身相関のメカニズムの問題を解く鍵になるであろう。

　この本は、脳波計等よりS/N比の高い、高精度のDCアンプや私の発明したAMIによって、数年の間繰り返し実験し、再現性の高い実験結果に基づいて書いたものである。

　経絡、気エネルギー、生体の生化学的作用・変化を支えている生体の微細エネルギーの研究、東西医学の統合に関心をもつ医学研究者に、ぜひ、将来の医学の発展の一助として読んで戴きたいと思う。

著者
2008.8.23　ハワイにて

氣の科学

経絡、気エネルギーの
電気生理学的証明と東西医学統合の試み

目　次

序　文 …………………………………………………………………………………… iii

第Ⅰ章　気、AMI の基本的原理

序 ……………………………………………………………………………………… 3

Ⅰ．経絡の電気生理学的証明－神経系と経絡系は異なる情報系である－ ………… 3
　1）三焦経実験 ……………………………………………………………………… 3
　　　(1) 実験法と結果／(2) 考察
　2）三焦経・心包経に対するもう一つの実験 …………………………………… 5
　　　(1) 実験法と結果／(2) 考察
　3）結論 ……………………………………………………………………………… 6

Ⅱ．AMI …………………………………………………………………………………… 6
　1）AMI の概要 ……………………………………………………………………… 6
　2）測定された波形 ………………………………………………………………… 6
　　　(1) BP、AP について／(2) IQ と TC (θ)

Ⅲ．4つのパラメータの生理学的、経絡学的意味 ……………………………………… 8
　1）BP について ……………………………………………………………………… 8
　　　(1) 陰陽関係／(2) 治療テスト／(3) 結論
　2）AP は自律神経機能のパラメータ ……………………………………………… 9

Ⅳ．結論 …………………………………………………………………………………… 10
　（付） ……………………………………………………………………………………… 10
　　〔図・表・グラフ一覧〕 ………………………………………………………… 12

第Ⅱ章　肝疾患の経絡データにおける虚実のパターン

1) 目的 …………………………………………………………………………………… 25
2) 各肝疾患の西洋医学的診断と AMI データ …………………………………… 25
3) 各肝疾患患者数、西洋医学的診断、及び AMI 測定の日時 ………………… 25
4) データの統計的解析 …………………………………………………………… 25
5) 考察 …………………………………………………………………………………… 26
　(1) 実測値にみられる、肝疾患に対する AMI データのパターン ………… 26
　　　(A) 脂肪肝／(B) 肝炎／(C) 肝硬変／(D) 肝癌、肝不全／(E) 肝疾患の示す全身平均エネルギーの値
　(2) 標準化値にみられる、肝疾患に対する AMI データのパターン ……… 29
　　　(A) 肝炎／(B) 肝癌、肝不全／(C) 実測値と標準化値の診断パターンの比較
6) 結論 …………………………………………………………………………………… 30
　(1) 脂肪肝のパターン（実測値について）………………………………… 30
　(2) 肝炎のパターン …………………………………………………………… 30
　(3) 肝硬変のパターン ………………………………………………………… 30
　(4) 肝癌、肝不全のパターン ………………………………………………… 31
　〔表一覧〕……………………………………………………………………… 32

第Ⅲ章　人種間の経絡機能、気エネルギーの相違

1) 目的 …………………………………………………………………………………… 43
2) データの収集 …………………………………………………………………… 43
3) 測定法 …………………………………………………………………………… 43
4) パラメータの意味 ……………………………………………………………… 43
5) 統計的分析と考察 ……………………………………………………………… 44
　(1) 人種間の14経絡の平均値についての t 検定 ………………………… 44
　(2) ヒスパニック、アジア人、白人の間で、14経絡の BP 値で分散に相違を示すかどうかをみる ………………………………………………………………………………… 44
　(3) 最高 BP 値 1、2、3番の度数分布と最低 BP 値 1、2、3番の度数分布について、アジア人と白人のデータについて、χ^2 検定をする ……………………………………… 46
　(4) データを夏（7、8、9月）と冬（1、2、3月）に分けて分析する ………… 46

（A）夏のデータのｔ検定／（B）冬のデータのｔ検定／（C）夏のデータの分散分析／（D）冬のデータの分散分析／（E）夏のデータのBP最高値1、2、3番とBP最低値1、2、3番についての度数表と、そのχ²検定／（F）冬のBP最高値1、2、3番とBP最低値1、2、3番の度数表と、そのχ²検定

6) 結論 ………………………………………………………………………………… 49
　(1) 年間を通じてのデータの分析と考察に基づく結論 ……………………… 49
　(2) 夏と冬のデータの分析と考察に基づく結論 ……………………………… 50
〔註〕 ………………………………………………………………………………… 51
〔表一覧〕 …………………………………………………………………………… 53

第Ⅳ章　性別による経絡機能の同質性と異質性

1) 目的 ………………………………………………………………………………… 67
2) 測定法 ……………………………………………………………………………… 67
3) 統計的解析と考察 ………………………………………………………………… 67
　(1) 各月のBP平均値が男女間で示す〔男の$\overline{BP}$値＞女の$\overline{BP}$値〕〔男の$\overline{BP}$値＜女の$\overline{BP}$値〕の度数の分析と考察 ………………………………………………… 67
　　　（A）各月の被験者を男女共に30人ずつ、ランダムに選ぶ／（B）〔M＞F〕、〔M＜F〕についての分析と考察／（C）（B）からの小結論／（D）寒期における〔男＞女〕、〔男＜女〕の度数分布についてのマン－ホイットニ検定／（E）熱期、温暖期における〔男＞女〕、〔男＜女〕の度数分布についてのマン－ホイットニ検定／（F）結論
　(2) 経絡の虚実に男女間で差があるかどうかの分析と考察 ………………… 69
　　　（A）最実、最虚を示す男女間の共通経絡と、相違する経絡の比較／（B）（A）の結論／（C）男女間で、最実・最虚を異なって示す経絡についての男女間の比較／（D）（2）の結論
　(3) 流注順の経絡の活動度、気エネルギーの量の間に男女間で相関関係を示すかどうか …… 71
4) 全体の結論 ………………………………………………………………………… 72
　(1) 3)の(1)の(B)～(F)より ………………………………………………………… 72
　(2) 3)の(2)の(A)～(D)より ………………………………………………………… 72
　(3) 3)の(3)より ……………………………………………………………………… 72
〔表・グラフ一覧〕 ………………………………………………………………… 73

第Ⅴ章　シーズン、年齢、性別の気エネルギーへの影響

1) 目的 …………………………………………………………………………………… 85
2) データ ………………………………………………………………………………… 85
3) 分析法 ………………………………………………………………………………… 85
4) 各経絡（のBP値）と、性別、シーズン、年齢との間の因果関係の有無 ………… 86
   (1) 各経絡と各シーズンとの因果関係 ……………………………………………… 86
   (2) 各経絡と各シーズンとの相関関係 ……………………………………………… 86
   (3) (1) と (2) の要約 ………………………………………………………………… 87
5) 性別と各経絡のBP値との因果関係について ……………………………………… 87
6) 年齢と各経絡BP値との因果関係を単回帰分析で検定する ……………………… 87
  〔註〕……………………………………………………………………………………… 88
  〔表一覧〕………………………………………………………………………………… 89

第Ⅵ章　生体の生化学的ファクターの、気エネルギーへの影響
－諸種の血液検査結果項目とBPとの因果関係の分析－

1) 検査項目と検査方法 ………………………………………………………………… 97
2) 被験者数 ……………………………………………………………………………… 97
3) 各人、上記の血液検査項目（説明変数）と、各人のAMIによるBP平均値（目的変数）との間に因果関係があるかどうかを、重回帰分析及び単回帰分析で検定する … 97
   (1) 表Ⅵ-1、Ⅵ-2から ………………………………………………………………… 97
   (2) 血清浸透圧（説明変数）とBP平均値（目的変数）…………………………… 97
   (3) 表Ⅵ-4-1～2から ………………………………………………………………… 98
   (4) 表Ⅵ-5-1～2から ………………………………………………………………… 98
   (5) Alb、Glb（説明変数）とBP平均値（目的変数）との重回帰分析 ………… 98
   (6) 最高、最低血圧とBP平均値の重回帰分析 …………………………………… 98
   (7) 体脂肪、体重の各々とBP平均値の単回帰分析 ……………………………… 98
   (8) 年齢、身長の各々とBP平均値の単回帰分析 ………………………………… 98
   (9) AlbとBP平均値、GlbとBP平均値についての単回帰分析 ………………… 99
4) 結論 …………………………………………………………………………………… 99
  〔註〕……………………………………………………………………………………… 99

〔表一覧〕 100

第Ⅶ章　神経症、うつ病のBP（気エネルギー）への影響

1) 目的 113
2) 被験者 113
3) 実験法 113
　(1) CMI（Cornell Medical Index）について 113
　(2) FNI（Fujinami Neurotic Index）について 114
　(3) FDI（Fujinami Depression Index）について 116
　(4) AMI測定 118
4) 統計的解析 119
　(1) BPとCMIについての重回帰分析 119

　　(A) BP平均値 $\sum_{i=1}^{28} BPi/28$ とCMIの各領域Ⅰ→Ⅳのデータを数量化したものとの間に因果関係をみるために、重回帰分析を行なう／(B) 各経絡のBP（左右経絡BPの平均値。以下同じ）とCMI各項との重回帰分析／(C) 各14経絡のBPとCMIのカテゴリーⅠ、Ⅱ、Ⅲ、Ⅳの各々との間の単相関

　(2) BPとFNIについての重回帰分析 119

　　(A) BP平均値と神経症指数についての重回帰分析／(B) 各経絡のBP値と神経症各項との重回帰分析／(C) 7人の神経症と判定された被験者の各経絡BPとFNI各項との重回帰分析／

　(3) うつ病とBPとの重回帰分析 120

　　(A) BP平均値とうつ病指数（健常、中等症、重症）との因果関係／(B) 各経絡BP値とうつ病各項目との因果関係

　(4) 考察と結論 121
5) 結論 122
〔註〕 122
〔図・表一覧〕 124

第Ⅷ章　Psiのエネルギーが経絡、気エネルギーに変化を生ぜしめる

要約 ·· 147
1）目的 ·· 147
2）測定方法 ·· 148
3）被験者 ··· 148
4）統計的解析と考察 ··· 148
　（1）t検定 ··· 148
　（2）χ^2検定 ··· 148
　　（A）3クラスを分けないで、〔$C_1 - C_2$〕と〔$C_2 - E$〕との各々における各人の14経絡の各々のBP平均値間での有意変化の度数をχ^2検定して、〔$C_1 - C_2$〕と〔$C_2 - E$〕との間の有意変化の度数に有意差があるかどうかをみる／（B）各クラスに分けて、〔$C_1 - C_2$〕と〔$C_2 - E$〕との各々での、各人の14経絡の各々のBP平均値についての有意変化の度数をχ^2検定する／（C）結論
　（3）〔$t_1 > t_2$〕、〔$t_1 < t_2$〕についての分析と考察 ······································ 149
　　（A）3クラスについての分析と考察／（B）各クラス毎の〔$t_1 > t_2$〕、〔$t_1 < t_2$〕の度数分布のχ^2検定
　（4）t_1とt_2のマイナスとプラスの度数分布について ·· 151
　　（A）3クラスについてのχ^2検定／（B）各クラス毎に、t_2における（＋t）と（－t）の度数分布をχ^2検定する／（C）t_1、t_2での（－t）の度数分布をA、B、Cクラスについてみる／（D）小結論
5）A、B、C各クラスの特徴を示すデータサンプル ··· 152
　（1）Aクラスのt_1、t_2について（K.M.をサンプルとして選ぶ） ························· 152
　　（A）BP平均値についてのt_1、t_2について／（B）K.M.のマニプラチャクラにPsiエネルギーを送って生じた胃経のt_1、t_2について
　（2）BクラスのK.S.のt_1、t_2について ·· 152
　　（A）BP平均値についてのt_1、t_2について／（B）K.S.のマニプラチャクラにPsiエネルギーを送って生じた胃経のt_1、t_2について
　（3）CクラスのY.K.のt_1、t_2について ·· 153
　　（A）BP平均値についてのt_1、t_2について／（B）Y.K.のスワディスターナチャクラにPsiエネルギーを送って生じた、膀胱経のt_1、t_2について
6）結論 ·· 153
　〔表・グラフ一覧〕 ·· 155

第Ⅸ章　ホメオパシーに関する実験

抄録 …………………………………………………………………………………… 171
1) 目的 ………………………………………………………………………………… 171
2) 被験者 ……………………………………………………………………………… 172
3) 実験方法と統計計算法 …………………………………………………………… 172
 (1) 実験前のAMI測定 …………………………………………………………… 172
 (2) 実験法 ………………………………………………………………………… 172
4) データの統計解析〔BP平均値（14経絡のBPの平均値）の回帰分析〕 ……… 173
 (1) 安静時の$\overline{BP}$データと錠剤を与えた場合の$\overline{BP}$データとの間に因果関係があるか …… 173
 (2) 安静時の$\overline{BP}$変化と、波動水を与えた場合の$\overline{BP}$変化との間に因果関係があるか …… 173
 (3) 考察と結論 …………………………………………………………………… 173
5) 各経絡のデータの解析法 ………………………………………………………… 173
 (1) 解析法 ………………………………………………………………………… 173
 (2) 解析と考察 …………………………………………………………………… 174
 (3) どの経絡が最もバーバリスブルガリスの影響を受けたか ………………… 175
〔註〕………………………………………………………………………………… 176
〔図・表一覧〕……………………………………………………………………… 178

第Ⅹ章　或る臓器について、自覚症状をもつが健康な人が各経絡で示す気エネルギーの虚実・陰陽関係パターンと、器質的疾病をもつ患者の示す虚実・陰陽パターンとの相違

Ⅰ. 目的 ………………………………………………………………………………… 191

Ⅱ. 自覚症状を伴った機能異常臓器をもつ人が各経絡で示す虚・実と〔陰＞陽〕パターン …………………………………………………………………………… 191
1) 被験者数－自覚症状のみをもつ被験者数－ …………………………………… 191
2) 自覚症状の分類 …………………………………………………………………… 192
3) データの統計的解析と考察 ……………………………………………………… 192
 (1) 胃症状をもつ人々の示す経絡の実と虚／(2) 心機能異常の自覚症状をもつ人の、実と虚のパターン／(3) 泌尿生殖器系に自覚症状をもつ人の、実の経絡と虚の経絡の度数分布パターン／(4) 胃、心機能、泌尿生殖器の自覚症状をもつ人が示す共通の実・虚の経絡パ

ターン、〔陰＞陽〕関係パターンは何を意味するのだろうか／(5) 結論

Ⅲ. 器質的疾患をもつ臓器における虚・実と〔陰＞陽〕パターン ……………… 196
　1) 糖尿病患者の各経絡における虚・実と〔陰＞陽〕 ………………………… 196
　2) 肝疾患における各経絡の虚・実と、〔陰＞陽〕関係のパターンについて …… 197
　　　（A）脂肪肝／（B）急性肝炎／（C）慢性肝炎／（D）肝硬変／（E）脂肪肝から肝硬変
　　　までの各経絡の虚・実と陰陽関係のパターン／（F）肝不全／（G）肝癌／（H）結論

Ⅳ. 総括 …………………………………………………………………………………… 198
　〔註〕……………………………………………………………………………………… 199
　〔図・表一覧〕………………………………………………………………………… 200

第Ⅺ章　真皮内に経絡がある
― 表皮、真皮における電位勾配、電流方向の比較 ―

要約 ………………………………………………………………………………………… 209

Ⅰ. 目的 …………………………………………………………………………………… 209

Ⅱ. 実験方法 ……………………………………………………………………………… 210
　1) 作動アンプと0点調節 …………………………………………………………… 210
　2) 三焦経3経穴での真皮内電位測定 ……………………………………………… 210
　3) 表面電位測定 ……………………………………………………………………… 210
　4) 心包経3経穴での真皮内電位、表面電位測定 ………………………………… 210
　5) 被験者 ……………………………………………………………………………… 210

Ⅲ. 統計解析と考察 ……………………………………………………………………… 211
　1) データによる電位測定と統計的解析 …………………………………………… 211
　2) 真皮内電位勾配と電流方向 ……………………………………………………… 211
　　　（1）三焦経の真皮内電位勾配と電流方向／（2）心包経の真皮内電位勾配と電流（気の流れ）
　　　方向／（3）肺経の真皮内電位勾配と電流方向
　3) 表皮における電位勾配と電流方向 ……………………………………………… 213
　　　（1）三焦経表面電位と電流方向／（2）心包経表面電位と電流方向／（3）肺経表面電位と電
　　　流方向
　4) 真皮内、表皮における平均電位の比較 ………………………………………… 214
　　　（1）真皮内心包経、三焦経の電位の比較／（2）表皮の心包経、三焦経の各点における電位

の比較／(3) 真皮内内関（心包経）と外関（三焦経）の電位勾配の差について

- Ⅳ．結論 ·· 215
- Ⅴ．補完（supplement） ·· 216
  - 1) 補完（supplement）の目的 ·· 216
  - 2) 統計的解析と考察 ··· 217
  - 3) 補完の結論 ··· 218
  - 〔註〕 ··· 218
  - 〔図・表・グラフ一覧〕 ··· 219

第Ⅻ章　陰陽関係による経絡間の因果関係についての実験と結果

- Ⅰ．要約 ··· 247
- Ⅱ．測定と統計解析 ··· 247
  - 1) 測定 ··· 247
  - 2) 被験者 ··· 248
  - 3) 統計解析 ·· 248
- Ⅲ．統計解析と、その結果の考察 ··· 248
  - 1) 各陽経と6陰経との重回帰分析 ··· 248
  - 2) 6対の陰陽関係の単回帰分析 ·· 249
- Ⅳ．結論 ·· 251
  - 1) 全ての陰経と1つの陽経との重回帰分析の結果と考察に基づく結論 ················ 251
  - 2) 単回帰分析の結果と考察からの結論 ·· 251
  - 3) 1)と2)より ·· 252
- 付録 ·· 252
  - 〔註〕 ··· 253
  - 〔図・表・グラフ一覧〕 ··· 256

第Ⅰ章

気、AMIの基本的原理

序

Ⅰ. 経絡の電気生理学的証明
　　― 神経系と経絡系は異なる情報系である ―
　　1) 三焦経実験
　　2) 三焦経・心包経に対するもう一つの実験
　　3) 結論

Ⅱ. AMI
　　1) AMIの概要
　　2) 測定された波形

Ⅲ. 4つのパラメータの生理学的、経絡学的意味
　　1) BPについて
　　2) APは自律神経機能のパラメータ

Ⅳ. 結論
　　（付）

第 I 章
気、AMI の基本的原理

序

　インドの医学やヨーガで臨床的体験的に捉えられたナディやプラーナが、約2700年前に中国に伝えられて中国で急速に発展し、2700年の長い臨床的経験に基づいて、12経絡、8奇脈が確かめられた。2700年にわたり、鍼灸治療による治癒効果が民衆に大きな恩恵を与えてきた。しかし、中国の経絡説は陰陽五行の形而上学と臨床経験に基づいて樹立されており、西洋医学的観点から、解剖生理学的に経絡がどこに存在し、どのような生理学的機能をもつかは明らかでなかった。

　著者はここ25年余り、経絡の存在と機能を、西洋医学的方法とAMI（the Apparatus for measurings the functioning of the Meridians and their corresponding Internal organs, AMI：本山式経絡―臓器機能測定器）の発明とによって、科学的に明らかにできた。このことを以下に説明したい。

I．経絡の電気生理学的証明
― 神経系と経絡系は異なる情報系である ―

1）三焦経実験

　三焦経は身体を上部（呼吸器、循環器系に対応）、中部（消化器系に対応）、下部（泌尿生殖器系に対応）の3つに分けて、その各々にエネルギーを供給する重要な経絡で、西洋医学には該当する概念が存在しない。そういう意味で最も経絡らしい経絡と言えよう。この三焦経が、電気生理学的手法によって、存在するかどうかを見てみた。

(1) 実験法と結果

まず、図Ⅰ-1 (12頁) の、○で囲んだ三焦経経絡上の5つの経穴と2つの経穴（三焦経兪穴と同募穴）と右手掌に脳波計の皿電極を接着する。右手首に不関電極を接着する。測定のためのtime constantは4秒として、低周波反応測定のレンジに切り換えた。

次いで、三焦経の井穴（手第4指の爪の根元外側）に20Vの矩形波パルス刺戟を1秒間に4～5回与える。被験者は痛みを感じる。

グラフⅠ-1 (13頁) を見ると、刺戟後数msecの後、全ての測定点で負電位の反応がみられる。反応が大きすぎて、波形が振り切れている。右手掌も他の測定点と同じ反応を示しているので、これらの反応は全て神経反応、特に交感神経反応であることが解る。

次に、同じ三焦経井穴に、より低い電位で、痛みや刺戟を感じない矩形波パルス刺戟（約15V前後）を与えると、被験者は全く刺戟を感じない。しかし、刺戟後2～3秒の後に三焦経兪穴（背部L1-L2の傍3cmに位置する）と三焦経募穴（体前面臍下約3cmの位置）のみで正電位の反応が生じ、それから約30秒の後にもこの2点だけで正電位の反応が生じている。途中の、刺戟点に近い測定点では何の反応もみられない〔グラフⅠ-2 (13頁)〕。

上の痛みを感じて生じた交感神経反応と、下の痛みを感じない反応とを比較してみると、

① 神経反応では全ての測定点で負電位反応が生じている。これに対応し、痛みを感じない反応では、刺戟点（手第4指の爪の外側に位置する井穴）から最も遠く、神経学的には脊髄神経上でも交感神経上でも直接連絡のない三焦経兪穴と三焦経募穴でのみ、反応が生じている（グラフⅠ-2、3）。
② 神経反応は負電位反応であるが、痛みを伴わない反応は正電位反応である。
③ 刺戟後の反応速度は、神経反応では数msec、痛みのない反応では2～3秒後と遅い。

次に、左三焦経兪穴に痛みのない矩形波パルス刺戟を与えると、途中の測定点では反応がみられず、刺戟後約2秒で、井穴のみで負電位の反応がみられた〔グラフⅠ-3 (13頁)〕。

(2) 考察

① 神経反応は、神経系の信号伝達速度は平均60m/secであるから、1.5m～2mの生体の中を走るのに1/40秒、1/30秒で全身に到達する。従って、痛みを感じた刺戟に対する神経反応では、各測定点でほとんど同時に反応が現れたわけである。

これに対し、痛みを感じない刺戟に対する反応は神経反応ではない。何故なら、神経は悉無率に従って反応する故、刺戟、痛みを感じない時には無反応である。従って痛みを感じない反応は神経反応ではない。しかも、神経的には、脊髄神経系でも交感神経系でも、刺戟点である井穴と、反応を示した兪穴と募穴間とには、直接の神経的連絡はない。井穴と兪穴、募穴は、

古来から臨床的に知られている経絡のつながりは存在する。従って、この痛みのない刺戟―反応を経絡反応と呼ぶことにする。

② 井穴を刺戟すると、兪穴、募穴で正電位の反応が生じ、兪穴刺戟では井穴で負電位反応が生じたことは、経絡内に一定方向の電位勾配のあることを推測せしめる。

1）及び2）の考察を確かめるために、次のような実験を行なった。

2）三焦経・心包経に対するもう一つの実験
(1) 実験法と結果
図Ⅰ-4 (15頁) の左三焦経と左心包経経絡上の○で囲まれた部分に関電極を置き、手首に不関電極を置き、測定を開始する。

次いで、三焦経の井穴の陽池に置針のみを行なって叩針を行なわないと、16秒後にまず三焦経で関衝、陽池、天井の順で正電位反応が現れ、次に、三焦経の各点での反応が始まって0.53秒の後、心包経で曲澤、大陵、中衝の順で負電位の反応が生じた〔グラフⅠ-4 (16頁)〕。

(2) 考察
三焦経では反応が手の尖端から始まり、肘に向かって反応が流れていくのに対し、心包経では肘側から反応が生じ、指尖に反応が流れていった。両経絡で反応の流れが逆である。

これは、古来からの、手の陽経（三焦経は陽経に属する）では指尖から肩に向かって気エネルギーが流れ、手の陰経（心包経は陰経に属する）では肩側から指尖に向かって気エネルギーが流れるという臨床経験を、科学的に裏付けるものである。

また、陽経の三焦経では最初の反応が正電位反応であり、陰経の心包経では最初の反応が負電位であることも、陰陽の経絡の内の気の流れが逆であることを裏付ける。

次に、経絡内を電位反応が移動することは、経絡内に電位勾配があることを推測せしめる。そこで、尖端 0.3mm を露出し、他は樹脂で特殊加工したシールド針を2本真皮内の経絡内に挿針して、2電極間の電位勾配を測定すると、150mV～300mV の電位勾配が測定された。この電位勾配は、真皮結合織内のヒアルロン酸等のムコ多糖のもつ負電位と Na^+、Ca^+ 等の正電荷によって生ぜしめられるものと考えられるが、上記の電位勾配測定実験とムコ多糖と Na^+、Ca^+ 等の間の電位発生メカニズムについては、紙数の関係で詳述することは省略したい。

3) 結論

以上の種々の実験結果と考察から、次のことが結論される。
① 神経系と経絡系とは互いに異なった生体情報伝達系である。
② 経絡系には陰経と陽経とがあり、情報としての電気エネルギー（これが気エネルギーのパラメータであることは後述する）の流れが逆になっている。これは古来からの臨床的経験と一致する。
③ 井穴と兪穴、募穴間には、神経路とは異なる経路を通じて密接な関係がみられる。

次に、私の発明したAMIを簡単に説明し、AMIで測定される4つのパラメータのBP、AP、IQ、TCの電気生理学的意味を説明し、BPのみが経絡機能、気エネルギーのパラメータであり、BPによって経絡の解剖学的位置と生理学的機能が明らかにされたことを説明したい。

II. AMI

1) AMIの概要

AMIは4つの主要部分からなる。
① 電極箱。そこから12経絡の各井穴に付けた関電極と手首に置いた不関電極につながる。
② パルスの発生器の各々の関電極と不関電極の間に、矩形波パルス刺戟（DC 3V、duration 2msec）が与えられる。
③ 両電極間に流れた電流がSampling Wave Memoryに与えられ、AD変換され、
④ マイクロコンピュータに信号が送られ、ソフトウェアプログラムに従ってデータ処理され、診断がなされる。

2) 測定された波形

(1) BP、APについて

初期電流（BP）は非常に速い電流で、周波数は1MHz以上である。

次いで、電流はおおよそ500 μ secで、直流（AP）になる。BPからAPになる間の三角形の部分がIQであり、BPと斜線とのなす角度を θ とする〔図I-5 (16頁)〕。

初期電流のBPは2電極間にかけた3Vで通常 2000 μ A 前後流れる。従って、BP電流は組

織の電気抵抗が1.5kΩ程度のところを流れる電流であることが推測される。表皮の電気抵抗は約100kΩ～1MΩであるから、3Vの負荷電圧で表皮中を流れる電流は3～30μAである。

約15～20年前までは、表皮に接着した2電極間に電圧をかけると、表皮の中だけを電流が流れると考えられていた ── GSRである。

しかし、初期電流は3Vの負荷で2000μA流れるから、細胞の少ない、水分の多い真皮結合織の内を流れるのであろうと推測し、次のような表皮剥離実験を行なった（実験者は当時私どもの研究所研究員であった原田敏明 理学博士）。

(A) 表皮剥離実験の概要と考察

左右の足の甲の肝経の原穴に関電極を置き、左右の電極間に3VのDCパルス電圧をかけると、約1330μAの初期電流が流れた〔グラフⅠ-5 (17頁)〕。

次に、右肝経の原穴にスコッチテープを20回貼付し、剥がすことを繰り返して、表皮を少しずつ剥離して測定すると約1600μA流れ、左側も20回剥離すると約1600μA流れ、左右をさらに20回剥離すると、表皮がむけて血が滲み出てきた。これは真皮が露出したことを示す。すると、電流は約1750μA流れた〔グラフⅠ-6 (17頁)〕。

表皮が剥離されても、初期電流は剥離前の1330μAより420μA増えただけである。表皮を剥離しなくても、初期電流の大部分が真皮内を流れていたことが解る。

このことを確かめるためにさらに正確な表皮剥離実験と電流パターンを調べた結果（第2実験）、表皮―真皮間の等価回路として次のような電気回路が考えられた（図Ⅰ-6 これについては『生命物理研究』第1巻・第1号を参照されたい）。

図Ⅰ-6 (18頁)のように抵抗が並列になっている場合は、表皮の電気抵抗が1MΩであっても、電気抵抗の全体の値は真皮の抵抗より小さくなる。従って、表皮の上に電極を置いて測定した場合も、表皮を剥離して真皮間で測定してもあまり電流値が変わらない。表皮のあった場合は1330μAと、真皮のみの場合の1750μAに比べて少ないのは、表皮から真皮に至る縦の方向に弱い抵抗があるものと考えられる。コンデンサー成分が並列になっているので、これは全体の容量は全体の合計となる。BPのように速い周波数の電流は、一瞬の内に表皮から真皮に至る各層にあるコンデンサー成分を充電する。その後は交流成分は流れず、直流成分（AP）のみになる。

ところが、グラフⅠ-6からわかるように、真皮内を流れる電流は初期電流（BP）も後期電流（AP）もほとんど変わらない。これはコンデンサー成分が真皮内にはほとんどないことが推測される。

次に、コンデンサー成分はどこで最も大きいかを調べると、上記の第2の実験で、最もコンデンサー成分の大きいのは表皮基底膜であることが判明した。ここでのコンデンサーの充電、負荷電位に対する逆電位（逆分極）の発生が、電流が真皮内に流入することを妨げ、その後は

表皮のみを電流が流れるようになる。これが AP である。
　このメカニズムを略図すると図Ⅰ-7 (18頁) のようになる。

(B) 結論
　以上の実験結果から次のことが解る。
① 初期電流（BP）は主として真皮内を流れる。
② コンデンサー成分は表皮内にある。

(2) IQ と TC（θ）
　図Ⅰ-5で、BP と斜線と AP に囲まれた部分は、表皮基底膜のコンデンサーを充電するために表皮基底膜の上下に集まった電荷の総量を表す。
　θ は、電荷が集まる速度のパラメータである。
　健康であるほど θ は鋭くなり、或る臓器が疾病になると、対応する経絡の θ の角度が大きくなる。
　TC は、表皮基底膜の上下に電荷が集積を完了する時間を表すパラメータである。

　以上で、AMI で測定される 4 つのパラメータ、BP、AP、IQ、TC（θ）の電気的意味がわかったが、次に、それらの生理学的、経絡学的意味を探ってみよう。

Ⅲ. 4つのパラメータの生理学的、経絡学的意味

1) BP について

(1) 陰陽関係
健康者 29 人を被験者にして、AMI で測定した BP について分析してみた〔表Ⅰ-1 (19頁)〕。

　陰陽関係にある 6 対の陰陽の経絡(註)では、全て〔陰経の BP ＞陽経の BP〕となっているが、AP、IQ、TC では〔陰経＞陽経〕のパターンを全てが示さない。
　このことは、BP のみが経絡機能のパラメータであることを示す。

〔註〕6対の陰陽関係にある経絡は次の如し。

	（陰経）	（陽経）		（陰経）	（陽経）		（陰経）	（陽経）
(1)	肺経	↔大腸経	(3)	心経	↔小腸経	(5)	心包経	↔三焦経
(2)	脾経	↔胃　経	(4)	腎経	↔膀胱経	(6)	肝　経	↔胆経

これ等6対の各陰経、陽経間には密接な拮抗関係がある。即ち、陰が盛んとなれば陽がこれを抑制する。陽が盛んとなれば陰がこれを制するが如くである。しかしこの拮抗のバランスが崩れて一方が極端に強く他が弱くなると、そこから疾病が発生すると言われている。

次に、BPのみが経絡の存在と機能を証明する実験と、そのデータを示そう。

(2) 治療テスト

この論文のⅠ．でみられたように、井穴と兪穴、募穴間には密接な経絡的関係のあることが推測されたが、古来から、兪穴、募穴は経絡とそれと対応する同名の臓器の機能異常、疾病を治療するのに有効であることが臨床的に知られている。

これを確かめるために、AMIによる診断によって、虚（気エネルギー不足）、実（気エネルギー過剰）と診断された実の経絡の原穴、虚の経絡の兪穴・募穴に置針する前と後で、当該経絡及び他の経絡に有意な治療効果（気エネルギーの増加等）が生じるかどうかの治療実験を行ない、データについてt検定を行なった。

BP、AP、IQ、TCの測定は全て指尖の井穴で行なった。その結果、AP、TCは有意な変化がみられず、IQでは7経絡で有意変化を示すが、BPでは13経絡で有意な変化を示した〔表Ⅰ-2 (20頁) を参照〕。

(3) 結論

以上の2つの実験結果から、

① 真皮内を流れる初期電流、つまり、表皮基底膜に含まれるコンデンサー様作用で分極（逆分極）が生じる前に真皮内を流れるBPのみが、経絡機能と経絡の存在を示すことが判明した。
② ①より、経絡は真皮結合織内に存在することが証明された。

次に、APは交感神経機能のパラメータであること、つまりGSRと同じものであることを証明する実験を示そう。

2) APは自律神経機能のパラメータ

図Ⅰ-8 (21頁) は、関電極を左肺経井穴の少商、不関電極を左右三焦経の外関に接着して、BPとAPを連続測定したデータである。左大腸経の合谷に火のついている線香を近づけると、

熱いと感じる。すると、APはGSR反応を示している。BPは反応はしない。次々と合谷に線香を近づけ、あるいは左合谷の上でモグサを燃やす毎にAPはGSR反応を示す。これに対し、BPは1回毎の刺戟には反応を示さず、徐々に値が増加している。

この実験からも、APは短時間に終始する神経反応であり、BPは真皮内の電流値の漸増反応を示すものであり、両者の反応は全く異なったものであることがわかる。

今までの実験とデータ解析、考察から、最終的に次のように結論できよう。

IV. 結論

① 経絡はBP電流の流れる真皮（結合織）内に存在する。
② 交感神経系の反応と経絡反応とは、その反応パターンにおいて、電位反応の位相の違い、経時的には、電流が短時間で終始するものと長時間漸増するものとの違いがある。
③ 経絡系と神経系とはその走向が全く違うものである。

この小論は、序で述べたように、2700年余り臨床的に経験されていた経絡の存在と機能を電気生理学的手法とAMIを用いて、その所在を解剖生理学的に解明し、神経系と異なる生体情報系であることを明示して終わることにしたい。

（付）
　各経絡の井穴において測定したBP値が経絡と同名の臓器の正常、異常を示すデータが、多くの日本の大学医学部、工学部の研究者によって報告されている。そのメカニズムが、井穴↔兪穴、募穴を結ぶ経絡系作用と、兪穴—募穴と臓器とを結ぶ内臓体壁反射の神経系作用との相互連絡によって生じることを、著者は明らかにした。そのことはいつか機会があれば発表したいと思っている。

(1999.1)

＜引用・参考文献＞

1) 本山博『東洋医学 気の流れの測定・診断と治療』宗教心理出版　東京　1985
2) 代田文誌『十四経図解 鍼灸読本』春陽堂　東京　1977
3) 本山博『東西医学による診断の比較』宗教心理出版　東京　1998
4) 本山博『生命物理研究』第1巻・第1号（創刊号）　本山生命物理学研究所　東京　1990
5) 本山博『AMIによる神経と経絡の研究』宗教心理出版　東京　1988
6) 本山博『宗教の進化と科学』宗教心理出版　東京　1983
7) Motoyama, H., Smith, W.T., and Harada, T., *Pre-Polarization Resistance of the Skin as Determind by the Single Square Voltage Pulse Method*, Psychophysiology, Vol. 21, No. 5, pp. 541-550, 1984.
8) Motoyama, H., *Acupuncture Meridians*, Science & Medicine, Vol. 6, No. 5, 1999

〔図・表・グラフ一覧〕

図 I-1　三焦経と三焦兪

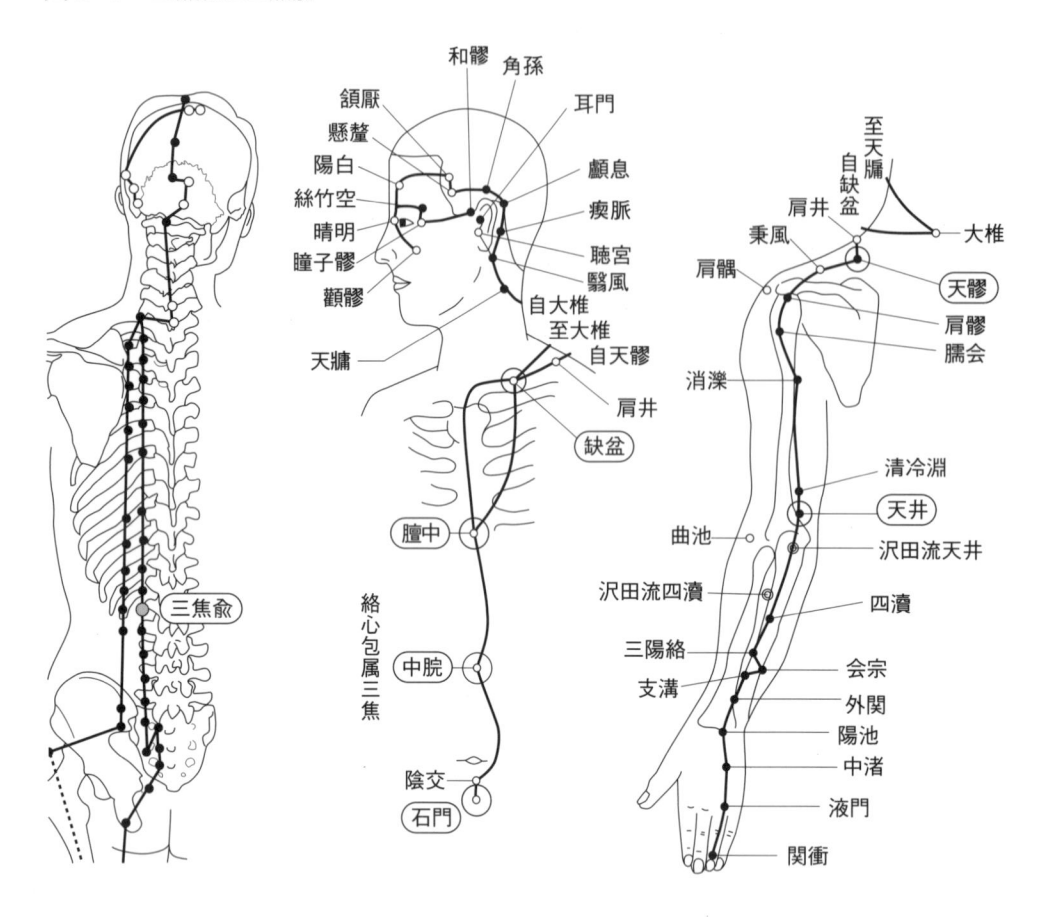

グラフ I-1　経絡テスト（三焦経井穴強刺戟）

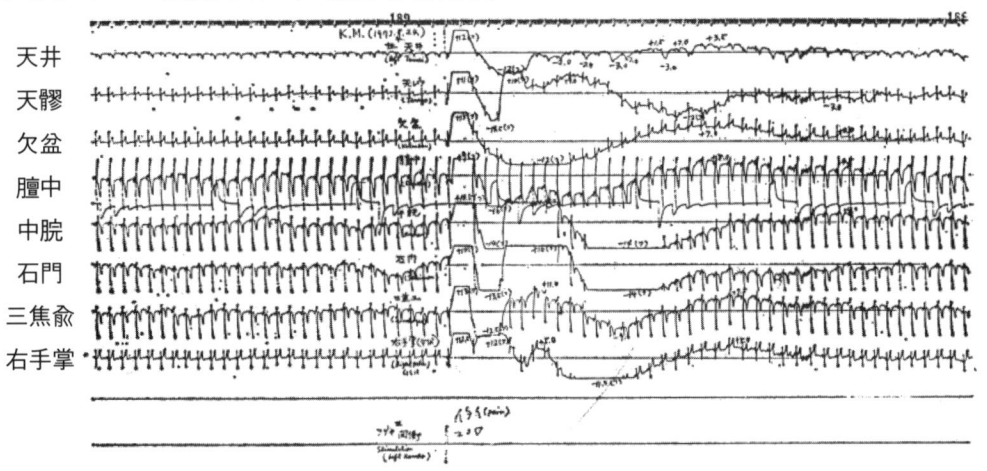

天井
天髎
欠盆
膻中
中脘
石門
三焦兪
右手掌

グラフ I-2　経絡テスト（三焦経井穴適当刺戟）

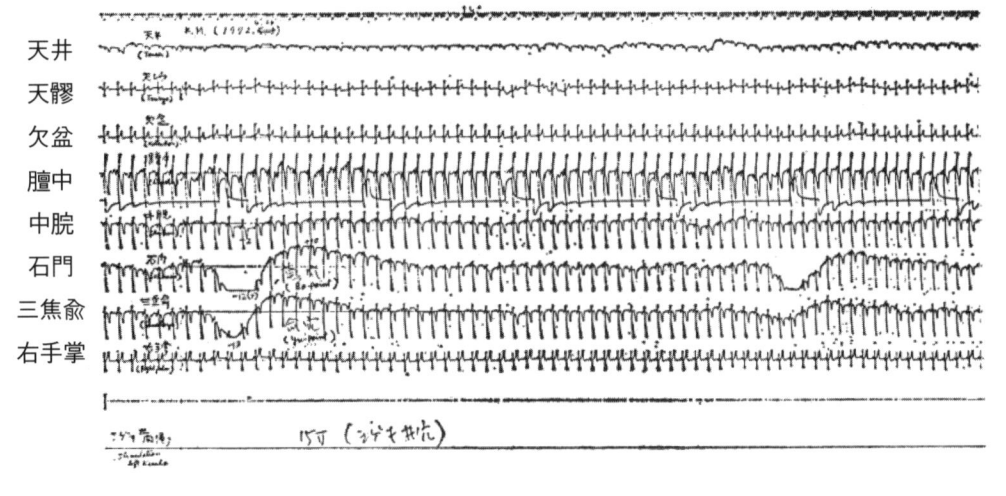

天井
天髎
欠盆
膻中
中脘
石門
三焦兪
右手掌

グラフ I-3　経絡テスト（三焦経兪穴刺戟）

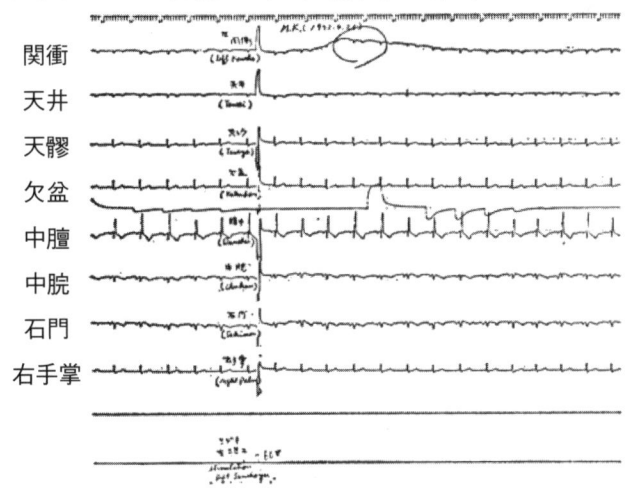

関衝
天井
天髎
欠盆
中膻
中脘
石門
右手掌

14　第Ⅰ章　気、AMIの基本的原理

図Ⅰ-2　脊髄神経デルマトーム

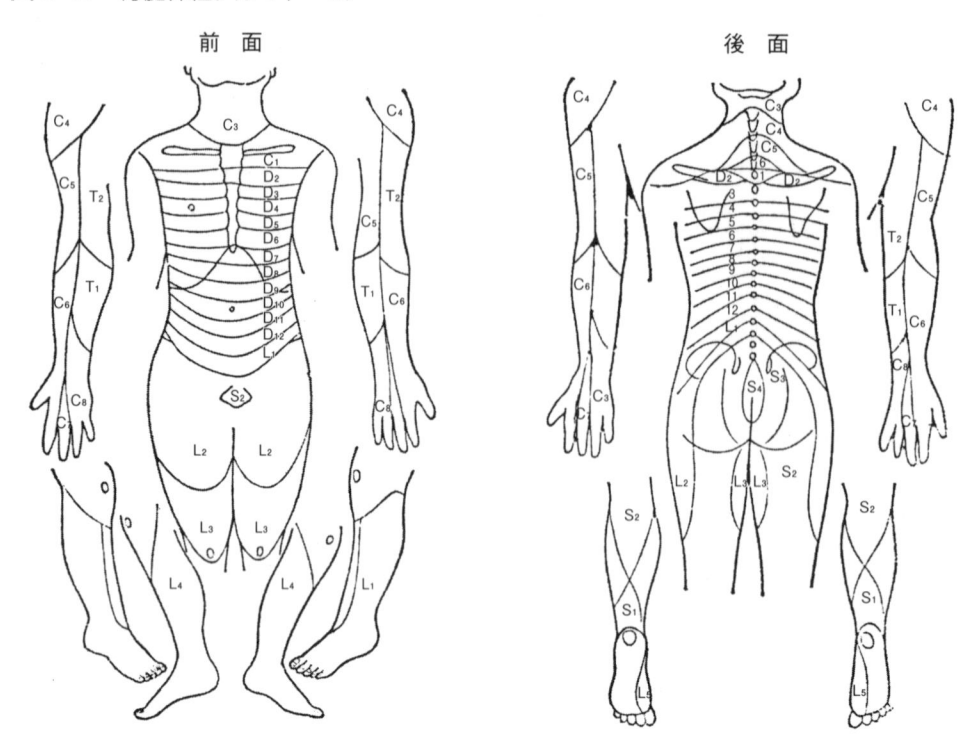

図Ⅰ-3　交感神経デルマトーム

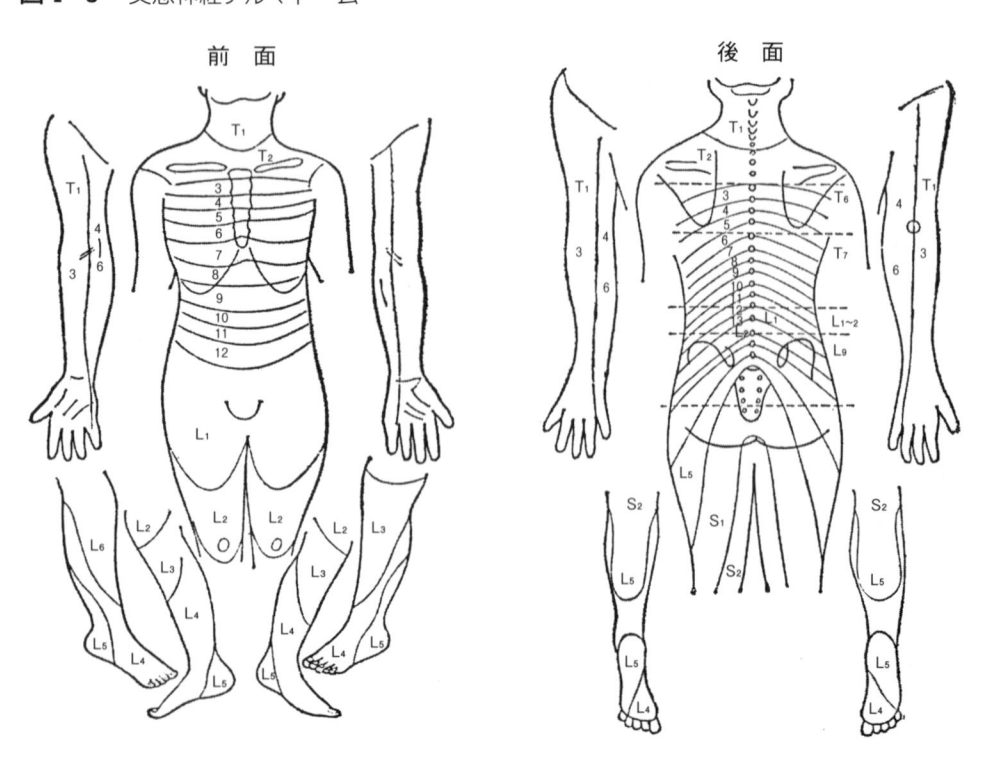

図Ⅰ-4　経絡の流れテスト測定点（三焦経―心包経）

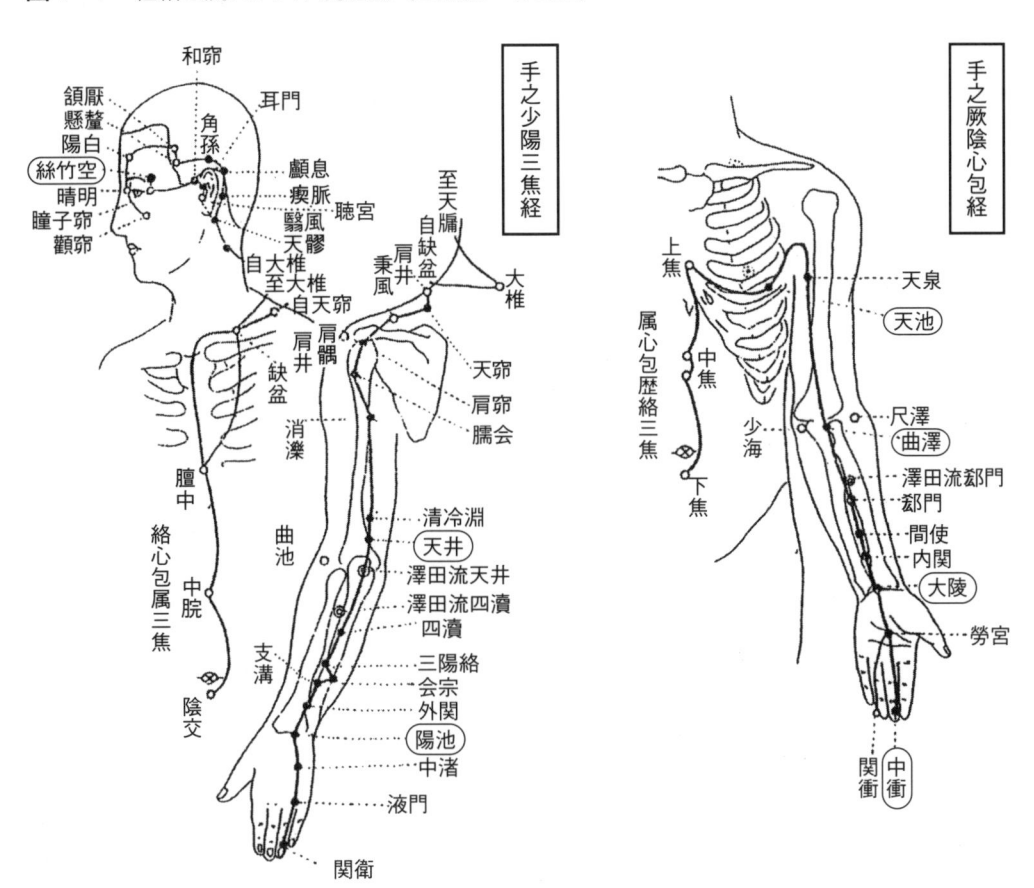

グラフ I-4 経絡の流れテスト（心包経―三焦経）

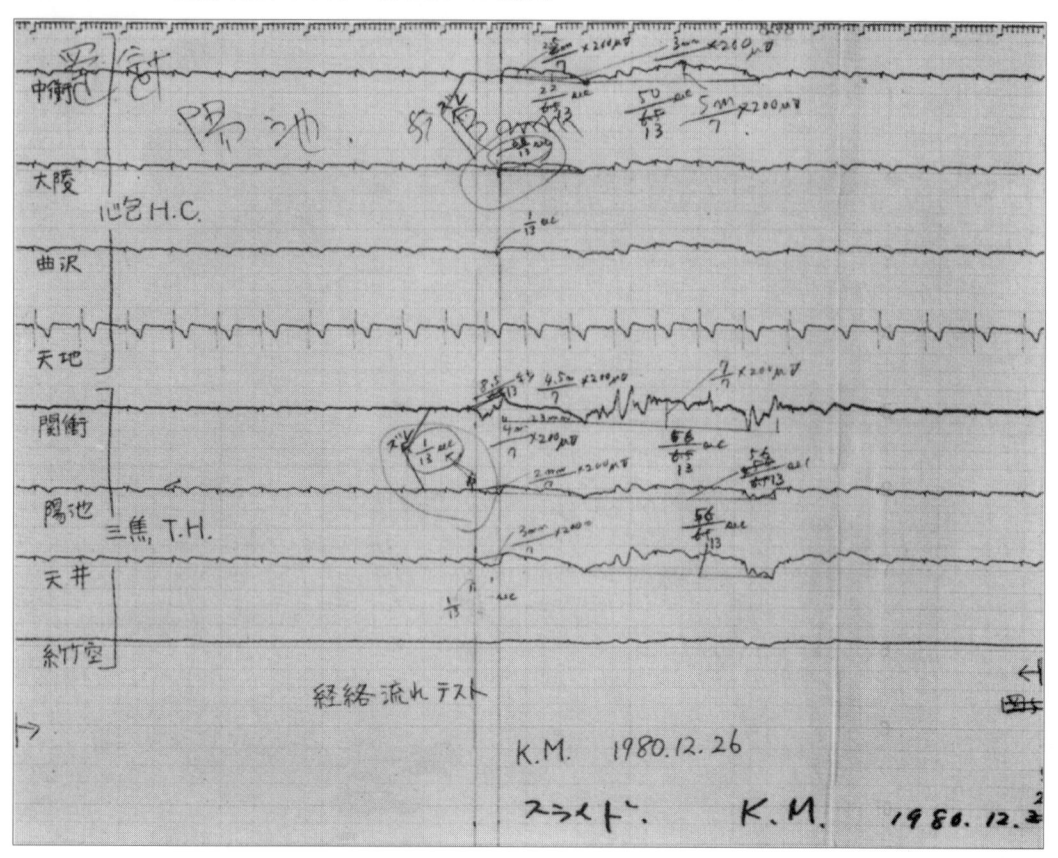

図 I-5 AMI 測定波形と4つのパラメータ

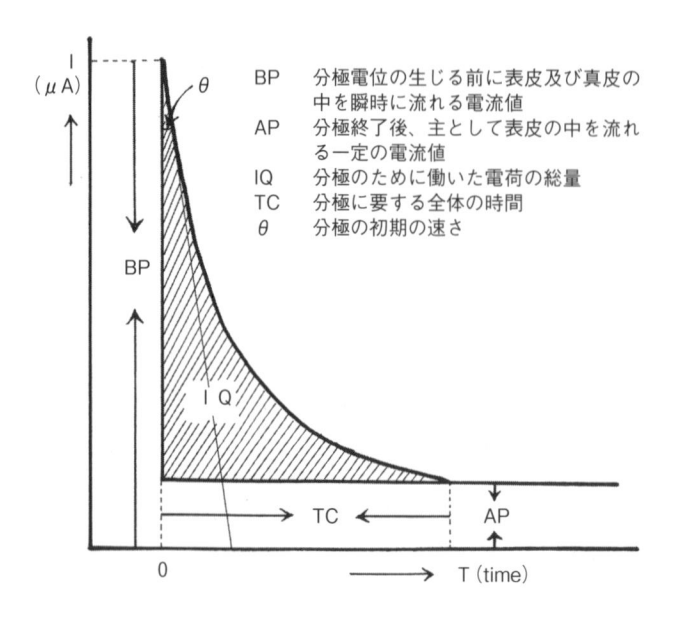

BP 分極電位の生じる前に表皮及び真皮の中を瞬時に流れる電流値
AP 分極終了後、主として表皮の中を流れる一定の電流値
IQ 分極のために働いた電荷の総量
TC 分極に要する全体の時間
θ 分極の初期の速さ

グラフ I-5　表皮剥離実験（表皮剥離前）　実験者：HARADA

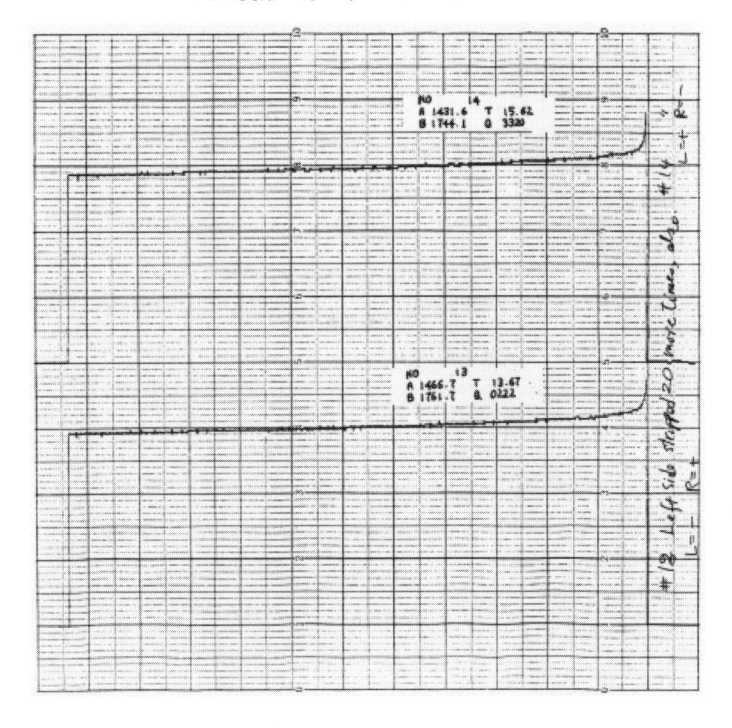

グラフ I-6　表皮剥離実験（左右肝経原穴表皮剥離40回後）

図Ⅰ-6 真皮─表皮の等価回路

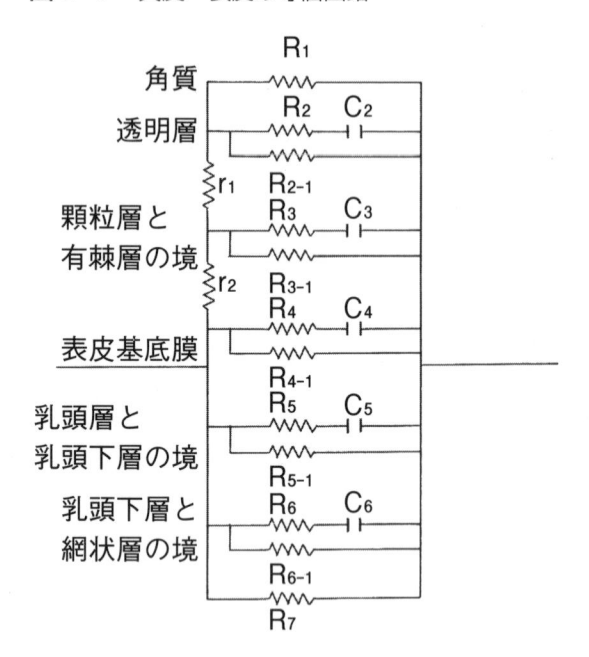

図Ⅰ-7 表皮内、真皮内イオン、集積の模式図

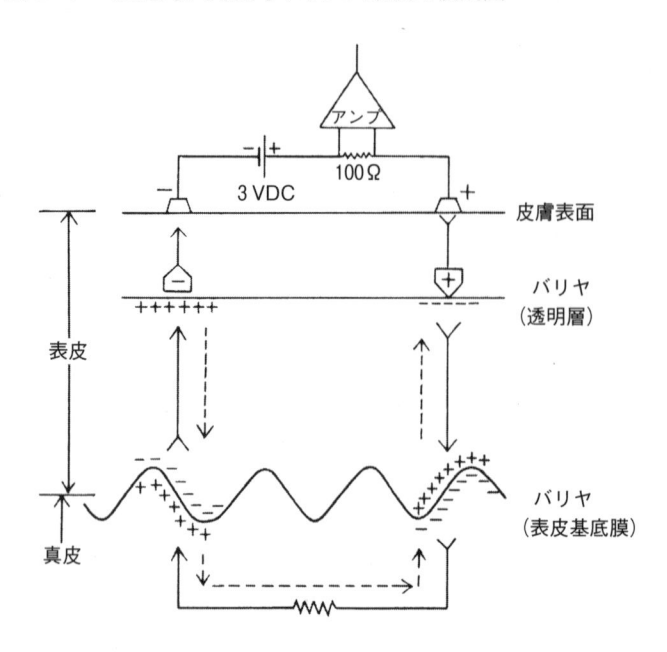

表 I-1 陰陽関係にある6対の経絡のAP、BP、IQ、TCの(L+R)/2%

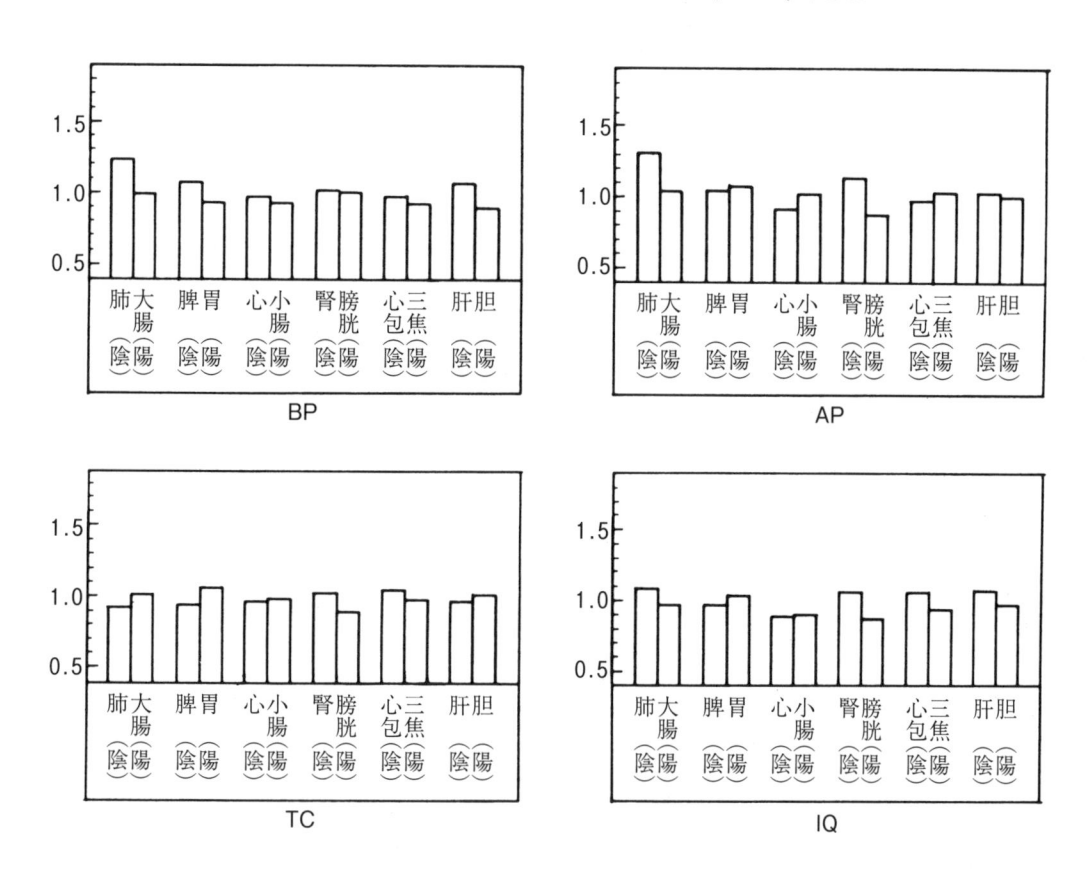

表 I-2 BP、AP、IQ、TC における針の効果の t 検定解析結果

井穴（L + R）／ 2

(AP)			(TC)		
肺 経	t =	0.5468	肺 経	t =	0.2610
大腸経	t =	0.6165	大腸経	t =	1.1338
心包経	t =	− 0.7090	心包経	t =	0.5842
膈兪経	t =	− 0.7228	膈兪経	t =	0.6617
三焦経	t =	− 0.7521	三焦経	t =	− 0.3107
心 経	t =	− 0.3715	心 経	t =	− 1.1013
小腸経	t =	0.0177	小腸経	t =	0.3007
脾 経	t =	− 0.9930	脾 経	t =	− 2.4140
肝 経	t =	0.5606	肝 経	t =	0.8275
胃 経	t =	− 2.7080	胃 経	t =	− 3.0529
八兪経	t =	− 0.0802	八兪経	t =	− 2.1006
胆 経	t =	− 0.3505	胆 経	t =	− 0.8785
腎 経	t =	0.1955	腎 経	t =	0.4113
膀胱経	t =	− 2.0268	膀胱経	t =	− 1.5253
(BP)			(IQ)		
肺 経	t =	9.3198	肺 経	t =	4.9511
大腸経	t =	7.8313	大腸経	t =	3.9301
心包経	t =	5.7563	心包経	t =	2.4984
膈兪経	t =	7.8013	膈兪経	t =	3.4636
三焦経	t =	7.8445	三焦経	t =	4.0768
心 経	t =	5.8472	心 経	t =	1.8796
小腸経	t =	7.9131	小腸経	t =	4.4289
脾 経	t =	6.2748	脾 経	t =	− 0.1076
肝 経	t =	6.1429	肝 経	t =	2.5954
胃 経	t =	4.8907	胃 経	t =	0.7540
八兪経	t =	5.2682	八兪経	t =	− 0.0122
胆 経	t =	4.5778	胆 経	t =	0.5480
腎 経	t =	5.1038	腎 経	t =	1.8620
膀胱経	t =	1.9323	膀胱経	t =	− 1.1320

df = 19 $t_{.05} = 2.093$ $t_{.01} = 2.861$ $t_{.001} = 3.883$

図 I-8　BP反応とAP反応の連続測定

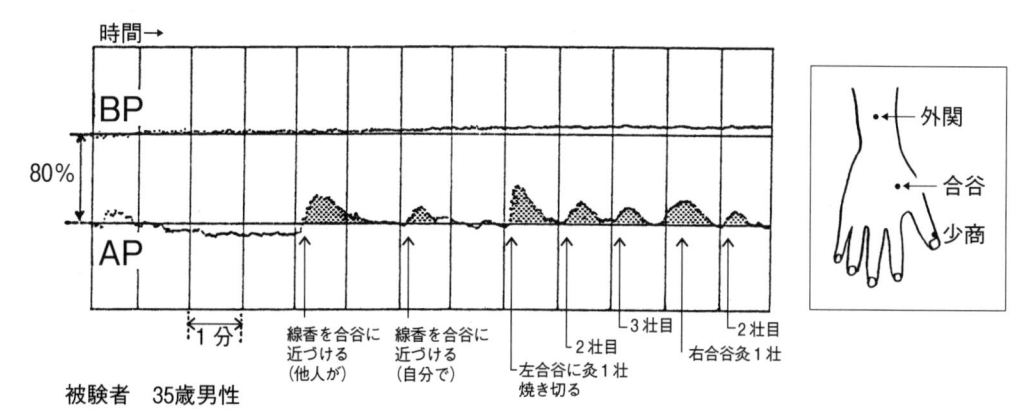

被験者　35歳男性
・関電極　左少商
・不関電極　左右外関

第Ⅱ章

肝疾患の経絡データにおける虚実のパターン

1）目的
2）各肝疾患の西洋医学的診断と AMI データ
3）各肝疾患患者数、西洋医学的診断、及び AMI 測定の日時
4）データの統計的解析
5）考察
　（1）実測値にみられる、肝疾患に対する AMI データのパターン
　（2）標準化値にみられる、肝疾患に対する AMI データのパターン
6）結論
　（1）脂肪肝のパターン（実測値について）
　（2）肝炎のパターン
　（3）肝硬変のパターン
　（4）肝癌、肝不全のパターン

第Ⅱ章
肝疾患の経絡データにおける虚実のパターン

1) 目的

　各肝疾患が、AMI（経絡―臓器機能測定器）によって測定された各経絡のBP値データにおいて、それぞれに特徴ある虚（気エネルギーの不足）、実（気エネルギーの過剰）のパターンを示すかどうかを検べる。
　もし、各肝疾患において特徴ある虚の経絡と実の経絡のパターンが判明すれば、AMIデータに基づいて、各肝疾患を診断あるいは予想することが可能となると思われる。

2) 各肝疾患の西洋医学的診断とAMIデータ

　東京歯科大学総合病院で、（当時の）東京歯科大学学長、石川達也博士の指導に基づいて、内科医 海老原洋子博士が各肝疾患患者の診断をなし、歯科医 高橋賢博士が各患者をAMIで測定し、データを集めて、医学会で発表された。そのデータを借りて、上記の目的に従って、下記の統計解析を行ない、考察をした。

3) 各肝疾患患者数、西洋医学的診断、及びAMI測定の日時

　脂肪肝　　　　　　　　　　9名　検査日：1994年3月～4月
　肝炎（急性肝炎、慢性肝炎）　19名　検査日：1994年3月～4月
　肝硬変　　　　　　　　　　8名　検査日：1994年3月～4月
　肝癌、肝不全　　　　　　　16名　検査日：1994年2月～4月

4) データの統計的解析

　各患者について28経絡の井穴でDC3V　矩形波 duration 2msec を負荷すると、最初に真皮結合織内をナノセコンド（nano second）で流れる初期電流がある。これをBP電流と呼ぶ。

外部からDC3V矩形波が負荷されると、直後から表皮基底膜にあるコンデンサーに充電が生じ、約200μsecで充電されると、そこに生じる逆分極によって電流はもはや真皮内に達せず、表皮内のみを流れる。初期電流は表皮基底膜での逆分極が生じる前の電流であるので、Before Polarization Current（略してBP電流）と呼ぶ。

このBPは真皮結合織内にある経絡内を流れる電流であり、気エネルギーのパラメータであることが、本山、原田によって証明された（本山博『東洋医学 気の流れの測定・診断と治療』を参照されたい）。

逆分極後に表皮内を流れる電流はいわゆるGSRと同じもので、交感神経機能のパラメータである。

さて、各肝疾患の患者の28井穴（手足の左右の指の尖端近くにある左右14経絡の経穴）で測定されたBP値（実測値）を、最高値のものから最低値のものまで順番に並べて、最高のものの1位〜3位までを実（気エネルギーの過剰）とし、最低の1位〜3位までを虚（気エネルギーの不足）とする。

次いで、各肝疾患患者の示す各経絡での実の度数と虚の度数が、その度数分布において偶然であるという仮説を否定しうるかどうか、つまり28井穴の実あるいは虚の度数分布が、偶然でなく、各肝疾患と関連しているかどうかをχ^2検定する。

χ^2検定で「有意な関連がある」と検定された各肝疾患について、どの経絡が実を示し、どの経絡が虚を示すかを解析し、各肝疾患における虚の経絡のパターン、実の経絡のパターンを明らかにする。

上の統計的解析と、長年のAMI測定データの解析と考察から結論された、各経絡機能、各経絡間相互関係（たとえば陰陽関係、三陰三陽関係）とに基づき、考察を行なった。

5）考察

(1) 実測値にみられる、肝疾患に対するAMIデータのパターン

各肝疾患についてのAMIデータ実測値において、最虚1位〜3位、最実1位〜3位を示す経絡の度数を表II-1-1〜II-1-4に示した。

その度数分布をχ^2検定で、偶然の分布であるか、肝疾患と有意な相関を示す度数分布であるかを検定してみた。

(A) 脂肪肝

脂肪肝では、表II-2-1 (32頁) を見ると、虚の度数分布では5%の有意水準に達しない。実の度数分布では$\chi^2 = 53.4 > \chi^2_{.001} = 34.5$（$\chi^2_{.001} = 34.5$は危険率0.1%の境界値）で、非常に高い有意水準で、脂肪肝と実の1位〜3位を示す経絡の間に相関のあることが示されている。

表II-1-1 (32頁) を見ると、心兪経9（度数）、肺経5、脾経、腎経、膈兪経が4の度数を示

す。

　八兪経は胃経とも関係するが、肝経の支脈とも考えられ、肝疾患の時に実または虚を示す。八兪経、脾経、膈兪経はいずれも消化機能に関係する。

　肺経、腎経も実を示す。

　上のことは、脂肪肝では、八兪経、肺経、脾経、膈兪経、腎経の順で実のパターンを示すということであろう。

　虚実のパターンでは、心包経、小腸経（虚）、八兪経、肺経（実）というパターンである。

(B) 肝炎

① 表Ⅱ-2-2 (33頁) を見ると、虚、実共 $\chi^2_{.005} = 29.8$ 以上である故、0.1％以上の高い水準で、肝炎と14経絡の各々の示す度数分布に有意な関係のあることを示している。

　表Ⅱ-1-2 (33頁) を見ると、虚の経絡の度数は心包経が11で最多、次いで三焦経が9、小腸経7、大腸経6、膀胱経6、膈兪経5、胆経4、八兪経4である。

　心包経は肝経とともに一つの厥陰経を成す。肝経が虚を示さず、心包経で虚を示すことは、肝経→心包経というエネルギー伝達系において、肝炎のため下半身の肝経で気エネルギーが消費され、上半身の心包経には気エネルギーが十分に供給されないということであろう。肝炎では心包経、三焦経、小腸経、膀胱経のパターンで虚が示される。

② 実の経絡の度数は、表Ⅱ-1-2の実の項を見ると、脾経18、肝経17、肺経10で大きな度数を示す。虚の経絡では心包経が最多度数を示した。これは、心包経、肝経は一つの厥陰経であり、下の肝経で気エネルギーが消費され、上半身で心包経には達しないと予想したことと一致する。肝炎を治すため、生体の経絡エネルギー系では肝経で2番目に多くエネルギーが消費され、実になっているので、同一経の心包経では最虚になっているということである。最多度数の脾経は、肝経とともに、肝機能、消化機能に関係する経絡である。

　肝炎では、実を示す経絡のパターンは脾経、肝経、肺経の順序である。

　肝炎の虚実のパターンは心包経が虚、脾経、肝経が実というパターンである。

(C) 肝硬変

　表Ⅱ-2-3 (33頁) を見ると、虚、実の経絡の χ^2 は、虚度数では $\chi^2 = 23.8 > \chi^2_{.05} = 22.4$、実度数では $\chi^2 = 44.8 > \chi^2_{.005} = 29.8$ であり、共に5％、0.5％で、有意な相関を肝硬変ともっていることを示す。

　表Ⅱ-1-3 (34頁) 見ると、虚の度数分布では心包経5、膀胱経4、胆経4である。実の度数分布では、脾経7、肝経6、肺経5である。心包経、肝経が同一の経絡であることは既に見た。

　肝硬変でも、肝炎と同じく、心包経が虚、脾経、肝経が実というパターンを示す。

（D）肝癌、肝不全

表Ⅱ-2-4 (34頁) を見ると、虚、実の度数分布は5%～0.1%（$\chi^2 = 51.8 > \chi^2_{.01} = 27.7$）以上の有意水準で、肝癌、肝不全と虚、実を示す経絡の度数分布との間に有意な相関のあることが示されている。

表Ⅱ-1-4 (35頁) を見ると、脂肪肝から肝硬変までの虚実のパターンと違うパターンを示す。

虚の度数では、膀胱経が9で最多である。次いで胃経と胆経が6であり、三焦経が5である。

実の度数では、肺経が14、脾経が8である。肝経は4でしかない。

経絡医学では、膀胱経は、大脳、小脳、辺縁系、視床下部、脳幹等に気エネルギーを送り、且つ、各兪穴から各臓器に気エネルギーを送る経絡中の最も基本的な経絡である。それが最虚の度数が最も多いということは、もはや全身が疲労困憊していることを示す。さらに、全身のエネルギーをコントロールする三焦経も虚の度数が5と高い。

上のことは、肝癌、肝不全では全身がエネルギー不足となっていることを示す。

実の度数を見ると、肺経と脾経が14と8で、最多である。肺経と脾経は上半身と下半身の太陰経として同一経絡である。肺経は、気エネルギーが第一に供給される経絡として、民族、性別、年齢をこえて、最実の気エネルギーを示す経絡である。この肺経、脾経の両経絡が最実を示し、全身にエネルギーを供給する膀胱経、三焦経が最虚であることは、肺経、脾経は依然として他の経絡に比べて相対的に実を示すが、全身のエネルギーは枯渇寸前であることを示している。

全身の気エネルギーがノーマルな基準値より低い状態を示していることを肝癌、肝不全について示し、脂肪肝、肝炎等軽い病気では、病気を治すために全身の気エネルギーが基準値より越えていることを、次にデータで示そう。

その前に、肝癌、肝不全の虚実のパターンは、膀胱経、胃経、胆経の虚、肺経、脾経の実というパターンであることを記しておきたい。

（E）肝疾患の示す全身平均エネルギーの値

経絡の気エネルギーのパラメータであるBP値の全身の平均値が、各疾患で差を示すかどうかを表Ⅱ-3-1～Ⅱ-3-4 (35～37頁) に算出してみた。測定時期は、各疾患とも2月～4月の間である。

脂肪肝のグループでは、BPの平均値1552μA、肝炎グループでは1605μA、肝硬変グループでは1567μA、肝癌・肝不全グループでは1412μAである。

以上からも、肝癌、肝不全の重篤な肝疾患では、軽度、中等度の肝疾患に比べて、気エネルギーが最も少ないことが解る。

したがって、肝癌、肝不全グループでは、肺経、脾経が他の諸経絡と比べて相対的に実であっても、全体に気エネルギーを供給する膀胱経、三焦経が最も虚である頻度が高いことは、

生体全体の気エネルギーが他の疾患グループに比べて最低であることが、表II-3-1〜II-3-4のデータから裏付けられた。

(2) 標準化値にみられる、肝疾患に対する AMI データのパターン

実測値は各人の各経絡の実測値であるが、標準化値とは、1年の各月に被験者を AMI で測定し、その内からランダムに40名を選び、各人の各経絡の BP 値を合計し、平均値を出し、各経絡毎の平均値を各月の基準値とする。この各経絡毎の基準値で或る被験者の各経絡の BP 値を割ったものが標準化値である。

実測値の場合は一般的に肺経、脾経等が最実の部に入り、小腸経、膀胱経等が最虚の部に入る。この一般的傾向があると、どの経絡が他の人と比べて実か虚かの判定が困難であるという理由で上述のような標準化を行ない、他の人との比較診断を容易にすることにした。

次に、標準化値に基づいて各肝疾患の AMI データにおけるパターンを検討してみることにする。

表II-s1-2、II-s2-2、II-s3-2、II-s4-2は表II-s1-1、II-s2-1、II-s3-1、II-s4-1に基づいて χ^2 検定した結果である。

表II-s1-2、II-s2-2、II-s3-2、II-s4-2を通じて、各経絡の各肝疾患に対する標準化データの虚、実の度数分布で有意な相関を示すのは、肝炎の実と肝癌、肝不全の虚、実だけである。

(A) 肝炎

表II-s1-2 (37頁) を見ると、実の経絡の度数分布は肝炎と相関していることが示されている。

表II-s1-1 (37頁) を見ると、膀胱経の実の度数は10、心包経9、大腸経8、三焦経、膈兪経で6。

標準化値によると、肝炎では膀胱経、心包経、大腸経で気エネルギーが実（過剰）になっていることが示されている。

(B) 肝癌、肝不全

次いで、表II-s2-2 (38頁)、II-s3-2 (38頁) を見ると、肝硬変では、虚、実の度数分布が5％の有意水準に達していない。肝癌、肝不全では虚、実の度数分布とも 0.1％以上の高い有意水準で肝癌、肝不全と相関があることを示している。

表II-s3-1 (38頁) を見ると、肝癌、肝不全では肝経で虚の度数が11、脾経で5である。

実の度数は、大腸経が10、心包経が9である。

肝経で虚の度数が11と、肝経の気エネルギーが虚を示していることは、肝癌、肝不全では気エネルギーが肝経で虚していると考えられるので、事実と照合するように思われる。肝経と同一の経絡をなす心包経が実の度数で9と高いのも、心包経側に気エネルギーが偏り実とな

り、肝経側では虚となると考えられうる。

(C) 実測値と標準化値の診断パターンの比較

　χ^2検定の結果、疾患と実あるいは虚の度数分布で有意な相関を示したのは、実測値では8項目のうち7項目で明らかに有意な虚、実の度数パターンを示す〔表Ⅱ-2-1 (32頁)、Ⅱ-2-2 (33頁)、Ⅱ-2-3 (33頁)、Ⅱ-2-4 (34頁)〕。

　標準化値では8項目のうち3項目で有意な虚、実のパターンを示すが、肝疾患との関連、意味が、肝癌、肝不全を除いて、明瞭でない〔表Ⅱ-s1-2 (37頁)、Ⅱ-s2-2 (38頁)、Ⅱ-s3-2 (38頁)、Ⅱ-s4-2 (39頁)〕。

　各肝疾患に対する各経絡の虚、実のパターンは、実測値において、各肝疾患との関連、意味において明瞭である。標準化値より優れていると思われる。

　ただし、肝癌、肝不全等の重篤な肝疾患において、標準化値が肝経の虚の度数で最高度数を示している。これは重要である。というのは、他の臓器の癌等においても、気エネルギーのパラメータであるBP値の標準化値が最虚を示すからである。

　したがって、実測値に基づいた各肝疾患における28経絡の虚、実の診断パターンを基準とし、標準化値における各経絡の虚実パターンを参照することが希ましい。

6) 結論

(1) 脂肪肝のパターン（実測値について）

　脂肪肝では、実を示す経絡としては八兪経（肝経の支脈）で最多度数9、肺経5、脾経、膈兪経、腎経4。したがって八兪経、肺経、脾経、膈兪経、腎経というパターンである。

　肝臓と関係のある経絡での虚、実のパターンを見ると、肝経と同一の厥陰経である心包経で虚の最多度数5、実の最多度数は肝経の支脈、八兪経で9〔表Ⅱ-1-1 (32頁)を参照〕。

　したがって、脂肪肝での虚、実のパターンは心包経（虚）、八兪経（実）というパターンである。

(2) 肝炎のパターン

　虚のパターンは心包経、三焦経、小腸経、膀胱経の順である。実のパターンは脾経、肝経、肺経の順である。

　心包経と肝経は、既述のように、同一経絡であるので、肝炎に関する経絡の虚、実パターンは心包経（虚）、肝経（実）というパターンである。

(3) 肝硬変のパターン

　虚のパターンは心包経、胆経、膀胱経である。

実のパターンは脾経、肝経、肺経である。

虚実のパターンは心包経（虚）、肝経（実）である。

(4) 肝癌、肝不全のパターン

虚のパターンは膀胱経、胆経、胃経、三焦経の順序である。

実のパターンは肺経、脾経の順である。

5) **考察**のところで述べたように、肺経、脾経は同一経絡をなし、肺経は気エネルギーの流れる第一番の経絡であって、肺経、脾経は常時、実を示す経絡である。

脂肪肝から肝癌まで全ての場合に、肺経、脾経は実を示している。したがって、肝癌で肺経、脾経が実を示しても特に意味があるわけではない。

問題なのは、肝経が実をあまり示さず、全身及び全身の各臓器に気エネルギーを送る膀胱経と三焦経で虚の度数が高いということである。癌、機能不全という重症では、全身の気エネルギーが減少しているということである。各肝疾患グループのBPの平均が、肝癌、肝不全で最小であることはこれを裏付けている。

肝癌、肝不全の経絡パターンは、虚のパターンである膀胱経、胆経、胃経、三焦経の順序に重点があると思われる。

(2000.7.20)

＜参考文献＞

本山博　『東洋医学 気の流れの測定・診断と治療』宗教心理出版　東京　1985

〔表一覧〕

表Ⅱ-2-1　脂肪肝患者のBP実測値による虚・実度数分布のχ²検定

	虚度数	実度数
$\chi^2_{.05}$	22.4	22.4
自由度	13	13
項目数	14	14
χ^2	19.1	53.4

表Ⅱ-1-1　脂肪肝患者のBP実測値による経絡の虚度数と実度数

東京歯科大　　測定人数9人

経絡 (流注順)	虚度数	虚度数の割合	実度数	実度数の割合
肺	1		5	19%
大腸	1		0	
胃	2		1	
脾	1		4	15%
心	0		0	
小腸	5	19%	0	
膀胱	2		0	
腎	2		4	15%
心包	5	19%	0	
三焦	2		0	
胆	0		0	
肝	0		0	
膈兪	4	15%	4	15%
八兪	2		9	33%
計	27		27	

(註)　各経絡の度数を、虚、実の計で割って上位3位までの%を記入した。

表Ⅱ-2-2 肝炎患者のBP実測値による虚・実度数分布のχ²検定

	虚度数	実度数
$\chi^2_{.05}$	22.4	22.4
自由度	13	13
項目数	14	14
χ^2	39.0	126

表Ⅱ-1-2 肝炎患者のBP実測値による経絡の虚度数と実度数

東京歯科大　測定人数19人

経絡 (流注順)	虚度数	虚度数の割合	実度数	実度数の割合
肺	0		10	18%
大腸	6	11%	0	
胃	1		2	
脾	0		18	32%
心	3		1	
小腸	7	12%	0	
膀胱	6	11%	3	
腎	1		4	
心包	11	19%	0	
三焦	9	16%	0	
胆	4	7%	0	
肝	0		17	30%
膈兪	5	9%	0	
八兪	4	7%	2	
計	57		57	

表Ⅱ-2-3 肝硬変患者のBP実測値による虚・実度数分布のχ²検定

	虚度数	実度数
$\chi^2_{.05}$	22.4	22.4
自由度	13	13
項目数	14	14
χ^2	23.8	44.8

表Ⅱ-1-3 肝硬変患者のBP実測値による経絡の虚度数と実度数

東京歯科大　測定人数8人

経絡 (流注順)	虚度数	虚度数の割合	実度数	実度数の割合
肺	0		5	21%
大腸	3		1	
胃	2		0	
脾	0		7	29%
心	0		1	
小腸	3		0	
膀胱	4	17%	0	
腎	0		2	
心包	5	21%	0	
三焦	1		0	
胆	4	17%	1	
肝	0		6	25%
膈兪	1		0	
八兪	1		1	
計	24		24	

表Ⅱ-2-4 肝癌、肝不全患者のBP実測値による虚・実度数分布のχ²検定

	虚度数	実度数
$\chi^2_{.05}$	22.4	22.4
自由度	13	13
項目数	14	14
χ^2	22.6	51.8

表Ⅱ-1-4 肝癌、肝不全患者のBP実測値による経絡の虚度数と実度数

東京歯科大　測定人数16人

経絡 (流注順)	虚度数	虚度数の割合	実度数	実度数の割合
肺	0		14	29%
大腸	2		3	
胃	6	13%	1	
脾	0		8	17%
心	3		2	
小腸	4		1	
膀胱	9	19%	1	
腎	3		4	8%
心包	2		4	8%
三焦	5	10%	0	
胆	6	13%	1	
肝	2		4	8%
膈兪	3		4	8%
八兪	3		1	
計	48		48	

表Ⅱ-3-1 脂肪肝患者のBP実測値の全身平均値と脂肪肝患者グループの平均値

No	被験者	測定日 (全て1994年)	BP実測値での 個人の平均値 (μA)
1	R.	3/25	1423
2	T.	3/25	1677
3	O.T.	4/8	1661
4	W.	4/8	1804
5	K.	4/8	1299
6	S.G.	4/8	1537
7	O.S.	4/8	1427
8	S.N.	3/7	1497
9	S.I.	3/10	1641
グループの平均値			1552

表Ⅱ-3-2 肝炎患者のBP実測値の全身平均値と脂肪肝患者グループの平均値

No	被験者	測定日 (全て1994年)	BP実測値での 個人の平均値 (μA)
1	K.M.	3/3	1639
2	H.J.	3/3	1789
3	K.D.	3/14	1373
4	T.	3/14	1689
5	I.	3/28	1587
6	H.Y.	4/18	1517
7	S.I.	3/3	1583
8	F.	3/7	1656
9	M.M.	3/7	2021
10	K.H.	3/7	1465
11	S.D.	3/14	1528
12	K.T.	3/30	1548
13	H.	4/4	1623
14	K.S.	4/4	1912
15	M.B.	4/11	1703
16	T.G.	4/18	1212
17	T.N.	4/18	1304
18	N.M.	4/18	1681
19	U.D.	4/16	1666
グループの平均値			1605

表Ⅱ-3-3 肝硬変患者のBP実測値の全身平均値と脂肪肝患者グループの平均値

No	被験者	測定日 (全て1994年)	BP実測値での 個人の平均値 (μA)
1	S.	2/9	1532
2	H.	2/9	1660
3	N.	2/22	1707
4	O.G.	3/18	1630
5	S.H.	3/28	1517
6	E.	4/4	1338
7	O.N.	4/15	1736
8	S.T.	4/27	1413
グループの平均値			1567

表Ⅱ-3-4 肝癌、肝不全患者のBP実測値の全身平均値と脂肪肝患者グループの平均値

No	被験者	測定日 (全て1994年)	BP実測値での 個人の平均値 (μA)
1	A.I.	2/9	1014
2	M.	2/10	1433
3	I.	2/14	1527
4	M.K.	4/18	1703
5	S.K.	4/27	1454
6	T.M.	2/21	1497
7	N.	2/21	1273
8	Y.D.	2/21	1283
9	I.T.	2/28	1280
10	Y.U.	3/3	1907
11	H.	3/7	1192
12	I.I.	3/30	1177
13	M.U.	4/21	1327
14	K.	日付なし	1667
15	M.M.	日付なし	1471
16	T.	日付なし	1380
グループの平均値			1412

表Ⅱ-s1-2 肝炎患者のBP標準化値による虚・実度数分布のχ^2検定

	虚度数	実度数
$\chi^2_{.05}$	22.4	22.4
自由度	13	13
項目数	14	14
χ^2	21.8	30.7

表Ⅱ-s1-1 肝炎患者のBP標準化値による経絡の虚度数と実度数

経絡(流注順)	虚度数	実度数
肺	8	2
大腸	0	8
胃	2	2
脾	2	2
心	6	1
小腸	5	3
膀胱	5	10
腎	9	3
心包	2	9
三焦	2	6
胆	6	1
肝	2	2
膈兪	3	6
八兪	5	2

表Ⅱ-s2-2 肝硬変患者の標準化 BP 値による虚・実度数分布の χ² 検定

	虚度数	実度数
$\chi^2_{.05}$	22.4	22.4
自由度	13	13
項目数	14	14
χ^2	9.83	12.2

表Ⅱ-s3-2 肝癌、肝不全患者の標準化 BP 値による虚・実度数分布の χ² 検定

	虚度数	実度数
$\chi^2_{.05}$	22.4	22.4
自由度	13	13
項目数	14	14
χ^2	40.3	51.8

(註) $\chi^2 = 40.3$、$\chi^2 = 51.8$ 共に、$\chi^2_{.001} = 34.5$ より大きい。$p < 0.001$ である。

表Ⅱ-s3-1 肝癌、肝不全患者の BP 標準化値による経絡の虚度数と実度数

経絡（流注順）	虚度数	実度数
肺	1	4
大腸	0	10
胃	3	0
脾	5	0
心	1	3
小腸	2	2
膀胱	3	1
腎	3	0
心包	1	9
三焦	1	2
胆	6	1
肝	11	0
膈兪	0	6
八兪	2	1

表Ⅱ-s2-1 肝硬変患者の BP 標準化値による経絡の虚度数と実度数

経絡（流注順）	虚度数	実度数
肺	1	0
大腸	1	3
胃	1	1
脾	1	1
心	1	1
小腸	2	1
膀胱	3	3
腎	1	0
心包	2	3
三焦	0	3
胆	3	1
肝	4	1
膈兪	1	4
八兪	3	2

表Ⅱ-s4-1 脂肪肝患者のBP標準化値による経絡の虚度数と実度数

経絡 (流注順)	虚度数	実度数
肺	3	2
大腸	1	4
胃	2	2
脾	4	1
心	0	0
小腸	2	1
膀胱	1	4
腎	2	1
心包	1	1
三焦	1	6
胆	2	2
肝	3	1
膈兪	2	1
八兪	3	1

表Ⅱ-s4-2 脂肪肝患者のBP標準化値による虚・実度数分布のχ^2検定

	虚度数	実度数
$\chi^2_{.05}$	22.4	22.4
自由度	13	13
項目数	14	14
χ^2	7.74	18.1

第Ⅲ章

人種間の経絡機能、気エネルギーの相違

1) 目的
2) データの収集
3) 測定法
4) パラメータの意味
5) 統計的分析と考察
   (1) 人種間の 14 経絡の平均値についての t 検定
   (2) ヒスパニック、アジア人、白人の間で、14 経絡の BP 値で分散に相違を示すかどうかをみる
   (3) 最高 BP 値 1、2、3 番の度数分布と最低 BP 値 1、2、3 番の度数分布について、アジア人と白人のデータについて、χ^2 検定をする
   (4) データを夏（7、8、9 月）と冬（1、2、3 月）に分けて分析する
6) 結論
   (1) 年間を通じてのデータの分析と考察に基づく結論
   (2) 夏と冬のデータの分析と考察に基づく結論

第Ⅲ章
人種間の経絡機能、気エネルギーの相違

1) 目的

アジア人（日本人、中国人等）と、ヒスパニック（米国内のラテン・アメリカ系人）と白人とでは、経絡を流れる生体エネルギー、及び経絡間の機能において、相違を示すかどうかを調べる。

2) データの収集

日本とアメリカ（主としてカリフォルニア）で集めた。アメリカ人（アジア人、ヒスパニック、白人からなる）については、4～5年間に CIHS(註)で測定したヒスパニック30人、アジア人50人、白人50人のデータを集めた。日本では、東京の宗教心理学研究所附属の井の頭鍼灸院で測定した2000人以上のデータを集めた。

3) 測定法

AMI を用いて、各経絡の井穴に関電極を置き、不関電極を手首の外上方5cmの所に付けて、両電極間にDC3Vの電圧を0.25msecの矩形波として与え、真皮内を流れる初期電流（今後はBPと呼ぶ）とAP（GSR）とIQ（表皮基底膜に内在するコンデンサーと等価の働きによって、初期電流に対して逆向きの分極が生じるための電荷の総量）を測定する。

今回は、日本からのデータがBPのみについてであるので、3つのパラメータの内のBPのみをとりあげる。

4) パラメータの意味

BPは経絡機能のパラメータであることが証明されている（本山博『東洋医学 気の流れの測定・診断と治療』を参照されたい）。

APはGSRと同じもので、自律神経、特に交感神経のパラメータ、IQは免疫機能を含めて生体防衛機能のパラメータである（前掲書を参照されたい）。

5）統計的分析と考察

4～5年間に測定した日本人約2000人、ヒスパニック30人、アジア人50人、白人50人の、或る人は冬あるいは夏、或る人は春あるいは秋というふうに、それぞれの人を異なったシーズンの、異なった月に測定した。これらのデータを、シーズン、月の区別なく、性別の区別なく、日本人約2000人、ヒスパニック30人、アジア人50人、白人50人のデータを、人種別に各経絡について合計し平均したものが、表Ⅲ-1の、各経絡のBP値である。

(1) 人種間の14経絡の平均値についてのt検定

表Ⅲ-1 (53頁) をみると、日本人/ヒスパニック間、日本人/アジア人間、ヒスパニック/アジア人間には、14経絡のBP平均値については有意差がない。

しかし、日本人と白人間ではほぼ5％の有意差を示し、ヒスパニックと白人間、アジア人と白人間では1％以下の有意差を示す。

このことは、日本人、アジア人、ヒスパニックは年間の14経絡のBP平均値、つまり年間を通しての生体エネルギー（量）について有意差がないということである。

これに対し、アジア人、日本人、ヒスパニックに対して、白人は年間の14経絡のBP平均値で有意な差を示す。BP平均値が低い。

アジア人、日本人、ヒスパニックは、白人に対して、生体エネルギーでは同じグループに属すると言うことができる。アジア人、日本人は同じモンゴロイドに属するから、DNA、経絡系機能、体質等において同じ種と考えられるが、ヒスパニックも生体エネルギーに関してモンゴロイドと同じグループに属するのは、ヒスパニックはスペイン人とモンゴロイドに属するアメリカインディアンの混血であるが、アメリカインディアンの体質、経絡系をより多く遺伝されているのであろう。

(2) ヒスパニック、アジア人、白人の間で、14経絡のBP値で分散に相違を示すかどうかをみる

F＝7.25 P＜0.01で、3グループ間で有意な差がみられる〔表Ⅲ-2 (53頁)〕。

これは14経絡の各経絡の機能と気エネルギー（生体エネルギー）とが、人種間で違うことを示す。つまり人種間で、各経絡とそれに対応する臓器の機能の活動度において相違のあることが推測される。

表Ⅲ-1を見ると、アジア人、ヒスパニックでは、最も気エネルギーが多く活動度が高い経絡は肺経、脾経、肝経であり、日本人でも肺経、肝経、脾経という同じ3つの経絡で、気エネ

ルギーが最高1、2、3番を占める。

　すでにみたように、アジア人、日本人が同じモンゴロイドに属することから、同じDNA、同じ体質をもつことは理解されるが、ヒスパニックも同じ傾向を示すことは、彼らもモンゴロイドを先祖にもつアメリカインディアンの血を受け継いでいるためであろう。

　これに対し白人では、BPの最高値の1、2、3番を肺経、心経、膈兪経で占めている。肺経が最高値であることはモンゴロイドグループと同じであるが、心経、膈兪経はモンゴロイドグループとは異なる。

　経絡機能と同名の臓器・組織との間には、経絡系─内臓体壁反射─神経系を通じて密接な関係のあることが判明した（本山博『東西医学による診断の比較』参照）。

　従って、白人では肺、心臓、横膈膜（心臓機能との関連が強い）の活動度が高く、アジア人等では肺、脾（膵臓、胃）、肝臓の活動度が高いことが推測される。これは、白人では心臓疾患にかかりやすく、アジア人では消化器系に罹患率が高いことと一致する。

　全ての人種において肺経が高いBP値を示し、高い活動度を示すのは、日本もカリフォルニアも空気の汚染が高く、肺機能が空気汚染を除くために異常に活動していることを示す。というのは、日本では空気汚染の低い所では肺経のBP値は高くないからである。

＜考古学、人類学的考察＞

　次に、白人に心経、膈兪経─心臓の活動度が高いこと、及び、アジア人、日本人、ヒスパニックで、肝経─肝臓、脾経─膵臓・胃が高い活動度を示すことを、考古学、人類学的資料に基づいた彼らの先祖の生活形態に基づいて考えてみたい。

　ヨーロッパは過去十万年間に氷河期が長く、農耕の始まるのがアジアに比べて遅く、5千年ぐらい前のヨーロッパでは狩猟、牧畜が生活の基本であった。今でも北欧では牧畜が盛んである。

　これに比べてアジアでは、1万年余り前から、温暖な気候と豊富な水に恵まれた自然の下で、農耕が生活の基本形態であった。狩猟民族では、獲物を捕るには、足で走り、槍や弓矢を放ち、獲物と戦わねばならない。その時、心臓が極度に働き、血液を手足の筋肉に供給せねばならない。狩猟民族の子孫が心臓の活動度の高い体質を遺伝的にもっていることは、十分に考えられることである。また、彼らは老後、心臓病発生率が高い。

　他方、アジア人は、一定の土地に定住して農耕を営み、主として穀物を食べる。重い穀物、米、麦等を多量に食べないと十分な養分、特に蛋白質が取れない。消化器系が活動度が高いのは上記のような理由によると思われる。

　しかし反面、多量の穀類の主食が胃腸に貯まることは胃ガンの発生を促し、日本人では現在も胃ガンによる死亡率が、ガン死亡率の第1位である。大腸も白人に比べて20～50cmほど長い。多量の穀類が消化された後、大腸に貯まるためである。

　アジア人に消化器系の病気が多いのは、農耕民の遺伝的体質であると思われる。

(3) 最高BP値1、2、3番の度数分布と最低BP値1、2、3番の度数分布について、アジア人と白人のデータについて、χ^2検定をする

表Ⅲ-1と表Ⅲ-2の分析と考察で得られた、白人では心臓機能が活動度が高く、心臓疾患にかかりやすい、アジア人では消化器系の活動度が高く、消化器系の疾患にかかりやすいということを確かめるために、BP値の最高値1、2、3番の度数がどの経絡で多くみられるか、白人とアジア人間で有意差があるかどうかを、表Ⅲ-3 (54頁) でχ^2検定によって検定してみた。

次に表Ⅲ-4では、最低値の1、2、3番がどの経絡で多くみられるか、白人とアジア人では有意差がみられるかどうかχ^2検定で検べてみた〔表Ⅲ-4 (54頁)〕。

表Ⅲ-3を見ると、白人、アジア人共に肺経—肺で高い活動度の度数が最多である。

次いで、白人では心経—心臓、脾経（膵臓、胃と関係）、膈兪経（心臓と関係）で度数が高い。アジア人では脾経（胃、膵臓と関係）と肝経—肝臓で度数が高い。

アジア人と白人間では、BP値の最高値1、2、3番を示す度数が2.5%以下の水準で有意な差を示す。

表Ⅲ-1と同じ傾向であるが、χ^2検定によると、白人も脾経—胃、膵臓で活動度が高い度数が多い。これは、アメリカの白人は食べ過ぎではなかろうか。

次いで、BP最低値の1、2、3番の度数分布について白人とアジア人間でχ^2検定をすると（表Ⅲ-4）、白人とアジア人の間で有意な差がみられない。

経絡のBP値が低いことは、それにコントロールされ、気エネルギーを供給される臓器の機能が低下していることを示す。

アジア人では胃経—胃の機能の低下を示す度数が最も多く、次いで胃経の支脈である八兪経—胃の機能、心包経—全身及び心臓機能、膀胱経—泌尿生殖器系と関連、三焦経—全身にエネルギーを送る経絡で度数が高い。

白人では膀胱経—泌尿生殖器系で最も度数が高く、胃経—胃、胆経—胆、八兪経（胃経の支脈）—胃で度数が高い。

白人もアジア人も、胃経—胃、八兪経（胃経の支脈）—胃、膀胱経—泌尿生殖器系で機能低下、疾病傾向を示す頻度が高い。これはアメリカに住む人種に共通な特徴のように思われる。

何が原因で人種の相違をこえて共通な機能低下を示すようになったかの探求は、将来の重要な課題であろう。自然環境、食物、生活スタイルの共通性がもたらした結果かもしれないが、確かめるべきである。

(4) データを夏（7、8、9月）と冬（1、2、3月）に分けて分析する
(A) 夏のデータのt検定

表Ⅲ-5 (56頁) は夏における14経絡のBP平均値が白人とアジア人、日本人、ヒスパニックとの間で有意差があるかどうかを、t検定によってみたものである。

年間を通しての14経絡のBP平均値ではアジア人、日本人、ヒスパニック間では有意差が

みられず、白人とアジア人、日本人、ヒスパニックとの間ではそれぞれに有意差がみられた。夏のBP平均値は年間を通してのBP平均値と違って、各人種間で有意な差がみられる。5%～0.1%の高い有意水準で差がみられる。

　BPの全経絡の平均値は、日本人が1892μA、ヒスパニック1756μA、アジア人1623μA、白人1470μAと、日本人が一番高く、白人が最低である。これは、日本は7、8、9月は湿度が高く、発汗と真皮内の副交感神経の緊張による動脈の拡張、血液増加、真皮内体液の増加によるものと考えられる。それに比べてカリフォルニアでは日本より湿度が低く、空気が乾燥し、皮膚が乾燥しているために、表皮の伝導度（conductivity）が低い、そのためにAPとBPとの合計としてのBP値がカリフォルニアに住む白人、ヒスパニック、アジア人共に、日本在住の日本人よりも低くなったと考えられる。

(B) 冬のデータのt検定

　表Ⅲ-6 (57頁) は冬のBP値のデータである。

　冬のデータでは14経絡のBP平均値がヒスパニックと白人間、ヒスパニックと日本人間、アジア人と白人間、白人と日本人間で5%～0.1%の有意差を示す。ヒスパニックとアジア人間、アジア人と日本人間には有意差がみられない。

　これは、ヒスパニックと日本人間の有意差（5%）を除くと、年間を通しての分析結果とほぼ同じである。

　アジア人、ヒスパニック、日本人は同じモンゴロイドに属し、人種間の体質、経絡機能には差がない。同じグループに属し、白人とは別の人種であると言えよう。

　しかし面白いことに、冬のデータは、白人の全経絡のBP値の平均値が1601μAで最高であり、日本人は1360μAで最低である。ヒスパニックは1487μA、アジア人は1419μAで、何れも白人より低い。これはどう考えるべきであろうか。

　BPは真皮内を流れる電流であり、真皮内の血流量、体液量、正負のイオンの電荷量、ムコ多糖類（ヒアルロン酸、コンドロイチン硫酸等）の負電荷量等によって決められる。従ってBP値が増加することは、これらの諸要因の増加に帰因し、BP値の減少はこれらの要因の減少に帰因する。

　日本人、アジア人、ヒスパニックでは、夏はこれらの要因が真皮内の副交感系優位と相まって増加し、BP値が増加した。冬はこれらの要因が、交感系優位によって真皮内の動脈の収縮、血液量の減少、体液の減少等が主原因となって減少したためにBP値の減少が生じたと考えられる。

　ところが白人ではむしろ、夏の1470μAに比べて冬は1601μAと増加している。これはどう考えるべきであろうか。

　まず考えられることは、白人ではアジア人、日本人に比べて表皮が厚く、皮下脂肪、体毛が多く、寒暑の影響が真皮内にカリフォルニアに住むモンゴロイド（アジア人、ヒスパニック）、

及び日本に住む日本人より伝わりにくい。モンゴロイドより心臓機能の活動度が高く、冬でも真皮内の血流量が高いということであろう。

　これはさらに確かめねばならないし、他の要因も探さねばならない。

(C) 夏のデータの分散分析

　表Ⅲ-5のデータについて、14経絡の各BP値の間に人種間で分散に有意差があるかどうか、分散分析をしてみた〔表Ⅲ-7 (58頁)〕。

　各人種間で 2.5%〜0.1%という高い水準で各経絡のBP値の分散に関しては有意差がみられる。各人種はBP値の分散に関しては異なるグループであることが解る。

　表Ⅲ-5を見ると、ヒスパニック、アジア人、白人の全てでBP最高値1、2、3番を示すのは、肺経、脾経、肝経で、全て共通である。最低値の1、2、3番はヒスパニックで胃経、胃経支脈、膀胱経、アジア人では膀胱経、心包経、小腸経、白人では胃経、腎経、胃経支脈で、人種間で相違を示す。白人は胃経—胃で最も機能低下を示し、ヒスパニックは胃経、膀胱経で白人と似た傾向を示す。アジア人は膀胱経、心包経、小腸経で機能低下を示し、白人、ヒスパニックと異なる傾向を示す。

(D) 冬のデータの分散分析

　表Ⅲ-6のデータについて、14経絡の各経絡のBP値間に、人種間で分散に関して有意差があるかどうかを表Ⅲ-8 (59頁) で見てみると、ヒスパニック、アジア人、白人の間には1%以下の水準で有意差がみられ、ヒスパニックとアジア人の間には5%でも有意差がない。ヒスパニックと白人の間には5%以下で有意差がある。アジア人と白人間では1%以下で有意差がある。

　ヒスパニックとアジア人の間に有意差がないのは既述の如く、同じモンゴロイドを先祖にもつためであろう。従ってヒスパニック、アジア人は、白人と各経絡のBP値については分散において異種のものであると言える。

　しかし表Ⅲ-6を見ると、BP最高値の1、2、3番は、ヒスパニックでは肺経、心経、膈兪経、アジア人では肺経、脾経、肝経、日本人では肺経、肝経、脾経、白人では肺経、心経、膈兪経である。アジア人と日本人はほぼ同じ傾向、白人とヒスパニックは同じ傾向を示す。これはアジア人、日本人は同じグループ、白人とヒスパニックは同じグループに属し、アジア人、日本人グループと異なる。

　BP最低値1、2、3番は、ヒスパニックは膀胱経、胃経、八兪経（胃経支脈）、アジア人は胃経、膀胱経、八兪経（胃経支脈）、白人では膀胱経、胆経、八兪経（胃経支脈）、日本人は心包経、三焦経、大腸経である。カリフォルニアに住む白人、アジア人、ヒスパニックはほぼ同じ傾向、泌尿生殖器系、消化器系の機能低下を示すのに対し、日本人は心包経、三焦経等、全身の気エネルギーの消長を示す経絡で最低値を示し、カリフォルニアに住むヒスパニック、ア

ジア人、白人と異なる経絡—臓器の機能を示す。
　これらのことは、表Ⅲ-4 についての考察と一致する結果である。人種が違っても、住む自然環境、気候、食生活、生活形態が同じになると、生体エネルギー—経絡—臓器の機能は同化するのであろうか。しかし、BP 値の 14 経絡間の分散は人種間で有意差がみられるということ、つまり人種間の相違は基本的には残っているということであろう。

(E) 夏のデータの BP 最高値 1、2、3 番と BP 最低値 1、2、3 番についての度数表と、
　　その χ^2 検定〔表Ⅲ-9 (60頁)〕

　夏のデータの BP 最高値 1、2、3 番と BP 最低値 1、2、3 番についての度数表を作り、χ^2 検定をしてみると、アジア人と白人の間には BP 最高値を示す経絡間で 5% の有意差なし。
　両人種共に肺経、脾経、肝経で最高値 1、2、3 番を示す。
　最低値についても有意差なし。ただし、アジア人は膀胱経で最低値の度数が高く、白人では心包経で最低値の度数が高いという相違は見られるが、全体としては有意差なし。

(F) 冬の BP 最高値 1、2、3 番と BP 最低値 1、2、3 番の度数表と、
　　その χ^2 検定〔表Ⅲ-10 (62頁)〕

　冬の BP 最高値 1、2、3 番と BP 最低値 1、2、3 番の度数表を作り、χ^2 検定をしてみると、アジア人と白人間では、最高値の度数分布に関して有意差なし。アジア人、白人共に肺経と脾経で度数が高く、ほかにアジア人では肝経、白人では膈俞経が高い。
　次に、最低 BP 値の度数もアジア人と白人間で 14 経絡で有意差なし。膀胱経、胆経、胃経、胃経の支脈で何れも度数が高い。つまりこれらの経絡とそれに対応する臓器で機能低下がみられる。

6) 結論

(1) 年間を通じてのデータの分析と考察に基づく結論

① 表Ⅲ-1 の分析と考察から、日本で住む日本人と、アメリカの主としてカリフォルニアで住むアジア人、ヒスパニックとは、BP 平均値、生体エネルギーに関して同じグループに属し、白人はこれらと異なる人種であると言える。

② 表Ⅲ-1 と表Ⅲ-2 の分析と考察から、14 経絡における各経絡の BP 値間には、分散に関して白人とアジア人、ヒスパニックとの間には有意差がある。
　アジア人、ヒスパニック、日本人は消化器系でその機能の活動度が高く、白人では心臓機能で活動度が高い。日本人、アジア人、ヒスパニック、白人の全てで肺経—肺機能の活動度、気エネルギーが非常に高い。これは空気汚染によると推測される。

③ 表Ⅲ-3の分析結果は、表Ⅲ-1と表Ⅲ-2の分析結果とおおよそ同じであるが、白人でも脾経—胃、膵臓の活動度が高いことが判明した。

④ 表Ⅲ-4の分析結果は、BP値の最低値1、2、3番の度数分析に関しては白人とアジア人の間に有意差がみられず、両グループ共に同じ傾向、つまり胃経—胃の機能低下・疾病傾向、膀胱経—泌尿生殖器系の機能低下・疾病傾向がみられた。これは自然環境、食生活、生活形態が同じになると、人種の区別をこえて、経絡系—それと対応する臓器、生体エネルギーが同じ機能傾向をもつように変わるということであろうか。将来の課題である。

(2) 夏と冬のデータの分析と考察に基づく結論

① 表Ⅲ-5から、夏のデータでは14経絡のBP平均値について各人種間で有意差がみられた。

表Ⅲ-6の冬の14経絡のBP値平均では、ヒスパニックと日本人間の有意差を除いて、年間を通しての各人種間の差と同じである。すなわち、白人とアジア人、日本人、ヒスパニックはそれぞれ有意差を示し、アジア人と日本人、ヒスパニックとアジア人は有意差を示さない。つまり、アジア人、日本人、ヒスパニックは同じ人種に属し、白人はこれらと異なる人種であると言える。

夏では、アジア人、ヒスパニック、日本人は白人よりBP平均値が高く、冬では逆に白人が最も高い。アジア人、ヒスパニック、日本人のモンゴロイドグループと白人間には生体エネルギーのシーズンによる変化にやはり人種間の差がみられる。その理由は考察の所で述べたことが考えられる。

② 分散分析によるデータの分析と考察に基づく結論

夏、冬のデータ分析共に、各人種間で14経絡のBP値の分散については、冬のヒスパニックとアジア人間を除いて、全て有意差がある。その限り、各人種は各経絡、臓器の働きにおいて互いに異なるグループと言える。

夏のデータでは、表Ⅲ-5を見ると、全ての人種で経絡機能の高い活動を示すBPの最高値1、2、3番は肺経、脾経、肝経で共通であるが、最底値BPの1、2、3番では白人は胃経、腎経、胃経の支脈で機能低下、ヒスパニックも胃経、胃経の支脈、膀胱経で機能低下で白人と似た傾向を示すが、アジア人は膀胱経、心包経、小腸経で機能低下を示して、白人、ヒスパニックと異なる傾向を示す。日本人は全身の気エネルギーと関係する三焦経、心包経と膈俞経で機能低下を示し、カリフォルニアの白人、アジア人、ヒスパニックと異なる傾向を示す。

冬のデータ（表Ⅲ-6）では、BP最高値ではヒスパニックと白人は肺経、心経で高く同じ傾向を示し、アジア人、日本人は肺経、肝経、脾経でBP値が高く同じ傾向を示し、白人、ヒスパニックとアジア人、日本人は違うグループに属する。BP最低値では、カリフォルニアに住むアジア人、白人、ヒスパニックは膀胱経、胃経、胃経の支脈で機能低下を示し、日本に住む

日本人は心包経、三焦経等、全身のエネルギー低下を示す。

このことは、同じ自然環境、気候、生活スタイルの下で暮らすと、人種の違いをこえて一種の同化現象が生体エネルギー、生体機能に生じ、特に冬の寒い気候が同化現象を促進するのであろうか。

ただし、既にみたように、14経絡の各々の活動度を示すBP値の分散は、人種間で冬も異なる。

③ 夏と冬のBP最高値とBP最低値の度数に基づくχ^2検定結果による結論

ヒスパニックのデータが十分にないため、カリフォルニア在住のアジア人と白人についてχ^2検定した結果では、夏冬共にBP最高値、BP最低値の度数分布には有意差がみられなかった。これは、カリフォルニアに住むアジア人と白人の間では、最も高い活動を示す経絡とそれと対応する臓器、最も低い活動を示す経絡とそれに対応する臓器が共通しているということである。

これは、本来その体質、DNA、経絡機能等において異なる人種が、住む自然環境、気候、食物を同じくすると、自然に同化現象が起こるということであろうか。

(1998.9.25)

〔註〕

CIHS

著者が1991年、北アメリカ・カリフォルニア州エンシニタス市に創設した大学院大学 California Institute for Human Science (CIHS)。

<参考文献>

1) 本山博、ウォーレン・スミス、原田敏明「単一矩形波パルス法で測定された皮膚の分極前抵抗」
Motoyama, H., Smith, W.T., and Harada, T., *Pre-Polarization Resistance of the Skin as Determined by the Single Square Voltage Pulse Method*, Psychophysiology, Vol. 21, No. 5, The Society for Psychophysiological Research Inc. 1984.

2) 木戸真美『単一矩形波パルス法の応用』国際生命情報科学会　学会誌
Kido, M., *Application of A Single Square Voltage Pulse Method*, Journal of International Society of Life Information Science (ISLIS), Vol. 15, No. 1, pp. 60-70, March 1997.

3) 本山博『東洋医学 気の流れの測定・診断と治療』宗教心理出版　東京　1985.
Motoyama, H., *Measurements of Ki Energy Diagnosis & Treatments*, Human Science Press, Tokyo, Japan, 1997.

4) 本山博『東西医学による診断の比較』宗教心理出版　東京　1997.

Motoyama, H., *Comparison of Diagnositic Methods in Western & Eastern Medicine*, Human Science Press, Tokyo, Japan, 1998.

5) 鈴木秀夫『超越者と風土』大明堂　東京　1976.

6) Report of the Director-General, *The World Health Report 1995-Bridging the Gaps*, World Health Organization, Geneva, 1995. From WHO web site at: www. who. int/whr/1995/en/index.html

7) *Cancer Statistics in Japan* 1997, from National Cancer Center,
International comparison of proportion of deaths from cancer by sex and site, Source: World Health Statistics Annual（1995）WHO, web site at: www.ncc.go.jp/en/statistics/1997/figures/f6.html

8) 鈴木秀夫『森林の思考・砂漠の思考』NHKブックス　日本放送出版協会　東京　1978.

9) 上田英雄、竹内重五郎編『内科学』朝倉書店　東京　1991.

10) 寺田和夫他『人類学講座　第7巻　人種』人類学講座編纂委員会編　雄山閣出版　東京　1977.

11) 山村雄一他責任編集『現代皮膚科学大系　第3巻　皮膚の構造と機能　Ⅰ』中山書店　東京　1982.

12) Von Wemer Kahle, G., *Taschenatlas der Anatomie*, Thieme, Verlag, Stutgart, Germany, 1979.

13) Thibodeau, G. A., Patton, K. T., *Anatomy & Physiology*, second edition, Mosby-Year Book, Inc., St-Louis, U. S., 1993.

〔表一覧〕

表Ⅲ-1 年間の無作為抽出に対するt検定解析

BP 平均値（μA）

日本人（約2000名）		ヒスパニック（30名）		アジア人（50名）		白人（50名）	
肺	1952	肺	1986	肺	2083	肺	1843
肝	1903	脾	1753	脾	1795	心	1615
脾	1894	肝	1712	肝	1768	膈兪	1606
腎	1755	心	1705	大腸	1713	脾	1561
胆	1675	膈兪	1681	心	1694	肝	1541
八兪	1659	大腸	1675	膈兪	1678	三焦	1538
胃	1653	小腸	1642	小腸	1656	大腸	1533
心	1626	心包	1640	腎	1653	小腸	1528
大腸	1533	三焦	1639	三焦	1645	心包	1504
小腸	1527	腎	1602	心包	1639	腎	1449
膈兪	1520	胆	1587	胆	1618	八兪	1421
三焦	1481	八兪	1563	膀胱	1593	胆	1411
心包	1474	胃	1513	八兪	1584	胃	1405
膀胱	1338	膀胱	1497	胃	1562	膀胱	1366
合計	22990		23195		23681		21321
平均値	1642		1657		1692		1523

t検定

t値	日本人／ヒスパニック −0.252	日本人／アジア人 −0.826	日本人／白人 2.049

t値	ヒスパニック／アジア人 −0.732	ヒスパニック／白人 2.950	アジア人／白人 3.557

棄却限界：$t = 2.056\ (P < 0.05)$；$t = 2.779\ (P < 0.01)$；$t = 3.707\ (P < 0.001)$
自由度 =26

表Ⅲ-2 年間の無作為抽出に対するF検定解析

ヒスパニック／アジア人／白人

	自由度	平方和	平均平方	F値	棄却限界	判定
人種間	2	2.218×10^5	1.109×10^5	$F(2,39)$ 7.25 ($P<0.01$)	$F(2,38)$ 5.21 ($P=0.01$)	有意差あり
人種内	39	5.964×10^5	1.529×10^4			
合計	41	8.183×10^5				

表Ⅲ-3　50名のアジア人／白人に対するχ²検定

実（上位3経絡）	肺	大腸	心包	膈兪	三焦	心	小腸	脾	肝
アジア人	46	15	4	7	0	9	5	25	21
白人	48	8	2	18	3	24	2	21	16
合計	94	23	6	25	3	33	7	46	37

期待値

	肺	大腸	心包	膈兪	三焦	心	小腸	脾	肝
アジア人	47.0	11.5	3.00	12.5	1.50	16.5	3.50	23.0	18.5
白人	47.0	11.5	3.00	12.5	1.50	16.5	3.50	23.0	18.5
合計	94.0	23.0	6.00	25.0	3.00	33.0	7.00	46.0	37.0

χ^2

	肺	大腸	心包	膈兪	三焦	心	小腸	脾	肝
アジア人	0.02	1.07	0.33	2.42	1.50	3.41	0.64	0.17	0.34
白人	0.02	1.07	0.33	2.42	1.50	3.41	0.64	0.17	0.34
合計	0.04	2.13	0.67	4.84	3.00	6.82	1.29	0.35	0.68

アジア人50名、白人50名、各人のBP値最高値1,2,3番の経絡をカウントして作成

表Ⅲ-4　50名のアジア人／白人に対するχ²検定

虚（下位3経絡）	肺	大腸	心包	膈兪	三焦	心	小腸	脾	肝
アジア人	0	6	16	10	15	9	10	2	4
白人	0	7	13	4	7	2	5	5	6
合計	0	13	29	14	22	11	15	7	10

期待値

	肺	大腸	心包	膈兪	三焦	心	小腸	脾	肝
アジア人	0.00	6.50	14.5	7.00	11.0	5.50	7.50	3.50	5.00
白人	0.00	6.50	14.5	7.00	11.0	5.50	7.50	3.50	5.00
合計	0.00	13.0	29.0	14.0	22.0	11.0	15.0	7.00	10.0

χ^2

	肺	大腸	心包	膈兪	三焦	心	小腸	脾	肝
アジア人	0.00	0.04	0.16	1.29	1.45	2.23	0.83	0.64	0.20
白人	0.00	0.04	0.16	1.29	1.45	2.23	0.83	0.64	0.20
合計	0.00	0.08	0.31	2.57	2.91	4.45	1.67	1.29	0.40

アジア人50名、白人50名、各人のBP値最低値1,2,3番の経絡をカウントして作成

胃	八髎	胆	腎	膀胱	計
0	0	2	10	6	150
0	1	1	5	1	150
0	1	3	15	7	300

0.00	0.50	1.50	7.50	3.50	150
0.00	0.50	1.50	7.50	3.50	150
0.00	1.00	3.00	15.0	7.00	300

0.00	0.50	0.17	0.83	1.79	
0.00	0.50	0.17	0.83	1.79	
0.00	1.00	0.33	1.67	3.57	

χ^2値	棄却限界
χ^2	χ^2
26.38	24.70
自由度＝13（P＜0.025）	
有意差あり	

胃	八髎	胆	腎	膀胱	計
24	17	13	9	15	150
23	18	21	13	26	150
47	35	34	22	41	300

23.5	17.5	17.0	11.0	20.5	150
23.5	17.5	17.0	11.0	20.5	150
47.0	35.0	34.0	22.0	41.0	300

0.01	0.01	0.94	0.36	1.48	
0.01	0.01	0.94	0.36	1.48	
0.02	0.03	1.88	0.73	2.95	

χ^2値	棄却限界
χ^2	χ^2
19.29	22.36
自由度＝13（P＜0.05）	
有意差なし	

表Ⅲ-5　t検定 夏（7、8、9月）

BP 平均値（μA）

ヒスパニック		アジア人		白人		日本人	
肺	2134	肺	1922	肺	1713	肺	2222
脾	1932	脾	1786	脾	1586	脾	2135
肝	1865	肝	1748	肝	1523	肝	2118
大腸	1770	腎	1653	胆	1481	腎	1977
心	1753	心	1616	膈兪	1475	胆	1916
小腸	1724	大腸	1598	膀胱	1460	八兪	1892
膈兪	1722	膈兪	1589	心	1459	心	1855
腎	1714	胆	1582	小腸	1455	胃	1853
三焦	1703	胃	1570	三焦	1435	大腸	1810
心包	1699	三焦	1563	大腸	1423	小腸	1763
胆	1690	八兪	1563	心包	1403	膀胱	1750
膀胱	1669	小腸	1554	八兪	1401	膈兪	1741
八兪	1609	心包	1525	腎	1396	心包	1736
胃	1603	膀胱	1456	胃	1375	三焦	1713
合計	24587		22725		20585		26481
平均値	1756		1623		1470		1892

t 検定

t値	ヒスパニック／アジア人　2.701	ヒスパニック／白人　6.464	ヒスパニック／日本人　−2.346

t値	アジア人／白人　3.820	アジア人／日本人　−4.922	白人／日本人　−8.416

棄却限界：$t=2.056$（$P<0.05$）；$t=2.779$（$P<0.01$）；$t=3.707$（$P<0.001$）
自由度 = 26

表Ⅲ-6　t検定 冬（1、2、3月）

BP 平均値（μA）

ヒスパニック		アジア人		白人		日本人	
肺	1851	肺	1812	肺	2024	肺	1616
心	1613	脾	1494	心	1670	肝	1585
膈兪	1556	肝	1475	膈兪	1660	脾	1558
三焦	1537	心	1463	大腸	1658	腎	1442
小腸	1517	小腸	1435	脾	1635	胃	1377
脾	1514	膈兪	1427	肝	1625	心	1374
大腸	1508	大腸	1424	三焦	1614	胆	1356
心包	1504	三焦	1380	小腸	1604	八兪	1342
肝	1493	心包	1376	心包	1583	膈兪	1264
胆	1377	腎	1359	腎	1529	小腸	1251
腎	1373	胆	1316	胃	1466	膀胱	1237
八兪	1365	八兪	1309	八兪	1462	大腸	1231
胃	1349	膀胱	1305	胆	1455	三焦	1211
膀胱	1267	胃	1286	膀胱	1435	心包	1192
合計	20824		19861		22419		19036
平均値	1487		1419		1601		1360

t検定

t値	ヒスパニック／アジア人 1.321	ヒスパニック／白人 −2.073	ヒスパニック／日本人 2.360

t値	アジア人／白人 −3.450	アジア人／日本人 1.133	白人／日本人 4.392

棄却限界：t＝2.056（P＜0.05）；t＝2.779（P＜0.01）；t＝3.707（P＜0.01）
自由度＝26

表Ⅲ-7　F検定 夏（7、8、9月）

ヒスパニック／アジア人／白人

	自由度	平方和	平均平方	F値	棄却限界	判定
人種間 人種内	2 39	5.729×10^5 5.442×10^5	2.865×10^5 1.396×10^4	$F(2,39)$ 20.53 $(P<0.001)$	$F(2,40)$ 8.25 $(P=0.001)$	有意差有り
合計	41	1.117×10^6				

ヒスパニック／アジア人

	自由度	平方和	平均平方	F値	棄却限界	判定
人種間 人種内	1 26	1.238×10^5 4.412×10^5	1.238×10^5 1.697×10^4	$F(1,26)$ 7.30 $(P<0.025)$	$F(1,26)$ 5.66 $(P=0.025)$	有意差有り
合計	27	5.650×10^5				

ヒスパニック／白人

	自由度	平方和	平均平方	F値	棄却限界	判定
人種間 人種内	1 26	5.720×10^5 3.560×10^5	5.720×10^5 1.369×10^4	$F(1,26)$ 41.78 $(P<0.001)$	$F(1,26)$ 13.70 $(P=0.001)$	有意差有り
合計	27	9.280×10^5				

アジア人／白人

	自由度	平方和	平均平方	F値	棄却限界	判定
人種間 人種内	1 26	1.636×10^5 2.914×10^5	1.636×10^5 1.121×10^4	$F(1,26)$ 14.60 $(P<0.001)$	$F(1,26)$ 13.70 $(P=0.001)$	有意差有り
合計	27	4.549×10^5				

表Ⅲ-8 F検定 冬(1、2、3月)

ヒスパニック／アジア人／白人

	自由度	平方和	平均平方	F値	棄却限界	判定
人種間 人種内	2 39	2.385×10^5 7.764×10^5	1.192×10^5 1.991×10^4	F (2,39) 5.99 (P<0.01)	F (2,40) 5.18 (P=0.01)	有意差有り
合計	41	1.015×10^6				

ヒスパニック／アジア人

	自由度	平方和	平均平方	F値	棄却限界	判定
人種間 人種内	1 26	3.302×10^4 4.916×10^5	3.302×10^4 1.891×10^4	F (1,26) 1.75 (P>0.05)	F (1,26) 4.23 (P=0.05)	有意差なし
合計	27	5.247×10^5				

ヒスパニック／白人

	自由度	平方和	平均平方	F値	棄却限界	判定
人種間 人種内	1 26	9.101×10^4 5.506×10^5	9.101×10^4 2.118×10^4	F (1,26) 4.30 (P<0.05)	F (1,26) 4.23 (P=0.05)	有意差有り
合計	27	6.416×10^5				

アジア人／白人

	自由度	平方和	平均平方	F値	棄却限界	判定
人種間 人種内	1 26	2.337×10^5 5.104×10^5	2.337×10^5 1.963×10^4	F (1,26) 11.90 (P<0.01)	F (1,26) 7.72 (P=0.01)	有意差有り
合計	27	7.441×10^5				

表Ⅲ-9　22名のアジア人／白人に対する χ^2 検定　夏（7、8、9月）

実（上位3経絡）	肺	大腸	心包	膈兪	三焦	心	小腸	脾
アジア人	20	2	0	1	0	6	0	15
白人	18	3	1	2	0	3	0	13
合計	38	5	1	3	0	9	0	28

期待値

	肺	大腸	心包	膈兪	三焦	心	小腸	脾
アジア人	19.0	2.50	0.50	1.50	0.00	4.50	0.00	14.0
白人	19.0	2.50	0.50	1.50	0.00	4.50	0.00	14.0
合計	38.0	5.00	1.00	3.00	0.00	9.00	0.00	28.0

χ^2

	肺	大腸	心包	膈兪	三焦	心	小腸	脾
アジア人	0.05	0.10	0.50	0.17	0.00	0.50	0.00	0.07
白人	0.05	0.10	0.50	0.17	0.00	0.50	0.00	0.07
合計	0.11	0.20	1.00	0.33	0.00	1.00	0.00	0.14

虚（下位3経絡）	肺	大腸	心包	膈兪	三焦	心	小腸	脾
アジア人	0	3	5	3	3	4	7	1
白人	1	7	11	4	5	3	3	1
合計	1	10	16	7	8	7	10	2

期待値

	肺	大腸	心包	膈兪	三焦	心	小腸	脾
アジア人	0.50	5.00	8.00	3.50	4.00	3.50	5.00	1.00
白人	0.50	5.00	8.00	3.50	4.00	3.50	5.00	1.00
合計	1.00	10.0	16.0	7.00	8.00	7.00	10.0	2.00

χ^2

	肺	大腸	心包	膈兪	三焦	心	小腸	脾
アジア人	0.50	0.80	1.13	0.07	0.25	0.07	0.80	0.00
白人	0.50	0.80	1.13	0.07	0.25	0.07	0.80	0.00
合計	1.00	1.60	2.25	0.14	0.50	0.14	1.60	0.00

肝	胃	八兪	胆	腎	膀胱	計
12	2	2	2	4	0	66
9	2	2	3	6	4	66
21	4	4	5	10	4	132

10.5	2.00	2.00	2.50	5.00	2.00	66
10.5	2.00	2.00	2.50	5.00	2.00	66
21.0	4.00	4.00	5.00	10.0	4.00	132

0.21	0.00	0.00	0.10	0.20	2.00
0.21	0.00	0.00	0.10	0.20	2.00
0.43	0.00	0.00	0.20	0.40	4.00

χ^2値	棄却限界
χ^2	χ^2
7.81	22.36
自由度=13 有意差なし	(P < 0.05)

肝	胃	八兪	胆	腎	膀胱	計
2	7	9	6	3	13	66
3	8	4	2	9	5	66
5	15	13	8	12	18	132

2.50	7.50	6.50	4.00	6.00	9.00	66
2.50	7.50	6.50	4.00	6.00	9.00	66
5.00	15.0	13.0	8.00	12.0	18.0	132

0.10	0.03	0.96	1.00	1.50	1.78
0.10	0.03	0.96	1.00	1.50	1.78
0.20	0.07	1.92	2.00	3.00	3.56

χ^2値	棄却限界
χ^2	χ^2
17.96	22.36
自由度=13 有意差なし	(P < 0.05)

表Ⅲ-10　42名のアジア人／白人に対するχ^2検定　冬（1、2、3月）

実（上位3経絡）	肺	大腸	心	膈兪	三焦	心	小腸	脾
アジア人	39	11	3	6	3	13	5	18
白人	41	17	1	16	1	14	4	15
合計	80	28	4	22	4	27	9	33

期待値

	肺	大腸	心	膈兪	三焦	心	小腸	脾
アジア人	40.0	14.0	2.00	11.0	2.00	13.5	4.50	16.5
白人	40.0	14.0	2.00	11.0	2.00	13.5	4.50	16.5
合計	80.0	28.0	4.00	22.0	4.00	27.0	9.00	33.0

χ^2

	肺	大腸	心	膈兪	三焦	心	小腸	脾
アジア人	0.03	0.64	0.50	2.27	0.50	0.02	0.06	0.14
白人	0.03	0.64	0.50	2.27	0.50	0.02	0.06	0.14
合計	0.05	1.29	1.00	4.55	1.00	0.04	0.11	0.27

虚（下位3経絡）	肺	大腸	心包	膈兪	三焦	心	小腸	脾
アジア人	0	9	11	4	12	1	6	2
白人	0	5	9	4	3	1	2	4
合計	0	14	20	8	15	2	8	6

期待値

	肺	大腸	心包	膈兪	三焦	心	小腸	脾
アジア人	0.00	7.00	10.0	4.00	7.50	1.00	4.00	3.00
白人	0.00	7.00	10.0	4.00	7.50	1.00	4.00	3.00
合計	0.00	14.0	20.0	8.00	15.0	2.00	8.00	6.00

χ^2

	肺	大腸	心包	膈兪	三焦	心	小腸	脾
アジア人	0.00	0.57	0.10	0.00	2.70	0.00	1.00	0.33
白人	0.00	0.57	0.10	0.00	2.70	0.00	1.00	0.33
合計	0.00	1.14	0.20	0.00	5.40	0.00	2.00	0.67

肝	胃	八兪	胆	腎	膀胱	計
15	0	0	2	8	3	126
9	1	1	0	3	3	126
24	1	1	2	11	6	252

12.0	0.50	0.50	1.00	5.50	3.00	126
12.0	0.50	0.50	1.00	5.50	3.00	126
24.0	1.00	1.00	2.00	11.0	6.00	252

0.75	0.50	0.50	1.00	1.14	0.00	
0.75	0.50	0.50	1.00	1.14	0.00	
1.50	1.00	1.00	2.00	2.27	0.00	

χ^2値　　棄却限界

χ^2	χ^2
16.07	22.36
自由度=13 有意差なし	($P < 0.05$)

肝	胃	八兪	胆	腎	膀胱	計
1	19	16	15	13	17	126
1	20	20	26	6	25	126
2	39	36	41	19	42	252

1.00	19.5	18.0	20.5	9.50	21.0	126
1.00	19.5	18.0	20.5	9.50	21.0	126
2.00	39.0	36.0	41.0	19.0	42.0	252

0.00	0.01	0.22	1.48	1.29	0.76
0.00	0.01	0.22	1.48	1.29	0.76
0.00	0.03	0.44	2.95	2.58	1.52

χ^2値　　棄却限界

χ^2	χ^2
16.93	22.36
自由度=13 有意差なし	($P < 0.05$)

第Ⅳ章

性別による経絡機能の
同質性と異質性

1) 目的
2) 測定法
3) 統計的解析と考察
   (1) 各月のBP平均値が男女間で示す〔男の$\overline{BP}$値＞女の$\overline{BP}$値〕〔男の$\overline{BP}$値＜女の$\overline{BP}$値〕の度数の分析と考察
   (2) 経絡の虚実に男女間で差があるかどうかの分析と考察
   (3) 流注順の経絡の活動度、気エネルギーの量の間に男女間で相関関係を示すかどうか
4) 全体の結論

第Ⅳ章
性別による経絡機能の同質性と異質性

1) 目的

CIHSで1995～2000年の6年間に、日本在住の日本人と，主にカリフォルニア在住のアメリカ人（白人、アジア人、ヒスパニックを含む）との合計約2500人の男女をAMIで測定した（Ⅲ章を参照されたい）。

そのデータに基づいて、男女間に経絡機能に関して相違があるかないか。相違があるとすれば、男女間で何れの経絡がそれぞれに特徴的な働きをするか。それとも人間として経絡、気エネルギーという生体の基本的エネルギー系には大差はなく、同質的なのかを調べるのがこの研究の目的である。

2) 測定法

AMIを用いて、各被験者の14経絡のBP、AP、IQについて測定し、ソフトプログラムに従って解析、診断されたデータを得る。

3) 統計的解析と考察

(1) 各月のBP平均値が男女間で示す〔男の$\overline{BP}$値＞女の$\overline{BP}$値〕
　　〔男の$\overline{BP}$値＜女の$\overline{BP}$値〕の度数の分析と考察

(A) 各月の被験者を男女共に30人ずつ、ランダムに選ぶ

BP平均値が男（M）女（F）の何れで大きいかを各月について調べ、度数表をつくる。

(B) 〔M＞F〕、〔M＜F〕についての分析と考察

各経絡の左右平均値について〔M＞F〕、〔M＜F〕を見る。

14経絡の男女それぞれ30人のBP平均値が、各月において〔男＞女〕、〔男＜女〕を示す度数を1～12月にかけて集計し、表Ⅳ-1の〔M＞F〕〔M＜F〕の項に示した〔表Ⅳ-1 (73頁)〕。

これをm×n分割表〔表Ⅳ-2 (73頁)〕によってχ²検定をすると、P=2.47×10⁻¹² ＜ 0.001という非常に高い有意水準で、BPの〔M＞F〕〔M＜F〕の分布が月によって異なることが明らかとなった（表Ⅳ-2）。

12～3月の寒い時期には〔男＞女〕が多い。これは、12～3月の寒い時期には、男性のBPつまり経絡、気エネルギーが、女性より全般的により活動的であることを示す。

4～6月の温和な気候の下では〔男＜女〕が多い。これは、温和な気候の下では、女性の経絡、気エネルギーが、全般的に男性よりより活動的であることを示す。

ところが7月の暑い時期には、12～3月の寒い時期と同じく〔男＞女〕が多く、男性で経絡、気エネルギーが女性よりより活動的である。

8～9月では男女間にあまり差がみられない。

10～11月の気候の温暖な時期になると、4～6月の温暖な時期と同じく、女性で男性より経絡、気エネルギーがより活動的になる。

(C) (B)からの小結論

男性では、寒い時期と暑い時期に、経絡、気エネルギーが女性より活動的になり、女性では4～6月、10～11月の温暖な時期に、男性より活動的になる。

これは、男性では寒い・暑いという気候に反抗して経絡、気エネルギーが働き、女性は暑い・寒い時期には男性に比べてあまり活動的でなく、温暖な時期には経絡、気エネルギーがより活動的になることを示す。女性の身体の方が、男性のそれよりより気候に順応して働き、男性は気候に反抗して働くということであろう。

暑さが安定したと思われる8～9月には男女間に差がみられない。

次に、寒期、熱期、温暖期に分けて、〔男＞女〕、〔男＜女〕の度数分布に有意差があるかどうかみてみよう〔表Ⅳ-3 (74頁)〕。

(D) 寒期における〔男＞女〕、〔男＜女〕の度数分布についての
　　マン–ホイットニ検定〔表Ⅳ-4 (74頁)〕

表Ⅳ-4を見ると、3)の(1)の(A)(B)で述べたと同じく、マン–ホイットニ検定結果も、有意な水準で〔男＞女〕が〔男＜女〕より多いことを示している。即ち寒期には、男性で、ほとんどの経絡で、女性より経絡、気エネルギーが活動的であることを示す。

グラフⅣ-1 (75頁) をみると、1月には全ての経絡で、BP値が女性より男性で高い。

(E) 熱期、温暖期における〔男＞女〕、〔男＜女〕の度数分布についての
　　マン–ホイットニ検定〔表Ⅳ-5-1 (75頁)、Ⅳ-5-2 (76頁)〕

表Ⅳ-5-1、Ⅳ-5-2を見ると、4～6月と7～9月の春と夏には、男女間の各経絡のBP値の

〔男＞女〕〔男＜女〕の度数分布には有意差がみとめられない。

　温暖及び暑い時期には、男女の経絡、気エネルギーの活動度に有意差がないということである。しかし有意差がみられなくても、4～6月の春から初夏にかけての温暖な時期には、女性での経絡、気エネルギーの活動度が、多くの経絡で男性より高い。

　これに対して、7月から9月にかけての暑い時期には、男性の経絡、気エネルギーが女性より活動的であることが解る。これも、3)の(1)の(A)(B)の結論と同じ結果である。

　次に、10～11月の秋の時期について検定結果をみると、10～11月の秋期では、〔男＞女〕〔男＜女〕の度数分布に男女間で5％で有意差がみられる〔表Ⅳ-6 (76頁)〕。

　寒期の12～3月では〔男＞女〕の度数が多かったが、秋期には女性の各経絡でBP値が男性より多い。これは、秋期には女性で各経絡、気エネルギーが男性より活動的であり、各経絡と対応する臓器もその機能がより活動的であることを示す。

(F) 結論

　以上のデータ解析と考察を通じて、寒期には男性で、女性より、各経絡、気エネルギー、各経絡に対応する臓器で活動度が高い。秋期（10～11月）には女性で、より活動度が高い。

　4～6月と7～9月にかけては、男女間に〔男＞女〕〔男＜女〕の度数に関して有意差はみられない。

　しかし表Ⅳ-5のデータを詳しく見ると、統計的に有意差はみられないが、4～6月では女性で活動度が高く、7～9月では男性で活動度が高いと言える。

　次に、年間を通じて、最実、最虚を示す経絡について、男女間に差があるかどうかを確かめてみたい。

(2) 経絡の虚実に男女間で差があるかどうかの分析と考察

(A) 最実、最虚を示す男女間の共通経絡と、相違する経絡の比較

　最実経絡とは、各人の14経絡のBP値を降順に並べて、最もBP値の高い1、2、3番の3つの経絡を最実（気エネルギーの最も多い、経絡機能の最も活発な）経絡とする。

　最虚の経絡とは、BP値が最も低い、14、13、12番の経絡（気エネルギー、経絡の活動度が最も低い）を最虚の経絡とする。

　表Ⅳ-7 (77頁) は、各月の男性と女性のそれぞれ30人のBPデータを経絡毎に合計、平均して降順に並べたものの、1～3月のサンプルである。

　表Ⅳ-8 (78頁) は、表Ⅳ-7に基づいて、1年間の男女それぞれで最実、最虚をおおよそ共通に示す経絡の度数と、男女間で相違する経絡の度数を表にしたものである（4～12月の表 掲載省略）。

　表Ⅳ-9 (78頁) は、表Ⅳ-8-1のデータについて、m×n分割表によるχ^2検定の結果である。

男女間に有意差は認められない。

　肺経、脾経、肝経が男女共に1年間を通じて最実を示す度数が高い。肺経では、男性は12カ月、女性は11カ月、脾経では男性は10カ月、女性は11カ月で最実を示す。さらに、女性では肝経で12カ月最実である。

　表Ⅳ-10 (79頁) を見ると、男女共に1年間を通じて最虚を示す経絡の度数間でも有意な差がみられない。膀胱経、胃経共に高い度数を示す。膀胱経では男性は8カ月、女性は9カ月、胃経では男性11カ月、女性は8カ月で最虚を示す。

(B) (A) の結論
　以上のことは、男女間では虚実を示す経絡の間には有意な差がなく、共通経絡が多いことを示す。

　次に、男女間で最実、最虚を異なった経絡で示す度数について、m × n 分割表による χ^2 検定をしてみよう。

(C) 男女間で、最実・最虚を異なって示す経絡についての男女間の比較
　表Ⅳ-11 (79頁) を見ると、男女間で最実を示す経絡の度数は5％で有意差を示す。男性では心経に多く (3カ月)、女性では肝経に多い (2カ月)。このことは、男性では女性に比べて心経―心臓機能で女性より活動度が高く、女性では肝経―肝機能で男性より活動度が高いと言えるが、何れも12カ月の内2～3カ月であるから、経絡全体としてみると、共通の最実 (4経絡)、最虚 (8経絡) を示す経絡が8～12カ月であるのに対し、僅かである。

　次に、男女間で異なる経絡で最虚を示す経絡の年間の度数を検定してみると、5％で有意差を示す〔表Ⅳ-12 (80頁)〕。
　男性では八兪経で度数が最多6であり、女性では心包経で6の度数を示す。他の経絡では度数が0、1、2で、少ない。
　男女間で異なる最虚の経絡は男性では八兪経であるが、これは、男性では胃の活動度が女性に比べて低い。女性では心包経が最虚で、男性より心機能の活動度が低いという相違を示す。
　12カ月の内の度数は、男性の八兪経も女性の心包経も6であるから、これは男女間の経絡の活動度の相違と考えられる。

(D) (2) の結論
　男女間で最実、最虚を示す経絡で相違を示すかどうかを分析、考察してみた結果、男女間では最実、最虚の経絡で共通の経絡が多く、男女間には経絡全体の動きに大差はないと言える。最実の経絡は男女共に肺経、脾経、肝経であり、最虚の経絡は男女共に膀胱経、胃経が多い。

共通の活動度を示す経絡のほかに、男女間で相違を示す経絡としては、最実は度数が少ないので取り上げない。最虚の経絡は、男性では八俞経—胃、肝機能の低下、女性では心包経—心臓機能の低下が考えられる。

全体としては、男女間の経絡機能の相違は最実、最虚については大きくない。共通性が大きいと言えよう。

次に、では肺経から肝経に流れる気エネルギーの流注順の経絡については男女間でBP値に相関関係があるだろうか。それを調べてみたい。

(3) 流注順の経絡の活動度、気エネルギーの量の間に男女間で相関関係を示すかどうか

相関係数を求める前に、ピアソンの相関係数はデータの分布が正規分布を示すものについて有効であるので、ランダムに2月と10月のデータをとって正規性を検定してみると、2月のデータでは、男性ではP = 0.16、$\chi^2 = 1.96 < \chi^2_{.05} = 3.84$ で正規分布を示すが、女性はP = 0.003、$\chi^2 = 8.88 > \chi^2_{.05} = 3.84$ で正規分布を示さない。

10月のデータは、男性ではP = 0.01 < 0.05で正規分布しない。女性ではP = 0.12 > 0.05で正規分布する。従って、男女の何れかが正規分布しないので、スピアマンの順位相関係数を求めることにする。

表Ⅳ-13 (81頁) を見ると、有意な相関を示したのは3月の測定順データ、9月の測定順データ、10月の測定順、流注順データ、11月の測定順データ、12月の測定順データである（掲載省略）。流注順よりは、測定順データで12カ月の内5カ月で有意相関を示している。

流注順は、古来から臨床経験によって、気の流れが胃経の中脘から始まり、第1に肺経に流入し、大腸、胃、脾、心、小腸、膀胱、腎、心包、三焦、胆、肝のそれぞれの経絡に気が流入していくという順である。これに対し測定順は、手の左右の経絡、次に足の左右の経絡を表Ⅳ-13「測定順」の順に従って測る。

測定順の方が有意な相関を示す度数が、12カ月の内5カ月である。理由は、手あるいは足の隣り合った測定点のBP値が互いに近似性をもつということであろうか。

測定順のBP値に関しては、12カ月の内5回は有意相関を示す故、男女間の経絡のBP値は或る程度の相関を示すと言えよう。

ただし5回の有意相関の内、12～3月の寒い時期はプラスの相関である。この時期は〔男＞女〕であるから、男性のBPが増えると女性のBPも増える関係にあり、9、10、11月の温暖期でBP値平均が〔男＜女〕の月にはマイナスの相関を示す。女性のBPが増えると、男性のBPは減るということである。

以上のことは、男女の経絡、気エネルギーの働きの相違を示す現象と思われる。

4) 全体の結論

(1) 3) の (1) の (B)〜(F) より

　寒期、熱期の気候の厳しい時は、男性で女性より経絡機能が活動的、気エネルギーが多い。これに対し、温暖期には女性で経絡機能、気エネルギーが活動的である。

(2) 3) の (2) の (A)〜(D) より

① 14経絡の内、最も高い活動度を示す最実の経絡、最も活動度の低い最虚の経絡の分布は、年間を通じて男女間で共通経絡が多く、男女間に有意差がみられない。これは経絡機能の重要なパターンが男女間で変わらないということである。

② 年間を通じて男女共に最実を示す経絡は肺経、脾経、肝経であり、最虚の経絡は膀胱経、胃経である。この傾向は、東京で測定した日本人2000人余りのデータからも見られる（本山博『東洋医学　気の流れの測定・診断と治療』223、227頁参照）。最実の経絡は肺経、肝経、脾経、腎経である。最虚の経絡は日本人では、年間を通じての最虚の第1は小腸経、第2は胆経、第3は胃経、第4は膀胱経である。

　以上の傾向は人類共通のものであろう。

③ 最虚の経絡で、男女間で年間を通じて6カ月異なる経絡は、男性では八兪経、女性では心包経である。これは男女間で異なる経絡の働きなのであろう。

(3) 3) の (3) より

　流注順より、測定順で男女間の14経絡のBP値が12カ月の内5カ月で有意相関を示した。相関の内容は、12〜3月という男性の経絡機能、気エネルギーが女性より活動的である寒期ではプラスの相関である。男性の経絡機能が活発になれば女性も同じ活発になるということである。

　これに対し、女性の経絡機能がより活動的である9月、10月、11月ではマイナスの相関である。これは女性の経絡活動が盛んになると男性のそれは低下するということである。
　以上の結論から、男女間の経絡の動きには、同質性と異質性のあることがわかる。

（2001.3.31　マウイにて）

〔表・グラフ一覧〕

表Ⅳ-1 各経絡BP値（左右平均値）の各月での男（M）女（F）間大小比較とその度数

月＼経絡	肺	大腸	心包	膈兪	三焦	心	小腸	脾	肝	胃	八兪	胆	腎	膀胱	M>F	M<F
1	>	>	>	>	>	>	>	>	>	>	>	>	>	>	14	0
2	>	>	>	>	>	>	>	<	<	<	>	<	>	>	10	4
3	>	>	>	>	>	>	>	<	>	>	>	>	<	>	12	2
4	<	<	<	<	<	>	<	<	<	>	<	>	<	>	3	11
5	<	>	>	>	<	<	<	<	<	<	<	>	<	>	5	9
6	<	<	<	<	<	<	<	<	<	<	<	<	<	<	2	12
7	>	>	>	>	>	>	>	>	>	>	>	>	>	>	14	0
8	<	>	>	>	<	>	>	<	>	<	>	<	>	<	8	6
9	<	<	<	>	<	>	<	>	>	>	<	>	>	<	9	5
10	<	<	<	<	<	<	<	<	<	<	<	<	<	<	0	14
11	<	<	<	<	<	<	<	<	<	<	<	<	>	<	2	12
12	>	>	>	>	>	>	>	>	=	<	>	>	<	>	11	2

（註）12月は男女のBP値が肝経で同じであったので、〔M＞F〕、〔M＜F〕に当たらないので、除いた。そこで測定経絡数の合計が13となった。

表Ⅳ-2 （m×n分割表）

観測度数

月	M>F	M<F	合計
1	14	0	14
2	10	4	14
3	12	2	14
4	3	11	14
5	5	9	14
6	2	12	14
7	14	0	14
8	8	6	14
9	9	5	14
10	0	14	14
11	2	12	14
12	11	2	13
合計	90	77	167

χ^2検定の結果

自由度	11
χ^2値	78.84
P値（上側確率）	2.47×10^{-12}
分割表分析係数	0.566
クラーメルのV値	0.687
$\chi^2(0.95)$	19.68

第Ⅳ章 性別による経絡機能の同質性と異質性

表Ⅳ-3 各季節における各経絡BP値の月平均を男女間で比較

			肺	大腸	心包	膈兪	三焦	心	小腸	脾	肝	胃	八兪	胆	腎	膀胱
12～3月 (寒期)	冬	>	4	4	4	4	4	4	4	2	2	2	4	3	2	4
		<	0	0	0	0	0	0	0	2	1	2	0	1	2	0
4～6月 (温暖期)	春	>	0	1	1	1	0	1	0	0	1	0	1	1	0	3
		<	3	2	2	2	3	2	3	3	2	3	2	2	3	0
7～9月 (熱期)	夏	>	1	2	2	3	2	2	3	2	2	2	2	3	2	3
		<	2	1	1	0	1	1	0	1	1	1	1	0	1	0
10～11月 (温暖期)	秋	>	0	0	0	0	0	0	0	0	0	0	0	1	0	1
		<	2	2	2	2	2	2	2	2	2	2	2	1	2	1

表Ⅳ-4 表Ⅳ-3のうち、12～3月の度数分布に基づくマン-ホイットニ検定

	肺	大腸	心包	膈兪	三焦	心	小腸	脾	肝	胃	八兪	胆	腎	膀胱
M>F	4	4	4	4	4	4	4	2	2	2	4	3	2	4
M<F	0	0	0	0	0	0	0	2	1	2	0	1	2	0

マン-ホイットニ検定の順位

12～3月

	データ数	順位和	平均順位
M>F	47	1225.5	26.07
M<F	8	314.5	39.31

検定の結果

U値	97.50
U'値	278.50
Z値	−2.16
P値（両側確率）	0.03
同順位補正Z値	−2.17
同順位補正P値（両側確率）	0.03
同順位の数	14
Z（0.975）	1.96

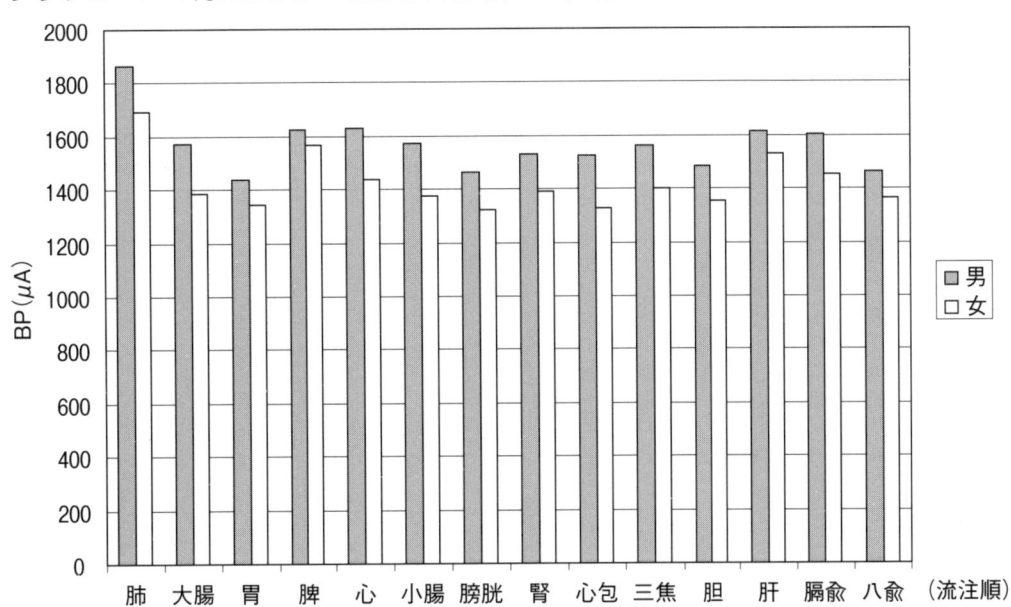

グラフⅣ-1　1月における14経絡毎の男女別BP平均値

(縦軸: BP(μA)　0〜2000)
(横軸: 肺　大腸　胃　脾　心　小腸　膀胱　腎　心包　三焦　胆　肝　膈兪　八兪　(流注順))
凡例: ■男　□女

表Ⅳ-5-1　4〜6月の度数分布に基づくマン-ホイットニ検定

4〜6月

	肺	大腸	心包	膈兪	三焦	心	小腸	脾	肝	胃	八兪	胆	腎	膀胱
M>F	0	1	1	1	0	1	0	0	1	0	1	1	0	3
M<F	3	2	2	2	3	2	3	3	2	3	2	2	3	0

マン-ホイットニの順位

	データ数	順位和	平均順位
M>F	10	257	25.70
M<F	32	646	20.19

検定の結果

U値	202.00
U'値	118.00
Z値	1.24
P値（両側確率）	0.21
同順位補正Z値	1.24
同順位補正P値（両側確率）	0.21
同順位の数	14
Z（0.975）	1.96

表Ⅳ-5-2　7～9月の度数分布に基づくマン-ホイットニ検定

7～9月

	肺	大腸	心包	膈兪	三焦	心	小腸	脾	肝	胃	八髎	胆	腎	膀胱
M>F	1	2	2	3	2	2	3	2	2	2	2	3	2	3
M<F	2	1	1	0	1	1	0	1	1	1	1	0	1	0

マン-ホイットニの順位

	データ数	順位和	平均順位
M>F	31	707	22.81
M<F	11	196	17.82

検定の結果

U値	211.00
U'値	130.00
Z値	1.16
P値（両側確率）	0.25
同順位補正Z値	1.16
同順位補正P値（両側確率）	0.25
同順位の数	14
Z（0.975）	1.96

表Ⅳ-6　10～11月の度数分布に基づくマン-ホイットニ検定

10～11月

	肺	大腸	心包	膈兪	三焦	心	小腸	脾	肝	胃	八髎	胆	腎	膀胱
M>F	0	0	0	0	0	0	0	0	0	0	0	1	0	1
M<F	2	2	2	2	2	2	2	2	2	2	2	1	2	1

マン-ホイットニの順位

	データ数	順位和	平均順位
M>F	2	51	25.50
M<F	26	355	13.65

検定の結果

U値	48.00
U'値	4.00
Z値	1.963
P値（両側確率）	0.0497
同順位補正Z値	1.966
同順位補正P値（両側確率）	0.0493
同順位の数	14.00
Z（0.975）	1.960

表Ⅳ-7 各月の男・女の各経絡BP値（各月で男女それぞれ30人の平均値を降順に並べた）

1月

男		女			
肺	1866	肺	1693	*1〜3最実で同じ経絡 肺、脾	異なる経絡 心（男）、肝（女）
心	1630	脾	1566		
脾	1623	肝	1532		
肝	1616	膈兪	1451		
膈兪	1605	心	1437		
大腸	1574	三焦	1402		
小腸	1573	腎	1393		
三焦	1565	大腸	1387		
腎	1533	小腸	1374		
心包	1528	八兪	1367		
胆	1482	胆	1352	*1〜3最虚で同じ経絡 膀胱、胃	異なる経絡 八兪（男）、心包（女）
膀胱	1463	胃	1346		
八兪	1462	心包	1326		
胃	1439	膀胱	1324		

2月

男		女			
肺	1745	肺	1717	*1〜3最実で同じ経絡 肺、脾、肝	異なる経絡 無
脾	1562	脾	1603		
肝	1523	肝	1583		
心	1496	胆	1421		
膈兪	1469	心	1421		
大腸	1445	膈兪	1395		
腎	1426	八兪	1393		
胆	1420	腎	1391		
三焦	1420	胃	1382		
小腸	1419	三焦	1358		
八兪	1411	小腸	1357	*1〜3最虚で同じ経絡 心包、膀胱	異なる経絡 胃（男）、大腸（女）
心包	1401	大腸	1353		
胃	1374	心包	1299		
膀胱	1360	膀胱	1274		

3月

男		女			
肺	1850	肺	1757	*1〜3最実で同じ経絡 肺、肝	異なる経絡 心（男）、脾（女）
心	1619	脾	1606		
肝	1593	肝	1585		
脾	1583	腎	1493		
大腸	1578	膈兪	1464		
小腸	1573	心	1464		
膈兪	1573	八兪	1432		
三焦	1552	胆	1430		
心包	1546	大腸	1419		
腎	1481	胃	1413		
胆	1478	小腸	1404	1〜3最虚で同じ経絡 膀胱	異なる経絡 八兪、胃（男） 心包、三焦（女）
八兪	1446	三焦	1392		
胃	1422	心包	1379		
膀胱	1419	膀胱	1374		

表Ⅳ-8 1～12月を通して最実、最虚を男女間で大よそ共通して示す度数の高い経絡を男女別々にみる（表Ⅳ-7よりつくる）

表Ⅳ8-1 男女共通な経絡（最実）

	肺	脾	肝	心
男	12	10	7	5
女	11	11	12	0

表Ⅳ8-2 男女共通な経絡（最虚）

	膀胱	胃	心包	八兪	大腸	三焦	胆	小腸
男	8	11	3	9	0	1	1	0
女	9	8	8	3	1	1	2	1

表Ⅳ8-3 男女間で相違する経絡（最実）

	心	肝	脾
男	3	0	0
女	0	2	1

表Ⅳ8-4 男女間で相違する経絡（最虚）

	胆	胃	八兪	小腸	膀胱	心包	大腸	三焦
男	1	2	6	0	1	1	0	1
女	2	0	0	1	2	6	1	1

表Ⅳ-9 男女共通な経絡数の男女間比較：最実（表Ⅳ-8-1より）

m×n分割表
観察度数

男女共通（最実）	肺	脾	肝	心	合計
男	12	10	7	5	34
女	11	11	12	0	34
合計	23	21	19	5	68

検定の結果

自由度	3
χ^2値	6.41
P値（上側確率）	0.09

表Ⅳ-10 男女共通な経絡の度数の男女間比較：最虚（表Ⅳ-8-2より）

m×n分割表
観察度数

男女共通（最虚）	膀胱	胃	心包	八俞	大腸	三焦	胆	小腸	合計
男	8	11	3	9	0	1	1	0	33
女	9	8	8	3	1	1	2	1	33
合計	17	19	11	12	1	2	3	1	66

検定の結果

自由度	7
χ^2値	8.14
P値（上側確率）	0.32
分割表分析係数	0.33
クラーメルのV値	0.35
$\chi^2(0.95)$	14.07

表Ⅳ-11 男女間で異なった経絡の度数の男女間比較：最実（表Ⅳ-8-3より）

男女間で相違する経絡の度数
m×n分割表

最実	心	肝	脾	合計
男	3	0	0	3
女	0	2	1	3
合計	3	2	1	6

検定の結果

自由度	2
χ^2値	6
P値（上側確率）	0.0498
分割表分析係数	0.71
クラーメルのV値	1.00
$\chi^2(0.95)$	5.99

第Ⅳ章 性別による経絡機能の同質性と異質性

表Ⅳ-12 男女間で異なった経絡の度数の男女間比較：最虚（表Ⅳ-8-4より）

男女間で相違する経絡の度数
m×n分割表
観察度数

最虚	胆	胃	八兪	小腸	膀胱	心包	大腸	三焦	合計
男	1	2	6	0	1	1	0	1	12
女	2	0	0	1	2	6	1	1	13
合計	3	2	6	1	3	7	1	2	25

検定の結果

自由度	7
χ^2値	14.22
P値（上側確率）	0.047
分割表分析係数	0.60
クラーメルのV値	0.75
$\chi^2(0.95)$	14.07

表Ⅳ-13 スピアマン順位相関係数を求める表の見本（1月）

測定順		男	女
	肺	1866	1693
	大腸	1574	1387
	心包	1528	1326
	膈兪	1605	1451
	三焦	1565	1402
	心	1630	1437
	小腸	1573	1374
	脾	1623	1566
	肝	1616	1532
	胃	1439	1346
	八兪	1462	1367
	胆	1482	1352
	腎	1533	1393
	膀胱	1463	1324

スピアマン順位相関係数検定	
順位の差の2乗和	1.06×10^{13}
相関係数 rs	0.13
Z値	27.47
P値（両側確率）	0.00
同順位補正相関係数	6.67×10^{-3}
同順位補正Z値	1.37
同順位補正P値（両側確率）	0.17
同順位の数	16.00
Z（0.975）	1.96
データ数	4.19×10^{4}

流注順		男	女
	肺	1866	1693
	大腸	1574	1387
	胃	1439	1346
	脾	1623	1566
	心	1630	1437
	小腸	1573	1374
	膀胱	1463	1324
	腎	1533	1393
	心包	1528	1326
	三焦	1565	1402
	胆	1482	1352
	肝	1616	1532
	膈兪	1605	1451
	八兪	1462	1367

スピアマン順位相関係数検定	
順位の差の2乗和	1.07×10^{13}
相関係数 rs	0.13
Z値	26.63
P値（両側確率）	0.00
同順位補正相関係数	1.90×10^{-3}
同順位補正Z値	0.39
同順位補正P値（両側確率）	0.70
同順位の数	16.00
Z（0.975）	1.96
データ数	4.19×10^{4}

第Ⅴ章

シーズン、年齢、性別の
気エネルギーへの影響

1) 目的
2) データ
3) 分析法
4) 各経絡（の BP 値）と、性別、シーズン、年齢との間の因果関係の有無
   (1) 各経絡と各シーズンとの因果関係
   (2) 各経絡と各シーズンとの相関関係
   (3) (1)と(2)の要約
5) 性別と各経絡の BP 値との因果関係について
6) 年齢と各経絡 BP 値との因果関係を単回帰分析で検定する

第Ⅴ章
シーズン、年齢、性別の気エネルギーへの影響

1) 目的

気候（日照、気温、湿度等）の外的要因及び年齢、性別が生体エネルギー（BP値）に影響を与えるかどうかを重回帰分析で検定する。

2) データ

（宗教心理学研究所付属の）井の頭鍼灸院で2000〜2001年の間に測定した430人のAMIデータから、200人のデータを測定の日時の順に選び、データとする。

3) 分析法

① 各人の28井穴のBP平均値を目的変数とし、年齢、性別、シーズンを説明変数として、重回帰分析を行なう〔表Ⅴ-1 (89頁)〕（註1）。

② 分散分析表の $F = 47.67 > F_{.01} = 3.11$、$P = 5.28 \times 10^{-32} < 0.01$ から、この重回帰式によって目的変量（BP平均値）を予測できる。重回帰は有意である。

③ 個々の説明変量がBP平均値に及ぼす影響度は、年齢についてはPが0.05より大きく有意ではないが、性別もシーズンの各々もBP平均値（全身の気エネルギーの量）を決めるのに因果関係をもつことが検定されている。

④ 次に、個々の説明変数と目的変数との相関関係について分析、考察してみる。
単相関によって各説明変数と目的変数の相関関係をみると、性別は夏、秋共に正の相関を示す。性別の場合は、男女共に、BP値の増加、減少が同一方向で生じることを示す。夏、秋のシーズンも正の相関であるから、気温等が上昇すればBP値も増加することを示す。

次に、各経絡のBP値と性別、年齢、シーズンとの間に因果関係があるかどうかを、単回帰分析と重回帰分析によって分析してみよう。

4）各経絡（のBP値）と、性別、シーズン、年齢との間の因果関係の有無(註2)

(1) 各経絡と各シーズンとの因果関係

表Ⅴ-2 (90頁)、Ⅴ-3 (91頁) をみると、各経絡のBP値と春夏秋冬のシーズンとの間には、分散分析表のF値、P値から、何れも因果関係のあることが示されている。

どの経絡がどのシーズンと最大の因果関係を示すかを重回帰式の表をみると、

　肺経は、表Ⅴ-2では夏、表Ⅴ-3では冬の影響が大
　大腸経は表Ⅴ-2で夏、表Ⅴ-3で冬
　心包経は表Ⅴ-2で夏、表Ⅴ-3で冬
　膈兪経は表Ⅴ-2で夏、表Ⅴ-3で冬
　三焦経は表Ⅴ-2で秋、表Ⅴ-3で冬
　心経は表Ⅴ-2で夏、表Ⅴ-3で冬
　小腸経は表Ⅴ-2で夏、表Ⅴ-3で冬
　脾経は表Ⅴ-2で夏、表Ⅴ-3で冬
　肝経は表Ⅴ-2で夏、表Ⅴ-3で冬
　胃経は表Ⅴ-2で夏、表Ⅴ-3で冬
　八兪経は表Ⅴ-2で夏、表Ⅴ-3で冬
　胆経は表Ⅴ-2で夏、表Ⅴ-3で冬
　腎経は表Ⅴ-2で夏、表Ⅴ-3で冬
　膀胱経は表Ⅴ-2で夏、表Ⅴ-3で冬

で最大の因果関係を示す。

三焦経で秋に最大の因果関係を示したのが唯一の例外で、他は全てどの経絡のBP値（気エネルギー）も夏と冬のシーズンで最も大きな影響を受けることが明らかとなった。このことは、夏と冬の最も大きな変化は、気温―日照―太陽エネルギーの量の変化であると思われるので、生体の気エネルギーは太陽光の影響が最大であることを示す。

次に、各経絡と各シーズンとの相関関係を示す単相関について分析してみよう。

(2) 各経絡と各シーズンとの相関関係

肺経で夏、秋は正の相関。太陽光が増加すればBP値も増加する。春と冬は負の相関。太陽光が減少するとBP値は増加する。

大腸経、心包経、膈兪経、三焦経、心経、小腸経、脾経、肝経、胃経、八兪経、胆経、腎

経、膀胱経の全ての経絡で夏、秋は正の相関、春、冬は負の相関を示す。

(3) (1) と (2) の要約

(1) と (2) を要約すると、三焦経を除いて、何れの経絡の BP 値も全て夏と冬の影響が最大である。これは、何れの経絡も太陽光の影響を最も大きく受けることを示す。

次に、BP 値と太陽光との相関関係をみると、全ての経絡で夏、秋は太陽光の増加と共に BP 値も増加する。これに対し、春、冬では太陽光の減少が BP 値の増加を生ぜしめる。これは、生体の気エネルギー系が、シーズンの変化に対してその変化による影響を調節して、常に一定の気エネルギーを生体全体で保とうとするホメオスタシスの現れであろう。

5) 性別と各経絡の BP 値との因果関係について

① 表V-4 (92頁)の分散分析の項をみると、全ての経絡でF＞F.05であり、各経絡についての単回帰式は目的変数（BP 値）を予測するのに有効である。説明変数（性別）と目的変数（BP 値）との間には因果関係のあることが示された。

② 回帰係数の有意性の項を見ると、全ての経絡で有意である。その有意性の度合い、両変数の因果関係の度合いの大小をみると、手の各経絡のt値が足の各経絡のt値より大きい。これは、上半身の経絡の BP 値が性別と因果関係が大きいと言える。

③ 各経絡の BP 値が性別と有意な相関関係を示すかどうか検定する。それは正の相関か負の相関かを検定する。

表V-5 (92頁)を見ると(註3)、相関係数が有意かどうかをPでみると、全て5%の有意水準以上で有意であることが示されている。特に回帰係数の分析のところで見たと同じ方向で、男女共に、上半身（手）の経絡で下半身の経絡より経絡の BP 値と性別との間に相関係数が高い。全ての経絡で正の相関を示す。従って、男女共に各経絡での BP 値の変化は同方向で変化するということである。

6) 年齢と各経絡 BP 値との因果関係を単回帰分析で検定する

① 表V-6 (93頁)の分散分析の項をみると、脾経と肝経の単回帰式は年齢（説明変数）によって目的変数（BP 値）を予測しうることを示す。

$F = 4.92 > F_{.05} = 3.89$（脾経）　$F = 5.36 > F_{.05} = 3.89$（肝経）

回帰係数の有意性をみると、脾経の$|t| = 2.22 > t_{.05} = 1.97$、肝経の$|t| = 2.32 > t_{.05} = 1.97$で、何れも脾経、肝経の BP 値は年齢によって影響を受けることを示す。

② 単相関係数を求めて、脾経、肝経の BP 値と年齢との相関関係が正か負かを検定する。

表V-7 (93頁) をみると、P 値が経絡の BP 値と年齢との間に有意な相関のあることを示すのは脾経と肝経のみで、他は有意な相関がみられない。

相関係数は、脾経で－0.1556、肝経で－0.1624 で、何れも負の相関である。これは、年齢が増えると BP 値は下がる。年齢が小さくなると（若くなると）BP 値が増えるということである。若い人では生命エネルギーである気エネルギーが高く、年齢が高くなると BP 値＝生命エネルギーは減少するということである。

他の経絡でも、年齢と各経絡の BP 値との間に有意な相関は見られないが、表V-7 の示すように、相関係数は全ての経絡で負の相関である。これも、若いほど各経絡の BP 値（生命エネルギー値）が高く、年齢が高くなると生命エネルギーが少なくなることを示している。

(2001.11.16)

〔註〕

1 重回帰分析を行なう

性別、シーズンについては質的変量を数量化した。すなわち、男あるいは女を1とした場合は、他を0とする。春夏秋冬の春を1とすると、他を0とするという数量化である。

2 因果関係の有無

4シーズンの各々は、春を1とすると他は0とする。全てのシーズンについて同じ要領で数量化した。この場合、数量化のために行なう最小二乗法、連立方程式の解の関係で連立方程式を解くことができないので、4シーズンの数量化の内の何れか1つを0として除き、3つのシーズンと目的変数との重回帰分析を行なった。従って、重回帰分析は表V-2、V-3のように2回行なった。

3 表V-5を見ると

表V-5は男女の質的変量を男＝1、女＝0を数量化した時の、各経絡のBP値と性別と相関係数を計算したもの。

〔表一覧〕

表V-1 BP 平均値と年齢、性別、季節の重回帰分析

	性別 (男1, 女0)	年齢	季節(春)	季節(夏)	季節(秋)	BP 平均値
合　計	107	9569	43	64	49	3.105×10^5
平　均	0.54	47.85	0.22	0.32	0.25	1552
標準偏差	0.50	14.51	0.41	0.47	0.43	408.4
サンプル数	200					

相関行列	性別 (男1, 女0)	年齢	季節(春)	季節(夏)	季節(秋)	BP 平均値
性別 (男1, 女0)	1.0000					
年齢	−0.0224	1.0000				
季節(春)	0.0243	−0.0229	1.0000			
季節(夏)	−0.0052	0.0554	−0.3590	1.0000		
季節(秋)	0.0183	−0.0612	−0.2981	−0.3908	1.0000	
BP 平均値	0.2399	−0.0958	−0.0848	0.4121	0.2556	1.0000

重回帰式

変数名	偏回帰係数	標準偏回帰係数	F値	t値	P値	判定	標準誤差	偏相関	単相関
性別 (男1, 女0)	179.6	0.2193	20.75	4.56	9.24×10^{-6}	**	39.43	0.3108	0.2399
年齢	−2.393	−0.0850	3.10	1.76	0.0797	N.S.	1.358	−0.1255	−0.0958
季節(春)	416.6	0.4190	48.80	6.99	4.42×10^{-11}	**	59.64	0.4483	−0.0848
季節(夏)	737.3	0.8421	183.57	13.55	7.25×10^{-30}	**	54.42	0.6973	0.4121
季節(秋)	665.1	0.7004	132.40	11.51	1.08×10^{-23}	**	57.81	0.6369	0.2556
定数項	1082		179.25	13.39	2.23×10^{-29}	**	80.84		

＊＊：1％有意　＊：5％有意　N.S.：有意性なし

精度

決定係数	0.5513
修正済決定係数	0.5397
重相関係数	0.7425
修正済重相関係数	0.7347
ダービンワトソン比	1.528
赤池の AIC	2826

分散分析表

要因	偏差平方和	自由度	平均平方	F値	P値	判定
回帰変動	1.839×10^7	5	3.679×10^6	47.67	5.28×10^{-32}	**
誤差変動	1.497×10^7	194	7.717×10^4			
全体変動	3.336×10^7	199				

＊＊：1％有意　＊：5％有意　N.S.：有意性なし

表 V-2 季節（春、夏、秋）と各経絡 BP 値との重回帰分析

説明変数：季節（春、夏、秋）
目的変数：各経絡 BP 値

分散分析 / 重回帰

経絡	F値	P値	判定	季節	F値	t値	P値	判定	単相関
肺	48.60	1.58×10^{-23}	**	春 夏 秋	31.21 119.49 101.21	5.59 10.93 10.06	7.68×10^{-8} 5.05×10^{-22} 1.84×10^{-19}	** ** **	−0.1027 0.3601 0.2767
大腸	41.12	1.17×10^{-20}	**	春 夏 秋	33.06 101.30 88.73	5.75 10.06 9.42	3.39×10^{-8} 1.79×10^{-19} 1.29×10^{-17}	** ** **	−0.0589 0.3235 0.2620
心包	42.96	2.21×10^{-21}	**	春 夏 秋	35.21 104.60 94.37	5.93 10.23 9.71	1.32×10^{-8} 6.01×10^{-20} 1.85×10^{-18}	** ** **	−0.0560 0.3198 0.2721
膈兪	51.14	1.85×10^{-24}	**	春 夏 秋	34.89 129.49 103.0	5.91 11.38 10.15	1.52×10^{-8} 2.31×10^{-23} 1.02×10^{-19}	** ** **	−0.0931 0.3771 0.2612
三焦	43.37	1.53×10^{-21}	**	春 夏 秋	31.33 99.55 100.10	5.60 9.98 10.01	7.27×10^{-8} 3.21×10^{-19} 2.67×10^{-19}	** ** **	−0.0788 0.3017 0.3058
心	45.98	1.52×10^{-22}	**	春 夏 秋	34.02 112.46 98.97	5.83 10.60 9.95	2.22×10^{-8} 4.67×10^{-21} 3.90×10^{-19}	** ** **	−0.0765 0.3382 0.2762
小腸	43.51	1.35×10^{-21}	**	春 夏 秋	33.81 112.15 87.16	5.81 10.59 9.34	2.44×10^{-8} 5.17×10^{-21} 2.23×10^{-17}	** ** **	−0.0655 0.3582 0.2373
脾	51.28	1.64×10^{-24}	**	春 夏 秋	34.28 135.35 95.06	5.86 11.63 9.75	1.98×10^{-8} 3.97×10^{-24} 1.46×10^{-18}	** ** **	−0.0948 0.4062 0.2282
肝	51.43	1.45×10^{-24}	**	春 夏 秋	39.07 139.35 92.39	6.25 11.80 9.61	2.50×10^{-9} 1.22×10^{-24} 3.64×10^{-18}	** ** **	−0.0699 0.4120 0.2063
胃	58.72	3.97×10^{-27}	**	春 夏 秋	40.79 162.75 96.71	6.39 12.76 9.83	1.20×10^{-9} 1.57×10^{-27} 8.35×10^{-19}	** ** **	−0.0862 0.4546 0.1871
八兪	65.75	1.85×10^{-29}	**	春 夏 秋	47.66 176.40 119.72	6.90 13.28 10.94	6.88×10^{-11} 3.95×10^{-29} 4.70×10^{-22}	** ** **	−0.0847 0.4372 0.2296
胆	67.89	3.79×10^{-30}	**	春 夏 秋	47.59 179.59 126.68	6.90 13.40 11.26	7.07×10^{-11} 1.71×10^{-29} 5.46×10^{-23}	** ** **	−0.0930 0.4338 0.2446
腎	63.72	8.45×10^{-29}	**	春 夏 秋	40.70 173.18 108.53	6.38 13.16 10.42	1.25×10^{-9} 9.30×10^{-29} 1.66×10^{-20}	** ** **	−0.1057 0.4577 0.2108
膀胱	41.52	8.14×10^{-21}	**	春 夏 秋	35.58 115.98 70.10	5.96 10.77 8.37	1.12×10^{-8} 1.53×10^{-21} 1.06×10^{-14}	** ** **	−0.0400 0.3972 0.1633

**：1％有意　＊：5％有意　N.S.：有意性なし

表V-3 季節（夏、秋、冬）と各経絡BP値との重回帰分析

説明変数：季節（夏、秋、冬）
目的変数：各経絡BP値

分散分析

経絡	F値	P値	判定
肺	48.60	1.58×10^{-23}	**
大腸	41.12	1.17×10^{-20}	**
心包	42.96	2.21×10^{-21}	**
膈兪	51.14	1.85×10^{-24}	**
三焦	43.37	1.53×10^{-21}	**
心	45.98	1.52×10^{-22}	**
小腸	43.51	1.35×10^{-21}	**
脾	51.28	1.64×10^{-24}	**
肝	51.43	1.45×10^{-24}	**
胃	58.72	3.97×10^{-27}	**
八兪	65.75	1.85×10^{-29}	**
胆	67.89	3.79×10^{-30}	**
腎	63.72	8.45×10^{-29}	**
膀胱	41.52	8.14×10^{-21}	**

重回帰

季節	F値	t値	P値	判定	単相関
夏	22.86	4.78	3.41×10^{-6}	**	0.3601
秋	18.20	4.27	3.09×10^{-5}	**	0.2767
冬	31.21	5.59	7.68×10^{-8}	**	−0.5909
夏	14.01	3.74	2.38×10^{-4}	**	0.3235
秋	11.99	3.46	6.58×10^{-4}	**	0.2620
冬	33.06	5.75	3.39×10^{-8}	**	−0.5779
夏	13.72	3.70	2.75×10^{-4}	**	0.3198
秋	12.72	3.57	4.55×10^{-4}	**	0.2721
冬	35.21	5.93	1.32×10^{-8}	**	−0.5870
夏	23.79	4.88	2.21×10^{-6}	**	0.3771
秋	16.20	4.03	8.12×10^{-5}	**	0.2612
冬	34.89	5.91	1.52×10^{-8}	**	−0.6035
夏	14.61	3.82	1.77×10^{-4}	**	0.3017
秋	17.64	4.20	4.04×10^{-5}	**	0.3058
冬	31.33	5.60	7.27×10^{-8}	**	−0.5791
夏	17.55	4.19	4.23×10^{-5}	**	0.3382
秋	15.22	3.90	1.31×10^{-4}	**	0.2762
冬	34.02	5.83	2.22×10^{-8}	**	−0.5917
夏	17.59	4.19	4.14×10^{-5}	**	0.3582
秋	10.97	3.31	1.10×10^{-3}	**	0.2373
冬	33.81	5.81	2.44×10^{-8}	**	−0.5847
夏	26.91	5.19	5.30×10^{-7}	**	0.4062
秋	13.56	3.68	2.99×10^{-4}	**	0.2282
冬	34.28	5.86	1.98×10^{-8}	**	−0.6004
夏	24.27	4.93	1.77×10^{-6}	**	0.4120
秋	9.85	3.14	1.96×10^{-3}	**	0.2063
冬	39.07	6.25	2.50×10^{-9}	**	−0.6088
夏	32.77	5.72	3.84×10^{-8}	**	0.4546
秋	10.37	3.22	1.50×10^{-3}	**	0.1871
冬	40.79	6.39	1.20×10^{-9}	**	−0.6207
夏	32.30	5.68	4.73×10^{-8}	**	0.4372
秋	14.37	3.79	2.00×10^{-4}	**	0.2296
冬	47.66	6.90	6.88×10^{-11}	**	−0.6467
夏	33.73	5.81	2.52×10^{-8}	**	0.4338
秋	16.87	4.11	5.88×10^{-5}	**	0.2446
冬	47.59	6.90	7.07×10^{-11}	**	−0.6502
夏	37.61	6.13	4.68×10^{-9}	**	0.4577
秋	14.50	3.81	1.87×10^{-4}	**	0.2108
冬	40.70	6.38	1.25×10^{-9}	**	−0.6294
夏	17.72	4.21	3.90×10^{-5}	**	0.3972
秋	4.84	2.20	2.90×10^{-2}	**	0.1633
冬	35.58	5.97	1.12×10^{-8}	**	−0.5772

＊＊：1％有意　＊：5％有意　N.S.：有意性なし

表V-4 各経絡BP値と性別の単回帰分析

説明変数：性別（男＝1、女＝0）
目的変数：各経絡BP値

	分散分析			回帰係数の有意性				
経絡	F値	P値	F(0.95)	t値	P値	t(0.975)	標準回帰係数	単相関
肺	10.25	1.59×10^{-3}	3.89	3.20	1.59×10^{-3}	1.97	0.2219	0.2219
大腸	22.27	4.47×10^{-6}	3.89	4.72	4.47×10^{-6}	1.97	0.3180	0.3180
心包	18.03	3.35×10^{-5}	3.89	4.25	3.35×10^{-5}	1.97	0.2889	0.2889
膈兪	17.50	4.32×10^{-5}	3.89	4.18	4.32×10^{-5}	1.97	0.2849	0.2849
三焦	15.90	9.39×10^{-5}	3.89	3.99	9.39×10^{-5}	1.97	0.2726	0.2726
心	20.55	1.00×10^{-5}	3.89	4.53	1.00×10^{-5}	1.97	0.3066	0.3066
小腸	19.95	1.34×10^{-5}	3.89	4.47	1.34×10^{-5}	1.97	0.3025	0.3025
脾	5.81	1.69×10^{-2}	3.89	2.41	1.69×10^{-2}	1.97	0.1688	0.1688
肝	6.30	1.29×10^{-2}	3.89	2.51	1.29×10^{-2}	1.97	0.1755	0.1755
胃	4.66	3.20×10^{-2}	3.89	2.16	3.20×10^{-2}	1.97	0.1517	0.1517
八兪	4.99	2.66×10^{-2}	3.89	2.23	2.66×10^{-2}	1.97	0.1568	0.1568
胆	8.91	3.19×10^{-3}	3.89	2.99	3.19×10^{-3}	1.97	0.2076	0.2076
腎	4.20	4.18×10^{-2}	3.89	2.05	4.18×10^{-2}	1.97	0.1441	0.1441
膀胱	6.61	1.09×10^{-2}	3.89	2.57	1.09×10^{-2}	1.97	0.1797	0.1797

表V-5 性別と各経絡のBP値とのピアソンの相関係数の検定

説明変数：性別（男＝1、女＝0）
目的変数：各経絡BP値
データ数：200

経絡	相関係数	t値	P値（両側確率）	t(0.975)	95%下限	95%上限
肺	0.2219	3.20	1.59×10^{-3}	1.97	0.0858	0.3498
大腸	0.3180	4.72	4.47×10^{-6}	1.97	0.1875	0.4374
心包	0.2889	4.25	3.35×10^{-5}	1.97	0.1564	0.4111
膈兪	0.2849	4.18	4.32×10^{-5}	1.97	0.1522	0.4076
三焦	0.2726	3.99	9.39×10^{-5}	1.97	0.1392	0.3964
心	0.3066	4.53	1.00×10^{-5}	1.97	0.1754	0.4272
小腸	0.3025	4.47	1.34×10^{-5}	1.97	0.1710	0.4235
脾	0.1688	2.41	1.69×10^{-2}	1.97	0.0308	0.3005
肝	0.1755	2.51	1.29×10^{-2}	1.97	0.0377	0.3068
胃	0.1517	2.16	3.20×10^{-2}	1.97	0.0132	0.2844
八兪	0.1568	2.23	2.66×10^{-2}	1.97	0.0185	0.2893
胆	0.2076	2.99	3.19×10^{-3}	1.97	0.0709	0.3366
腎	0.1441	2.05	4.18×10^{-2}	1.97	0.0055	0.2773
膀胱	0.1797	2.57	1.09×10^{-2}	1.97	0.0421	0.3107

表V-6 各経絡BP値と年齢の単回帰分析

説明変数：年齢
目的変数：各経絡BP値

分散分析　　　　　　　　　　　　　　回帰係数の有意性

経絡	F値	P値	F(0.95)	t値	P値	t(0.975)	標準回帰係数	単相関
肺	3.26	0.07	3.89	−1.81	0.07	1.97	−0.1273	−0.1273
大腸	1.91	0.17	3.89	−1.38	0.17	1.97	−0.0977	−0.0977
心包	1.50	0.22	3.89	−1.22	0.22	1.97	−0.0866	−0.0866
膈兪	0.67	0.42	3.89	−0.82	0.42	1.97	−0.0579	−0.0579
三焦	2.22	0.14	3.89	−1.49	0.14	1.97	−0.1052	−0.1052
心	0.01	0.90	3.89	−0.12	0.90	1.97	−0.0086	−0.0086
小腸	1.42	0.23	3.89	−1.19	0.23	1.97	−0.0845	−0.0845
脾	4.92	0.03	3.89	−2.22	0.03	1.97	−0.1556	−0.1556
肝	5.36	0.02	3.89	−2.32	0.02	1.97	−0.1624	−0.1624
胃	1.27	0.26	3.89	−1.13	0.26	1.97	−0.0797	−0.0797
八兪	0.43	0.51	3.89	−0.66	0.51	1.97	−0.0467	−0.0467
胆	0.18	0.68	3.89	−0.42	0.68	1.97	−0.0297	−0.0297
腎	0.55	0.46	3.89	−0.74	0.46	1.97	−0.0525	−0.0525
膀胱	2.88	0.09	3.89	−1.70	0.09	1.97	−0.1198	−0.1198

表V-7 年齢と各経絡のBP値とのピアソンの相関係数の検定

説明変数：年齢
目的変数：各経絡BP値
データ数：200

経絡	相関係数	t値	P値（両側確率）	t(0.975)	95%下限	95%上限
肺	−0.1273	−1.81	0.07	1.97	−0.2615	0.0116
大腸	−0.0977	−1.38	0.17	1.97	−0.2333	0.0416
心包	−0.0866	−1.22	0.22	1.97	−0.2226	0.0528
膈兪	−0.0579	−0.82	0.42	1.97	−0.1951	0.0815
三焦	−0.1052	−1.49	0.14	1.97	−0.2404	0.0340
心経	−0.0086	−0.12	0.90	1.97	−0.1472	0.1303
小腸	−0.0845	−1.19	0.23	1.97	−0.2206	0.0549
脾	−0.1556	−2.22	0.03	1.97	−0.2882	−0.0173
肝	−0.1624	−2.32	0.02	1.97	−0.2945	−0.0242
胃	−0.0797	−1.13	0.26	1.97	−0.2161	0.0597
八兪	−0.0467	−0.66	0.51	1.97	−0.1842	0.0927
胆	−0.0297	−0.42	0.68	1.97	−0.1678	0.1094
腎	−0.0525	−0.74	0.46	1.97	−0.1898	0.0869
膀胱	−0.1198	−1.70	0.09	1.97	−0.2543	0.0192

第VI章

生体の生化学的ファクターの、気エネルギーへの影響

― 諸種の血液検査結果項目とBPとの因果関係の分析 ―

1）検査項目と検査方法
2）被験者数
3）各人、上記の血液検査項目（説明変数）と、各人のAMIによるBP平均値（目的変数）との間に因果関係があるかどうかを、重回帰分析及び単回帰分析で検定する

(1) 表Ⅵ-1、Ⅵ-2から

(2) 血清浸透圧（説明変数）とBP平均値（目的変数）

(3) 表Ⅵ-4-1～2から

(4) 表Ⅵ-5-1～2から

(5) Alb、Glb（説明変数）とBP平均値（目的変数）との重回帰分析

(6) 最高、最低血圧とBP平均値の重回帰分析

(7) 体脂肪、体重の各々とBP平均値の単回帰分析

(8) 年齢、身長の各々とBP平均値の単回帰分析

(9) AlbとBP平均値、GlbとBP平均値についての単回帰分析

4）結論

第Ⅵ章
生体の生化学的ファクターの、気エネルギーへの影響
― 諸種の血液検査結果項目と BP との因果関係の分析 ―

1) 検査項目と検査方法

血清浸透圧（mOsm/L）、血漿コロイド浸透圧、Na、K、BUN、BS、Alb、Glb を各患者から採血し、血液検査室に送って分析、測定。各被験者について、採血と同日、採血前に AMI 測定をする(註)。

2) 被験者数

24名

3) 各人、上記の血液検査項目（説明変数）と、各人の AMI による BP 平均値（目的変数）との間に因果関係があるかどうかを、重回帰分析及び単回帰分析で検定する

(1) 表Ⅵ-1、Ⅵ-2 から

表Ⅵ-1 (100頁) を見ると、重回帰分析がコンピュータで行なわれない。その理由は、表Ⅵ-2 (102頁) で明らかなように、Alb、Glb、血漿コロイド浸透圧のデータが他の項目に比べて極端に少ないためと思われる。

次に、各検査項目を説明変数とし、BP 平均値を目的変数として単回帰分析を行なう。

(2) 血清浸透圧（説明変数）と BP 平均値（目的変数）

① 表Ⅵ-3-1 (101頁)、Ⅵ-3-2 (101頁) を見ると、$F = 2.36 < F_{.05} = 4.41$、$P = 0.14 > 0.05$ であり、血清浸透圧は BP 平均値を決める要因とはならない。
② 血漿コロイド浸透圧も、$F = 0.31 < F_{.05} = 6.61$、$P = 0.60 > 0.05$ であり、BP 平均値を決める要因ではない。

(3) 表Ⅵ-4-1～2から

表Ⅵ-4-1（104頁）、Ⅵ-4-2（104頁）を見ると、Naの場合、$F = 0.36 < F_{.05} = 4.41$、$P = 0.55 > 0.05$であり、Kの場合、$F = 0.03 < F_{.05} = 4.41$、$P = 0.87 > 0.05$であり、NaはBP平均値を決める要因でない。KもBP平均値を決める要因でない。

(4) 表Ⅵ-5-1～2から

表Ⅵ-5-1（105頁）を見ると、$F = 0.07 < F_{.05} = 4.41$、$P = 0.80 > 0.05$であり、BUN（血中尿素窒素）もBP平均値を決める要因でない。

表Ⅵ-5-2（105頁）を見ると、$F = 0.46 < F_{.05} = 4.60$、$P = 0.51 > 0.05$であるので、BS（血糖値）もBP平均値を決める要因でない。

(5) Alb、Glb（説明変数）とBP平均値（目的変数）との重回帰分析

表Ⅵ-6（106頁）を見ると、$F = 36.03 > F_{.01} = 13.27$、$P = 1.1 \times 10^{-3} < 0.01$で、AlbとGlbはBP平均値を決めるのに重要な原因となることが示された。

重回帰式のt値（各説明変数）の目的変数決定への影響度は、Albが4.62に対し、Glbは8.39で影響度が大きい。

各説明変数と目的変数との相関関係を示す単相関係数は、やはりAlbよりGlbの方がBP平均値と高い相関を示すが、両因子ともBP平均値と負の相関を示す。これはAlb、Glbが組織、体液中に増加すると、BP平均値（気エネルギー）は減少することを意味する。

BPは真皮結合織中の電位差によって流れる電流であるから、真皮結合織体液中にAlb、特にGlbが増えると、真皮結合織中の電位差が減少するのであろう。

(6) 最高、最低血圧とBP平均値の重回帰分析

表Ⅵ-7（107頁）を見ると、$F = 0.70 < F_{.05} = 3.74$、$P = 0.51 > 0.05$であり、最高、最低血圧はBP平均値を決める要因ではない。

(7) 体脂肪、体重の各々とBP平均値の単回帰分析

表Ⅵ-8-1（108頁）を見ると、体脂肪の場合、$F = 0.89 < F_{.05} = 4.41$、$P = 0.36 > 0.05$であり、体脂肪はBP平均値決定の要因ではない。体重の場合、$F = 1.50 < F_{.05} = 4.45$、$P = 0.24 > 0.05$であり、体重もBP平均値決定の要因ではない〔表Ⅵ-8-2（108頁）〕。

(8) 年齢、身長の各々とBP平均値の単回帰分析

表Ⅵ-9（109頁）を見ると、年齢では$F = 1.15 < F_{.05} = 4.32$、$P = 0.30 > 0.05$であり（表Ⅵ-9-1）、身長では$F = 1.85 < F_{.05} = 4.45$、$P = 0.19 > 0.05$である（表Ⅵ-9-2）。年令も身長もBP平均値決定の要因ではない。

(9) Alb と BP 平均値、Glb と BP 平均値についての単回帰分析

表Ⅵ-10 (110頁) を見ると、Alb と BP 平均値との間には、F = 0.13 < $F_{.05}$ = 5.99、P = 0.73 > 0.05 で、Alb の BP 平均値への有意な影響はみられない（表Ⅵ-10-1）。

これに対し、Glb と BP 平均値では F = 11.52 > $F_{.05}$ = 5.99、P = 1.46×10^{-2} < 0.05 で、Glb は BP 平均値の値を決定するのに影響を与えることが明らかである（表Ⅵ-10-2）。

Glb と BP 平均値との相関は、表Ⅵ-6 から、負の相関であり、Glb の増加は BP 平均値を減少せしめる。その理由は (5) の項で述べた如くであろう。

4) 結論

Glb が BP 平均値を決める要因であることが分かったが、Glb の何が BP 平均値に影響を与えるのかは次の課題である。

BP は真皮結合織内を流れる電流であり、それは真皮結合織の体液中に生じた約 300mV の電位差によって流れる電流である。Glb がその電位差の形成に変化を与えると思われるが、Glb がムコ多糖のもつ（−）電位、Na^+、K^+ のもつ（＋）電位を減少せしめる何かがあるのか、Glb の増加が体液中で抵抗を増加せしめるのかを調べるのが次の課題である。

この実験は、データ数が十分とは言えないので、さらに多くのデータを得て再検討したい。

(2002.3.12)

〔註〕

採血と同日、採血前に AMI 測定をする

きざわ整形外科内科医師・医学博士 塚田信吾氏の協力による。通院者の定期検査の際に同意を得て AMI 測定を行なった。

第Ⅵ章 生体の生化学的ファクターの、気エネルギー

〔表一覧〕

表Ⅵ-1 血液検査項目（説明変数）と各人のAMIによるBP平均値（目的変数）の重回帰分析

	血清浸透圧 (mOsm/L)	血漿コロイド浸透圧 COP (mmHg)	Na	K	BUN	BS	Alb	Glb	BP平均値
合　計	2105	188	974	33.6	126	811	29.3	18.2	9546
平　均	301	26.9	139	4.8	18	116	4.2	2.6	1364
標準偏差	3.0	2.7	1.6	0.4	3.5	14.5	0.4	0.5	197.2
サンプル数	7		除外件数	17					

相関行列	血清浸透圧 (mOsm/L)	血漿コロイド浸透圧 COP (mmHg)	Na	K	BUN	BS	Alb	Glb	BP平均値
血清浸透圧 (mOsm/L)	1.00								
血漿コロイド浸透圧 COP (mmHg)	0.115	1.00							
Na	0.709	0.634	1.00						
K	0.49	−0.59	−0.0239	1.0					
BUN	0.31	−0.69	−0.39	0.40	1.0				
BS	0.0965	−0.367	−0.540	0.35	0.71	1.00			
Alb	0.030	0.98	0.50	−0.57	−0.67	−0.23	1.0		
Glb	0.34	0.78	0.85	−0.46	−0.56	−0.68	0.63	1.0	
BP平均値	−0.421	−0.240	−0.763	0.071	0.30	0.806	−0.041	−0.77	1.000

表Ⅵ-3 血清浸透圧、血漿コロイド COP の各々と BP 平均値の単回帰分析

表Ⅵ-3-1 血清浸透圧と BP 平均値の単回帰分析

説明変数：血清浸透圧（mOsm/L）
目的変数：BP 平均値

データ数	20
重相関係数 R	0.341
決定係数 R2	0.116
自由度修正済み決定係数	0.0669
Y 評価値の標準誤差	331.1
ダービン・ワトソン比	2.24

分散分析表

要因	偏差平方和	自由度	不偏分散	F 値	P 値	F (0.95)
回帰	2.59×10^5	1	2.59×10^5	2.36	0.14	4.41
残差	1.97×10^6	18	1.10×10^5			
計	2.23×10^6	19				

回帰係数の有意性の検定と信頼区間

	回帰係数	標準誤差	標準回帰係数	t 値	P 値	t (0.975)	95%下限	95%上限
定数項	-6.90×10^3	5.44×10^3	-6.90×10^3	-1.27	0.22	2.10	-1.83×10^4	4.54×10^3
血清浸透圧 (mOsm/L)	27.7	18.0	0.341	1.54	0.14	2.10	-10.2	65.7

表Ⅵ-3-2 血漿コロイド浸透圧 COP と BP 平均値の単回帰分析

説明変数：血漿コロイド浸透圧 COP（mmHg）
目的変数：BP 平均値

データ数	7
重相関係数 R	0.240
決定係数 R 2	0.0577
自由度修正済み決定係数	-0.131
Y 評価値の標準誤差	226.5
ダービン・ワトソン比	2.01

分散分析表

要因	偏差平方和	自由度	不偏分散	F 値	P 値	F (0.95)
回帰	1.57×10^4	1	1.57×10^4	0.31	0.60	6.61
残差	2.57×10^5	5	5.13×10^4			
計	2.72×10^5	6				

回帰係数の有意性の検定と信頼区間

	回帰係数	標準誤差	標準回帰係数	t 値	P 値	t (0.975)	95%下限	95%上限
定数項	1.84×10^3	8.72×10^2	1.84×10^3	2.11	0.09	2.57	-3.99×10^2	4.09×10^3
血漿コロイド浸透圧 COP (mmHg)	-17.9	32.3	-0.240	-0.55	0.60	2.57	-1.01×10^2	65.1

表Ⅵ-2 各患者の体脂肪率、身長、体重、年齢、血液検査データ、AMI の BP 平均値

	患者名	測定日 (全て2001年)	体脂肪率	身長 (cm)	体重 (kg)	年齢	血清浸透圧 (mOsm/L)
1	F.N.	9/11	0.288	163.0	66.4	73	299
2	K.E.	9/11	0.189	156.4	42.2	57	299
3	D.S.	9/11	0.282	172.0	115.0	27	299
4	S.T.	9/19	0.225	161.0	51.0	66	301
5	T.U.	9/19	0.362	148.2	56.5	72	308
6	T.K.	9/19				67	
7	F.S.	10/3				81	298
8	K.S.	10/3	0.345	143.5	46.0	64	299
9	T.M.	10/3	0.375	162.0	67.0	62	
10	To.K.	10/3				74	299
11	Y.K.	10/3	0.281		50.0	72	297
12	S.M.	10/10	0.289	155.0	55.0	68	301
13	Sh.T.	10/17	0.182	169.5	60.5	35	
14	N.T.	10/17	0.131	167.0	49.8	68	309
15	K.T.	10/17	0.309	158.0	54.0	64	299
16	M.K.	10/17	0.265	160.0	74.0	71	300
17	K.K.	10/24	0.321	152.0	53.0	88	307
18	M.M.	10/24	0.290	155.0	58.0	59	306
19	G.H.	10/24	0.175	162.0	45.0	70	304
20	Yu.K.	10/24	0.397	144.5	45.5	81	298
21	Ki.S.	10/24	0.210	168.0		46	308
22	S.K.	10/24	0.410	150.5	67.0	44	294
23	M.S.	11/14	0.303	144.0	44.4	73	304
24	N.K.	11/14	0.178	164.0	61.0	56	303

血漿コロイド浸透圧 COP (mmHg)	Na	K	BUN	BS	Alb	Glb	血圧 (mmHg) 収縮期	血圧 (mmHg) 拡張期	BP 平均値
22.3	137	5.5	20	129	3.6	1.7			1583
24.2	137	4.5	24	131	3.8	2.2	108	72	1497
31.0	139	4.4	15	125	4.9	2.7	116	84	1617
	142	4.5	21				122	80	1814
	142	5.1	16	140					2069
									1673
	141	4.5	19				98	64	899
28.5	140	4.5	13	91	4.3	3.3	104	60	1081
									1425
	142	4.7	17		4.5	3.4	128	76	1123
	139	4.1	13	113			120	80	1482
	140	5.4	14	88			130	78	
									1892
	144	4.7	18	92			128	76	1790
	142	4.9	14				132	92	1322
	140	3.7	15	129			140	84	2094
28.0	141	5.2	20	126	4.3	2.9	150	70	1273
	143	4.9	13	109			130	70	2006
26.9	141	4.9	19	104	4.1	2.9			1132
27.4	139	4.6	15	105	4.3	2.5	138	66	1363
	143	3.4	16	167			144	94	1314
	137	4.3	10	145			142	80	1240
	142	4.2	20	85			130	78	1191
	142	4.6	11	98			124	86	1483

第Ⅵ章　生体の生化学的ファクターの、気エネルギー

表Ⅵ-4　Na、KそれぞれとBP平均値との単回帰分析

表Ⅵ-4-1　NaとBP平均値の単回帰分析

説明変数：K
目的変数：BP平均値

データ数	20
重相関係数R	0.141
決定係数R2	0.0198
自由度修正済み決定係数	−0.0347
Y評価値の標準誤差	348.6
ダービン・ワトソン比	2.10

分散分析表

要因	偏差平方和	自由度	不偏分散	F値	P値	F(0.95)
回帰	4.42×10^4	1	4.42×10^4	0.36	0.55	4.41
残差	2.19×10^6	18	1.22×10^5			
計	2.23×10^6	19				

回帰係数の有意性の検定と信頼区間

	回帰係数	標準誤差	標準回帰係数	t値	P値	t(0.975)	95%下限	95%上限
定数項	-1.79×10^3	5.40×10^3	-1.79×10^3	−0.33	0.74	2.10	-1.31×10^4	9.55×10^3
Na	23.1	38.4	0.141	0.60	0.55	2.10	−57.5	1.04×10^2

表Ⅵ-4-2　KとBP平均値の単回帰分析

説明変数：K
目的変数：BP平均値

データ数	20
重相関係数R	0.039
決定係数R2	0.0015
自由度修正済み決定係数	−0.054
Y評価値の標準誤差	351.8
ダービン・ワトソン比	2.1

分散分析表

要因	偏差平方和	自由度	不偏分散	F値	P値	F(0.95)
回帰	3.4×10^3	1	3.4×10^3	0.03	0.87	4.41
残差	2.2×10^6	18	1.2×10^5			
計	2.2×10^6	19				

回帰係数の有意性の検定と信頼区間

	回帰係数	標準誤差	標準回帰係数	t値	P値	t(0.975)	95%下限	95%上限
定数項	1.3×10^3	7.6×10^2	1.3×10^3	1.77	0.09	2.10	-2.5×10^2	2.9×10^3
K	28	1.7×10^2	3.9×10^{-2}	0.17	0.87	2.10	-3.2×10^2	3.8×10^2

表Ⅵ-5 BUN（尿素窒素）、BS（血糖値）の各々とBP平均値の単回帰分析

表Ⅵ-5-1 BUN（尿素窒素）とBP平均値の単回帰分析

説明変数：BUN
目的変数：BP平均値

データ数	20
重相関係数R	0.062
決定係数R2	0.0038
自由度修正済み決定係数	−0.052
Y評価値の標準誤差	351.4
ダービン・ワトソン比	2.0

分散分析表

要因	偏差平方和	自由度	不偏分散	F値	P値	F(0.95)
回帰	8.5×10^3	1	8.5×10^3	0.07	0.80	4.41
残差	2.2×10^6	18	1.2×10^5			
計	2.2×10^6	19				

回帰係数の有意性の検定と信頼区間

	回帰係数	標準誤差	標準回帰係数	t値	P値	t(0.975)	95%下限	95%上限
定数項	1.6×10^3	3.7×10^2	1.6×10^3	4.19	5.5×10^{-4}	2.10	7.8×10^2	2.3×10^3
BUN	−5.8	22.2	-6.2×10^{-2}	−0.26	0.80	2.10	−52.4	40.8

表Ⅵ-5-2 BS（血糖値）とBP平均値の単回帰分析

説明変数：BS
目的変数：BP平均値

データ数	16
重相関係数R	0.178
決定係数R2	0.0316
自由度修正済み決定係数	−0.0376
Y評価値の標準誤差	334.3
ダービン・ワトソン比	2.18

分散分析表

要因	偏差平方和	自由度	不偏分散	F値	P値	F(0.95)
回帰	5.10×10^4	1	5.10×10^4	0.46	0.51	4.60
残差	1.56×10^6	14	1.12×10^5			
計	1.62×10^6	15				

回帰係数の有意性の検定と信頼区間

	回帰係数	標準誤差	標準回帰係数	t値	P値	t(0.975)	95%下限	95%上限
定数項	1.21×10^3	4.63×10^2	1.21×10^3	2.60	2.09×10^{-2}	2.14	2.12×10^2	2.20×10^3
BS	2.61	3.86	0.178	0.68	0.51	2.14	−5.67	10.9

表Ⅵ-6 Alb、Glb（説明変数）と BP 平均値（目的変数）との重回帰分析

	Alb	Glb	BP 平均値
合　計	33.8	21.6	1.067×10^4
平　均	4.2	2.7	1334
標準偏差	0.4	0.5	201.0
サンプル数	8		

相関行列	Alb	Glb	BP 平均値
Alb	1.0		
Glb	0.67	1.0	
BP 平均値	-0.15	-0.81	1.000

重回帰式

変数名	偏回帰係数	標準偏回帰係数	F値	t値	P値	判定	標準誤差	偏相関	単相関
Alb	3.8×10^2	0.71	21.39	4.62	5.7×10^{-3}	**	81.4	0.90	-0.15
Glb	-4.8×10^2	-1.3	70.42	8.39	3.9×10^{-4}	**	57.2	-0.97	-0.81
定数項	1.0×10^3		14.90	3.86	1.2×10^{-2}	*	2.7×10^2		

精度

決定係数	0.94
修正済決定係数	0.91
重相関係数	0.97
修正済重相関係数	0.95
ダービン・ワトソン比	0.91
赤池の A・IC	93.7

分散分析表

要　因	偏差平方和	自由度	平均平方	F値	P値	F (0.01)	判定
回帰変動	3.0×10^5	2	1.5×10^5	36.03	1.1×10^{-3}	13.27	**
誤差変動	2.1×10^4	5	4.2×10^3				
全体変動	3.2×10^5	7					

**：1% 有意　*：5％有意　N.S.：有意性なし

表Ⅵ-7 最高、最低血圧とBP平均値の重回帰分析

	血圧 (mmHg) 収縮期	血圧 (mmHg) 拡張期	BP 平均値
合　計	2154	1312	2.459×10^4
平　均	127	77	1446
標準偏差	14.0	9.2	319.6
サンプル数	17		

相関行列	血圧 (mmHg) 収縮期	血圧 (mmHg) 拡張期	BP 平均値
血圧 (mmHg) 収縮期	1.00		
血圧 (mmHg) 拡張期	0.424	1.00	
BP 平均値	0.234	0.272	1.000

重回帰式

変数名	偏回帰係数	標準偏回帰係数	F値	t値	P値	判定	標準誤差	偏相関	単相関
血圧 (mmHg) 収縮期	3.30	0.144	0.26	0.51	0.62	N.S.	6.44	0.135	0.234
血圧 (mmHg) 拡張期	7.37	0.211	0.56	0.75	0.47	N.S.	9.82	0.197	0.272
定数項	4.60×10^2		0.29	0.54	0.60	N.S.	8.50×10^2		

精度

決定係数	0.0911
修正済決定係数	
重相関係数	0.302
修正済重相関係数	
ダービン・ワトソン比	2.28
赤池のA・IC	2.51×10^2

分散分析表

要　因	偏差平方和	自由度	平均平方	F値	P値	F (0.05)	判定
回帰変動	1.58×10^5	2	7.91×10^4	0.70	0.51	3.74	N.S.
誤差変動	1.58×10^6	14	1.13×10^5				
全体変動	1.74×10^6	16					

＊＊:1% 有意　＊:5% 有意　N.S.:有意性なし

表Ⅵ-8 体脂肪率、体重の各々とBP平均値の単回帰分析

表Ⅵ-8-1 体脂肪率とBP平均値の単回帰分析

説明変数：体脂肪率
目的変数：BP平均値

データ数	20
重相関係数R	0.217
決定係数R2	0.0470
自由度修正済み決定係数	−0.00590
Y評価値の標準誤差	315.9
ダービン・ワトソン比	2.49

分散分析表

要因	偏差平方和	自由度	不偏分散	F値	P値	F(0.95)
回帰	8.87×10^4	1	8.87×10^4	0.89	0.36	4.41
残差	1.80×10^6	18	9.98×10^4			
計	1.88×10^6	19				

回帰係数の有意性の検定と信頼区間

	回帰係数	標準誤差	標準回帰係数	t値	P値	t(0.975)	95%下限	95%上限
定数項	1.77×10^3	2.58×10^2	1.77×10^3	6.84	2.10×10^{-6}	2.10	1.22×10^3	2.31×10^3
体脂肪率	-8.49×10^2	9.00×10^2	−0.217	−0.94	0.36	2.10	-2.74×10^3	1.04×10^3

表Ⅵ-8-2 体重とBP平均値の単回帰分析

説明変数：体重（Kg）
目的変数：BP平均値

データ数	19
重相関係数R	0.285
決定係数R2	0.0810
自由度修正済み決定係数	0.0269
Y評価値の標準誤差	314.9
ダービン・ワトソン比	2.36

分散分析表

要因	偏差平方和	自由度	不偏分散	F値	P値	F(0.95)
回帰	1.49×10^5	1	1.49×10^5	1.50	0.24	4.45
残差	1.69×10^6	17	9.92×10^4			
計	1.83×10^6	18				

回帰係数の有意性の検定と信頼区間

	回帰係数	標準誤差	標準回帰係数	t値	P値	t(0.975)	95%下限	95%上限
定数項	1.22×10^3	2.72×10^2	1.22×10^3	4.49	3.19×10^{-4}	2.11	6.49×10^2	1.80×10^3
体重（kg）	5.52	4.51	0.285	1.22	0.24	2.11	−3.99	15.0

表VI-9　年齢、身長の各々とBP平均値の単回帰分析

表VI-9-1　年齢とBP平均値の単回帰分析

説明変数：年齢
目的変数：BP平均値

データ数	23
重相関係数R	0.23
決定係数R2	0.052
自由度修正済み決定係数	0.0068
Y評価値の標準誤差	331.9
ダービン・ワトソン比	1.7

分散分析表

要因	偏差平方和	自由度	不偏分散	F値	P値	F(0.95)
回帰	1.3×10^5	1	1.3×10^5	1.15	0.30	4.32
残差	2.3×10^6	21	1.1×10^5			
計	2.4×10^6	22				

回帰係数の有意性の検定と信頼区間

	回帰係数	標準誤差	標準回帰係数	t値	P値	t(0.975)	95%下限	95%上限
定数項	1.8×10^3	3.2×10^2	1.8×10^3	5.78	9.85×10^{-6}	2.08	1.2×10^3	2.5×10^3
年齢	-5.2	4.8	-0.23	-1.07	0.30	2.08	-15.2	4.9

表VI-9-2　身長とBP平均値の単回帰分析

説明変数：身長（cm）
目的変数：BP平均値

データ数	19
重相関係数R	0.3130
決定係数R2	0.09796
自由度修正済み決定係数	0.04490
Y評価値の標準誤差	316.0
ダービン・ワトソン比	2.501

分散分析表

要因	偏差平方和	自由度	不偏分散	F値	P値	F(0.95)
回帰	1.844×10^5	1	1.844×10^5	1.85	0.19	4.45
残差	1.698×10^6	17	9.987×10^4			
計	1.882×10^6	18				

回帰係数の有意性の検定と信頼区間

	回帰係数	標準誤差	標準回帰係数	t値	P値	t(0.975)	95%下限	95%上限
定数項	-2.740×10^2	1.334×10^3	-2.740×10^2	-0.21	0.84	2.11	-3.089×10^3	2.541×10^3
身長（cm）	11.46	8.436	0.3130	1.36	0.19	2.11	-6.336	29.26

表Ⅵ-10　Alb、Glb の各々と BP 平均値の単回帰分析
表Ⅵ-10-1　Alb と BP 平均値の単回帰分析

説明変数：Alb
目的変数：BP 平均値

データ数	8
重相関係数 R	0.15
決定係数 R^2	0.021
自由度修正済み決定係数	−0.14
Y 評価値の標準誤差	229.6
ダービン・ワトソン比	1.6

分散分析表

要因	偏差平方和	自由度	不偏分散	F 値	P 値	F (0.95)
回帰	6.9×10^3	1	6.9×10^3	0.13	0.73	5.99
残差	3.2×10^5	6	5.3×10^4			
計	3.2×10^5	7				

回帰係数の有意性の検定と信頼区間

	回帰係数	標準誤差	標準回帰係数	t 値	P 値	t (0.975)	95%下限	95%上限
定数項	1.7×10^3	9.1×10^2	1.7×10^3	1.82	0.12	2.45	-5.7×10^2	3.9×10^3
Alb	−77.9	2.2×10^2	−0.15	−0.36	0.73	2.45	-6.1×10^2	4.5×10^2

表Ⅵ-10-2　Glb と BP 平均値の単回帰分析

説明変数：Glb
目的変数：BP 平均値

データ数	8
重相関係数 R	0.81
決定係数 R^2	0.66
自由度修正済み決定係数	0.60
Y 評価値の標準誤差	135.8
ダービン・ワトソン比	2.2

分散分析表

要因	偏差平方和	自由度	不偏分散	F 値	P 値	F (0.95)
回帰	2.1×10^5	1	2.1×10^5	11.52	1.46×10^{-2}	5.99
残差	1.1×10^5	6	1.8×10^4			
計	3.2×10^5	7				

回帰係数の有意性の検定と信頼区間

	回帰係数	標準誤差	標準回帰係数	t 値	P 値	t (0.975)	95%下限	95%上限
定数項	2.2×10^5	2.5×10^2	2.2×10^3	8.75	1.23×10^{-4}	2.45	1.6×10^3	2.8×10^3
Glb	3.2×10^5	89.5	−0.81	−3.39	1.46×10^{-2}	2.45	-5.2×10^2	−84.8

第Ⅶ章

神経症、うつ病の BP（気エネルギー） への影響

1) 目的
2) 被験者
3) 実験法
   (1) CMI (Cornell Medical Index) について
   (2) FNI (Fujinami Neurotic Index) について
   (3) FDI (Fujinami Depression Index) について
   (4) AMI 測定
4) 統計的解析
   (1) BP と CMI についての重回帰分析
   (2) BP と FNI についての重回帰分析
   (3) うつ病と BP との重回帰分析
   (4) 考察と結論
5) 結論

第VII章
神経症、うつ病のBP（気エネルギー）への影響

1) 目的

神経症はBP（気エネルギー）を決める一つのファクターであるかどうかを調べるのが、本実験の目的である。

2) 被験者

玉光神社(註1)、IARP(註2)に坐行に来ている人たちの内、希望者21名を選ぶ。19名は女性、2名は男性。後に記述されるFNIに基づいて「神経症」と判定された人は21名中7名、FDIに基づいて「うつ病」と判定された人は21名中3名。CMIに基づいて「神経症」と判定された人は21名中14名。

3) 実験法

初めに、CMI、FNI、FDIの3種類の、神経症、うつ病についての質問表に、被験者に該当する質問に答えてもらい、それぞれの質問表の答えを採点し、合計して、判定表に従って、正常か神経症かうつ病かを判定する。

CMI、FNI、FDIの説明を以下に簡単に行なう。

(1) CMI (Cornell Medical Index) について

CMI（Cornell Medical Index）は、ニューヨークのコーネル大学の教授等によって、患者の身体的愁訴と精神的愁訴の両面から、身心の自覚症状を比較的短時間のうちに調査することを目的として考案された質問紙法による心理テスト。心身両面の自覚症状の調査ができ、神経症を簡単にスクリーニングできる。

① 身体的自覚症

　　　　A　目と耳（10）　B　呼吸器（21）　C　心臓脈管系（14）　D　消化器系（28）
　　　　E　筋肉骨格系（10）　F　皮膚（9）　G　神経系（19）　H　泌尿生殖器系（11）
　　　　I　疲労度（7）　J　疾病頻度（9）　K　既往症（15）　L　習慣（7）

② 精神的自覚症
　　　　M　不適応（12）　N　抑うつ（6）　O　不安（9）　P　過敏（6）　Q　怒り（9）
　　　　R　緊張（9）

　以上の各A〜Rに至る各項目に（　）内の数字の質問項があり、それに「はい」と答えたものを各項の答の数とし、

③ C、I、Jの合計点を算出する。また、A〜Lの身体的自覚症の合計、M〜Rの精神的自覚症の合計をそれぞれ算出する。

④ 神経症領域の判定
　神経症判別図でC、I、J得点とM〜Rの合計点から、交差点に×印を記入し、領域を読み出す〔図Ⅶ-1 (124頁)：サンプル　被験者　S.S.（♀）領域Ⅱ(註3)〕。

　　(2) FNI（Fujinami Neurotic Index）について
　　　　藤波による神経症の質問表と判定法
① 神経症かどうかを判定する質問表、判定法
　日本医科大学精神神経科助教授　藤波茂忠医学博士が、日本人の患者を基にして作った「神経症の自己診断テスト」に、被験者に記入してもらい、神経症指数〔NI（Neurotic Index）〕を算出する（藤波茂忠『神経症とうつ病の自己診断テスト』41〜43頁参照）。
　・NI（神経症指数）＝ 2 × As(無力性尺度) ＋ Ad(自律神経失調性尺度)
　　　　　　　　　　＋ Dp(抑うつ性尺度) ＋ 2 × Ne(神経質尺度) ＋ 2 × Is(不眠尺度)
　・判定基準：NIが　0〜19 点　健康
　　　　　　　　　　20〜29 点　要注意
　　　　　　　　　　30〜72 点　神経症（かなり深刻）

（上掲書41〜43頁参照）

② 無力性尺度　As：Asthenia Scale
　自分の健康に自信がもてない、病気や健康状態に注意が向き、活気に乏しい。疲れやすく、身体的・情緒的ストレスに過敏に反応しやすいという無力性傾向をみる尺度（質問番号1〜5、26〜30番の質問に対する「はい」の数が無力性尺度〔As〕の得点）。

・5点以上の人：病気や自分の健康について気にしすぎている。

③ 自律神経失調性尺度　Ad：Autonomic Dysfunction Scale
　動悸、息切れ、めまいなど、自律神経失調症の傾向をみる尺度（6～10、31～35番の質問に対する「はい」の数がAdの得点）。
　　・5点以上の人：ストレス、悩み、不安が身体に出ることがある。

④ 抑うつ性尺度　Dp：Depressiveness Scale
　厭世的、懐疑的な人生観をもち、喜びを感じにくく、過去や未来にも、自分自身や人生にも自信がもてないといった抑うつ性傾向をみる尺度（11～15、36～40番の質問に対する「はい」の数がDpの得点）。
　　・5点以上の人：自分はみじめで、不幸な人間であるなどと思う。

⑤ 神経質尺度　Ne：Nervousness Scale
　いわゆる神経質の傾向をみる尺度（16～20、41～45番の質問に対する「はい」の数がNeの得点）。
　傷つきやすい人、すぐうろたえてしまう人、心配性の人、確かめ直さないと気のすまない人などに高い得点が出る。
　　・7点以上の人：神経質な人

⑥ 不眠尺度　Is：Insomnia Scale
　不眠傾向をみる尺度（21～23、46～48番の質問に対する「はい」の数がIsの得点）。
　入眠障害（寝つきが悪い）、多夢（いやな夢をよくみる）、中途覚醒（眠ってもすぐに目を覚ます）、熟眠感が得られない（寝ても眠ったという気がしない）など、睡眠障害で悩んでいる人に高く出る。
　　・4点以上の人：睡眠障害

（同書44～48頁参照）

（付）＜質問事項と答のサンプル＞
　それぞれの質問に、はい（1点）か、いいえ（0点）を記入してもらい、得点を合計し、判定基準に従って健常、要注意、神経症と判定する。
（藤波茂忠『神経症とうつ病の自己診断テスト』「(2) 神経症の自己診断テスト（FNI）」の本文8～14頁の50問の中、8問をサンプルとして引用した）

● 答え方
★①～㊿のすべての質問に、1・0のどちらかを選んで○印をつけて下さい。

　　　　　　　　　　　　　　　　　　　　　はい　　いいえ
　　現在の自分にあてはまる場合……………　①　　　0
　　　　　あてはまらない場合………　　1　　　　⓪

No. 質問項目	No.	はい	いいえ
①よく病気をする………………………………………	①	1	0
②息切れしやすい………………………………………	②	1	0
③からだが弱いのでいつも情けない思いをしている…	③	1	0
④よく吐き気がする……………………………………	④	1	0
⑤とても病弱である……………………………………	⑤	1	0
⑥よくめまいがする……………………………………	⑥	1	0
⑦どうきがして苦しくなることがよくある…………	⑦	1	0
⑧のどがつまる感じがよくする………………………	⑧	1	0

(3) FDI（Fujinami Depression Index）について

① 藤波による、うつ病の質問表と判定法

　被験者に「神経症とうつ病の自己診断テスト」の「うつ病の自己診断テスト」に記入してもらい、それによってうつ病指数を求める。

　・DI：Depression Index（うつ病指数）＝ Dm（抑うつ気分尺度）＋ Ps（身体的症状尺度）
　　　　　　　　　　　　　　　　＋ Ih（抑制尺度）＋ Hp（絶望感尺度）

（同書33～35頁参照）

　・判定基準：0～24点　正常（健康）
　　　　　　25～34点　要注意
　　　　　　35～75点　うつ病（かなり深刻）　　　　　（同書41～43頁参照）

② 抑うつ気分尺度　Dm：Depressive Mood Scale

　何をやっても楽しくない、物事を悪い方へ悪い方へと考える、わけもなく憂うつ、不安で悲しい、落ち着かないという、うつ病の抑うつ気分の症状をみる尺度（質問番号51～57番）。

　　・15点以上の人：どんな気晴らしをしても憂うつな気分が2週間以上続く場合は、うつ病の可能性。

③ 身体的症状尺度　Ps：Physical Symptom Scale

　疲れやすい、食欲がない、食べてもおいしくない、寝ても眠ったという感じがしない、朝の

目覚めが悪い、便秘、動悸、頭痛など、うつ病の身体症状をみる尺度（質問番号58～62番）。

・9点以上の人：うつ病でも身体に症状がでることがある。

④ 抑制尺度　Ih：Inhibition Scale

とにかく億劫で気力が湧かない。集中力がなく、根気が続かない。いつもの仕事すら面倒、好きなことにも気が乗らない。ついには、生きていることが煩わしくなるという、うつ病の抑制（制止）の症状をみる尺度（質問番号63～69番）。

・15点以上の人：やる気や根気がないのはうつ病。

⑤ 絶望感尺度　Hp：Hopelessness Scale

自分に価値を見出すことができない、将来に希望がもてない、孤独で、みじめで、やりきれない、ほとほと自分がいやになり、果ては、死ぬしかないと思い込んでしまうという、うつ病の主観的絶望感をみる尺度（質問番号70～75番）。

・11点以上の人：将来に希望がないなどと思い、自殺を考えてしまう。（同書49～52頁参照）

（付）＜うつ病の自己診断テストの質問事項と答（得点）のサンプル＞

（同書の「(3)うつ病の自己診断テスト（FDI）」の本文15～18頁の質問事項をサンプルとして引用した）

●答え方

★(51)～(75)のすべての質問に、3　2　1　0のいずれか一つを選んで〇印をつけて下さい。

最近のあなたは	いつも	かなり	すこし	ない
いつも自分にあてはまる場合……………	③	2	1	0
かなり　〃　……………	3	②	1	0
すこし　〃　……………	3	2	①	0
全くあてはまらない場合…………………	3	2	1	⓪

No.　質問項目	No.	いつも	かなり	すこし	ない
(51)何をしても楽しくない……………………	(51)	3	2	1	0
(52)あせってしかたがない……………………	(52)	3	2	1	0
(53)気持ちがすっきりとしない………………	(53)	3	2	1	0
(54)不安でしかたがない………………………	(54)	3	2	1	0
(55)取りこし苦労が多い………………………	(55)	3	2	1	0
(56)とても憂うつである………………………	(56)	3	2	1	0
(57)過ぎたことをくよくよとくやむ…………	(57)	3	2	1	0

(4) AMI 測定

次に、各被験者を AMI にて、14 経絡の左右 28 井穴で BP、AP、IQ を測定する。BP は気エネルギーのパラメータである。

(付) ＜AMI 測定データのサンプル＞

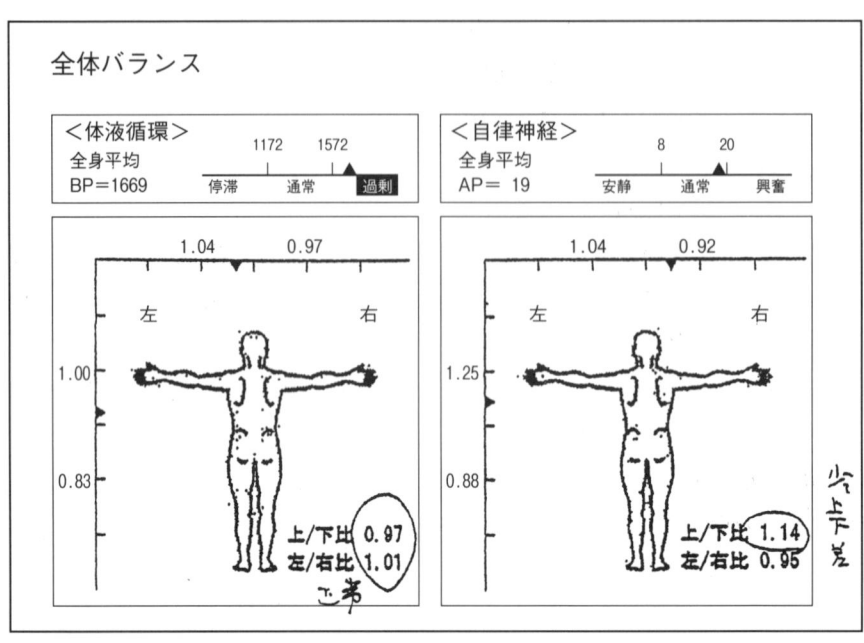

4) 統計的解析

(1) BPとCMIについての重回帰分析

(A) BP平均値 ($\sum_{i=1}^{28} BPi/28$) とCMIの各領域Ⅰ→Ⅳのデータを数量化したもの〔表Ⅶ-1 (125頁)〕との間に因果関係をみるために、重回帰分析を行なう

表Ⅶ-2 (126頁) から、BP平均値とCMIのⅠ、Ⅱ、Ⅲの領域の間には有意な回帰関係は見当たらない ($P = 0.32 > 0.05$)。

表Ⅶ-3 (127頁) からも、BP平均値とⅡ、Ⅲ、Ⅳの間に有意な回帰関係はみられない ($P = 0.32 > 0.05$)。

(B) 各経絡のBP（左右経絡BPの平均値。以下同じ）とCMI各項との重回帰分析

表Ⅶ-4 (128頁)（肺経）の如く、各経絡のBPとCMIのⅠ、Ⅱ、Ⅲ、Ⅳの各カテゴリーの数量化した数との間に、有意な回帰関係があるかどうかを検定してみた。

肺経から膀胱経までの全ての14経絡各々のBPとCMIのⅠ、Ⅱ、Ⅲ、Ⅳのカテゴリー間には、有意な因果関係は見られない。

(C) 各14経絡のBPとCMIのカテゴリーⅠ、Ⅱ、Ⅲ、Ⅳの各々との間の単相関

次に、各14経絡のBPとCMIのカテゴリーⅠ、Ⅱ、Ⅲ、Ⅳの各々との間の単相関の、正負の符号の度数に注目してみると、表Ⅶ-5 (130頁) の結果が得られた。CMIのカテゴリーⅠとⅣでは単相関で正の相関が多く、ⅡとⅢでは負の相関の度数が高い。

次に、これらの度数に有意な差があるかどうかをχ^2検定してみると、表Ⅶ-6 (130頁) のχ^2検定結果の示す如く、度数に関して非常に大きい有意な相違がみられる ($\chi^2 = 35.12$　$P = 1.15 \times 10^{-7} < 0.001$)。

ⅡとⅢのカテゴリーに属する人では、14経絡のうちの多くの経絡のBPが、ⅡあるいはⅢの各質問項の得点と負の相関を示す。これは、Ⅱ、Ⅲの領域内では、各質問項の得点が上がるとBP値が多くの経絡では下がる。その逆も真である。

これに対しⅠとⅣの領域に属する人では、ⅠとⅣの領域内では、質問項の得点が上がるとBP値も上がる。逆も真という、正の相関である。

以上のことは、Ⅰ、Ⅳの領域に属する人とⅡ、Ⅲに属する人では、各質問項の得点合計と各経絡のBP値の相関の方向が逆であることを示す。

Ⅰ、ⅣグループとⅡ、Ⅲグループは異なるグループであると言える。

(2) BPとFNIについての重回帰分析

(A) BP平均値と神経症指数についての重回帰分析〔表Ⅶ-7 (131頁)、Ⅶ-8 (132頁)〕

表Ⅶ-8をみると、BP平均値と神経症指数の健常、中等症、重症の間には因果関係はみられない（P = 0.93 > 0.05）。

(B) 各経絡のBP値と神経症各項との重回帰分析

表Ⅶ-9 (133頁) をみると、心包経と心経のBPはIs（Insomnia Scale 不眠症尺度）との間で有意な因果関係をもつ（心包経：P = 0.046 < 0.05、心経：P = 0.03 < 0.05）。単相関はいずれも−0.48、−0.49と、負の相関である。

表Ⅶ-10 (134頁) をみると、胃経と膀胱経はNe（Nervousness Scale 神経質尺度）と有意な因果関係をもつ。単相関はいずれも+0.56、+0.47と、正の相関である。

以上のことを臨床経験に照らして考えてみると、身体的あるいは心的ストレスは、心臓循環器系に気エネルギーを送る心包経、心経の機能に大きな影響を与え、不眠になりやすい事実と一致する。そして負の相関であるから、不眠の傾向が強まるとBP値（気エネルギー）が減少することを示している。

胃経のBPと神経質尺度が有意な因果関係を示すことは、神経質な人は日本では胃の機能に変調をきたす人が多いことと一致する。膀胱経は脳神経系に気エネルギーを送り、これを賦活する経絡である。膀胱経と神経質尺度が因果関係を示すことは意味のあることである。

胃経も膀胱経も、神経質尺度と正の相関を示したことは、神経質の範囲内で得点が上がる（度合いが上がる）と、胃経、膀胱経のBP（気エネルギー）が増加するということである。これは神経質尺度の範囲内で度合いが進むと、胃経のBPが増加し、胃機能が亢進する。脳神経系の機能が亢進するということであろう。

(C) 7人の神経症と判定された被験者の各経絡BPとFNI各項との重回帰分析

肺経―膀胱経の14経絡中、有意な因果関係を示したのは心包経、肝経、膀胱経である。

心包経は神経質尺度、不眠尺度と因果関係を示し、肝経は神経質尺度、膀胱経は無力症尺度、神経質尺度、不眠尺度の3つの項目と因果関係をもつ。

脳神経系に気エネルギーを送り、これを活動せしめる膀胱経は、神経症と最も関係が深いということであろう〔表Ⅶ-11 (135頁) ～Ⅶ-13 (137頁)〕。

次に、うつ病の各項目とBPとの重回帰分析をしてみよう。

(3) うつ病とBPとの重回帰分析

(A) BP平均値とうつ病指数（健常、中等症、重症）との因果関係

表Ⅶ-14-2 (139頁) をみると、分散分析表のP = 0.86 > 0.05で、BP平均値とうつ病各項目の間には因果関係はみられない。

(B) 各経絡 BP 値とうつ病各項目との因果関係

表Ⅶ-15-1 (140頁) をみると、Hp は全て 0 であるので、分散は計算できない。Dm と Ih は 0 と 1 の分布が同じなので、両方を一度に入れて重回帰分析ができない。そこで、

ⅰ 各経絡の BP 値と Dm、Ps との重回帰分析
ⅱ 各経絡 BP 値と Ih、Ps との重回帰分析

を行なった。

ⅰⅱの場合共に、八兪経と胆経で Ps (Physical Symptom Scale) で P = 5% に近い因果関係を示すが、BP 平均値 ($\overline{BP}$)、各経絡の BP とうつ病の指数及びうつ病の各項目との間には、有意な因果関係は認められない。

原因としては、21 人の被験者の内、うつ病と判定できたのは 3 人であり、うつ病患者のデータ数が少ないことが考えられる〔表Ⅶ-16 (142頁)〕。

これに対し、神経症患者数は、21 人中 7 人で有意な重回帰分析ができた〔表Ⅶ-17 (143頁)〕。

(4) 考察と結論

① CMI によって判定された神経症と BP 平均値、各経絡の BP の間には有意な因果関係、つまり、神経症になると BP（気エネルギー量）が変化するという関係が見出せなかった。

② CMI によって神経症Ⅱ、Ⅲの領域と判定されたグループ（Ⅱは 9 名、Ⅲは 4 名）と、健常（領域Ⅰ）と領域Ⅳと判定されたグループ間には、BP と神経症に関して逆の相関があり、両グループが異なるグループであることを示した。

③ BP 平均値 ($\overline{BP}$) と神経症指数による健常、中等症、重症の間には、因果関係はみられなかった。

④ 各経絡の BP と神経症各項との間では、因果関係を示すケースが見られる。

心経、心包経は不眠症と因果関係がある。単相関は負である。

このことは、臨床経験に基づいて次のように考えられる。

日常生活、仕事等でストレスが溜まると心臓循環器系に機能異常が生じ、不眠が生じる。これが心経、心包経の BP（気エネルギー）に影響を与え、不眠症が強まると心経、心包経の気エネルギーが減少するということである。

⑤ 胃経と膀胱経の BP は神経質尺度と因果関係を示し、且つ、正の単相関を示す。日本人では神経質な人はよく胃の変調を訴えることと一致する。膀胱経は脳神経系に気エネルギーを送る経絡であるから、神経質尺度と膀胱経の BP との間に因果関係のあることは納得しやすい。

胃経、膀胱経の BP と神経質尺度が正の単相関を示したことは、神経質尺度の範囲内では、神経質の度合いが増加すると、これらの経絡の BP（気エネルギー）が増加するということであろう。一般に、神経質な人は頭がいいと言われることは、神経質と脳神経に気エネルギーを送る膀胱経との関係の一面を言っていると思われる。

⑥ FNIで神経症と判定された7人は、胃経、肝経、膀胱経のBPで神経質、不眠、無力症の尺度と因果関係を示した。胃経と膀胱経が神経症と関係のあることは既に⑤で説明したが、肝経が神経症と関係のあることが、7人の神経症患者の重回帰分析から示されたことになる。

3つの経絡の内、膀胱経のみが、他の経絡が一つあるいは二つの尺度と関係を示すのに対し、無力症、神経質、不眠の三つの尺度と因果関係をもつことは、膀胱経が脳神経系に気エネルギーを送る経絡であることの一つの傍証であろう。

⑦ うつ病とBPとの因果関係については、有意な結果がBP平均とうつ病指数についてみられなかった。各経絡のBPとうつ病各項目との間にも有意な因果関係はみられなかった。このような結果が出た原因は、21名の被験者の内、うつ病と判定された人は3名しかなく、データ不足であると思う。

5) 結論

① この実験ではうつ病のデータが少なく、うつ病と経絡のBP（気エネルギー）の因果関係はみられなかったが、FNIテスト結果とAMIデータ、BPについての重回帰分析によって、神経症は心、心包、胃、肝、膀胱の各経絡のBP値に影響を与えることが示された。

② 不眠症は、心経、心包経のBPに影響を与える。

③ 神経質、不眠症、無力症のいずれかは、胃経、肝経、膀胱経のBPに影響を与える。膀胱経は神経質、不眠症、無力症の3つの症によって影響を受けて、他の経絡よりも神経症と密接な関係にある。

これは、膀胱経は目頭の晴明より始まり、額を通り、脳内に入って脳神経系に気エネルギーを送り、後頭の天柱で脳外に出て、脊柱の両側を下りつつ各臓器に気エネルギーを送り、膀胱内に入り膀胱に気エネルギーを送り、出でて足の背側を通って足の小指に終わるという経絡の流れから、膀胱経が脳及び脊髄神経系と密接な関係にあることが推測されるが、上の結果はそれを傍証する結果となったと思われる。

(2002.2.17)

〔註〕

1　玉光神社

　　著者が宮司も務めている神社。

2　IARP

　　著者が会長を務めている国際宗教・超心理学会（The International Association for Religion and

Parapsychology)。

3 領域Ⅱ
　　領域（深町による基準）
　　　Ⅰ領域　5％の危険率で心理的正常と判定しうる領域
　　　Ⅱ領域　ほぼ正常としてよい領域
　　　Ⅲ領域　神経症が疑われる領域
　　　Ⅳ領域　5％の危険率で神経症と判定しうる領域

〈引用・参考文献〉
藤波茂忠『神経症とうつ病の自己診断テスト』　燃焼社　大阪　2001

第Ⅶ章 神経症、うつ病のBP（気エネルギー）への影響

〔図・表一覧〕

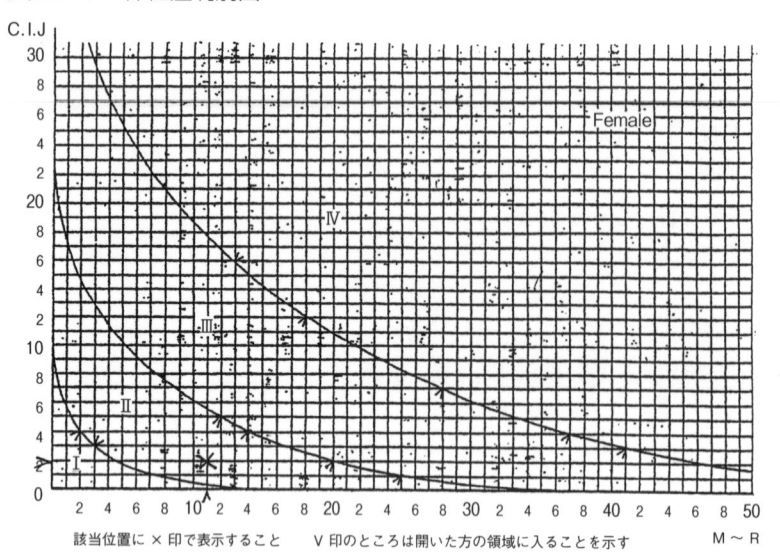

図Ⅶ-1　神経症判別図

表Ⅶ-1　BP 平均値と CMI

		目的変数	カテゴリ (CMI)			
No	被験者	BP 平均値	I	II	III	IV
1	Y.K.	1256	0	1	0	0
2	M.K.	1444	1	0	0	0
3	T.N.	1099	0	1	0	0
4	N.N.	1314	0	1	0	0
5	S.S.	1514	0	1	0	0
6	K.O.	1319	0	1	0	0
7	Y.O.	1229	0	0	1	0
8	R.K.	1718	1	0	0	0
9	R.F.	1448	0	0	0	1
10	A.F.	1748	1	0	0	0
11	A.M.	1215	0	0	1	0
12	K.S.	1020	0	1	0	0
13	E.K.	955	0	1	0	0
14	K.H.	1505	1	0	0	0
15	C.M.	1275	1	0	0	0
16	N.S.	1526	0	1	0	0
17	M.I.	1653	0	0	1	0
18	Y.I.	1518	0	1	0	0
19	T.I.	1347	1	0	0	0
20	T.T.	1303	1	0	0	0
21	S.G.	1224	0	0	1	0

第Ⅶ章　神経症、うつ病のBP（気エネルギー）への影響

表Ⅶ-2　CMI（説明変数＝Ⅰ、Ⅱ、Ⅲ）とBP平均値（目的変数）の重回帰分析

目的変数：BP平均値
説明変数：CMI（Ⅰ、Ⅱ、Ⅲ）

	Ⅰ	Ⅱ	Ⅲ	BP平均値
合　計	7	9	4	2.863×10^4
平　均	0.33	0.43	0.19	1363
標準偏差	0.47	0.49	0.39	207.7
サンプル数	21			

相関行列	Ⅰ	Ⅱ	Ⅲ	BP平均値
Ⅰ	1.000			
Ⅱ	−0.612	1.000		
Ⅲ	−0.343	−0.420	1.000	
BP平均値	0.388	−0.347	−0.078	1.000

重回帰式

変数名	偏回帰係数	標準偏回帰係数	F値	t値	P値	判定	標準誤差	偏相関	単相関
Ⅰ	29.22	6.631×10^{-2}	1.71×10^{-2}	0.13	0.90	N.S.	223.3	3.172×10^{-2}	0.3875
Ⅱ	−167.8	−0.3997	0.58	0.76	0.46	N.S.	220.1	−0.1818	−0.3467
Ⅲ	−117.9	−0.2229	0.25	0.50	0.62	N.S.	233.5	−0.1215	−0.0777
定数項	1.448×10^3		48.07	6.93	2.42×10^{-6}	＊＊	208.9		

＊＊：1%有意　＊：5%有意　N.S.：有意性なし

精度

決定係数	0.1816
修正済決定係数	3.719×10^{-2}
重相関係数	0.4262
修正済重相関係数	0.1928
ダービン・ワトソン比	1.515
赤池のAIC	289.5

分散分析表

要　因	偏差平方和	自由度	平均平方	F値	P値	判定
回帰変動	1.646×10^5	3	5.485×10^4	1.26	0.32	N.S.
誤差変動	7.415×10^5	17	4.362×10^4			
全体変動	9.061×10^5	20				

＊＊：1%有意　＊：5%有意　N.S.：有意性なし

表Ⅶ-3 CMI（説明変数＝Ⅱ、Ⅲ、Ⅳ）とBP平均値（目的変数）の重回帰分析

目的変数：BP平均値
説明変数：CMI（Ⅱ、Ⅲ、Ⅳ）

	Ⅱ	Ⅲ	Ⅳ	BP平均値
合計	9	4	1	2.863×10^4
平均	0.43	0.19	0.05	1363
標準偏差	0.49	0.39	0.21	207.7
サンプル数	21			

相関行列	Ⅱ	Ⅲ	Ⅳ	BP平均値
Ⅱ	1.000			
Ⅲ	−0.420	1.000		
Ⅳ	−0.194	−0.108	1.000	
BP平均値	−0.347	−0.078	0.091	1.000

重回帰式

変数名	偏回帰係数	標準偏回帰係数	F値	t値	P値	判定	標準誤差	偏相関	単相関
Ⅱ	−197.0	−0.4694	3.50	1.87	0.08	N.S.	105.3	−0.4134	−0.3467
Ⅲ	−147.1	−0.2781	1.26	1.12	0.28	N.S.	130.9	−0.2630	-7.767×10^{-2}
Ⅳ	−29.22	-2.996×10^{-2}	1.71×10^{-2}	0.13	0.90	N.S.	223.3	-3.172×10^{-2}	9.110×10^{-2}
定数項	1.477×10^3		350.21	18.71	8.84×10^{-13}	＊＊	78.94		

＊＊：1%有意　＊：5%有意　N.S.：有意性なし

精度

決定係数	0.1816
修正済決定係数	3.719×10^{-2}
重相関係数	0.4262
修正済重相関係数	0.1928
ダービン・ワトソン比	1.515
赤池のAIC	289.5

分散分析表

要因	偏差平方和	自由度	平均平方	F値	P値	判定
回帰変動	1.646×10^5	3	5.485×10^4	1.26	0.32	N.S.
誤差変動	7.415×10^5	17	4.362×10^4			
全体変動	9.061×10^5	20				

＊＊：1%有意　＊：5%有意　N.S.：有意性なし

表Ⅶ-4 各経絡BP値とCMIの重回帰分析

いずれの経絡にも有意な結果は得られなかった

(a) 各被験者の肺経BP値とCMIカテゴリ

No	被験者	目的変数 肺経BP値	カテゴリ（CMI） I	Ⅱ	Ⅲ	Ⅳ
1	Y.K.	1572	0	1	0	0
2	M.K.	1486	1	0	0	0
3	T.N.	1515	0	1	0	0
4	N.N.	1517	0	1	0	0
5	S.S.	1860	0	1	0	0
6	K.O.	1528	0	1	0	0
7	Y.O.	1118	0	0	1	0
8	R.K.	2013	1	0	0	0
9	R.F.	1845	0	0	0	1
10	A.F.	2079	1	0	0	0
11	A.M.	1355	0	0	1	0
12	K.S.	842	0	1	0	0
13	E.K.	951	0	1	0	0
14	K.H.	1695	1	0	0	0
15	C.M.	1290	1	0	0	0
16	N.S.	1654	1	0	0	0
17	M.I.	1520	0	0	1	0
18	Y.I.	1842	0	1	0	0
19	T.I.	1393	1	0	0	0
20	T.T.	1743	1	0	0	0
21	S.G.	1441	0	0	1	0

(b) 肺経BP値（目的変数）とCMI（説明変数 = Ⅰ、Ⅱ、Ⅲ）の重回帰分析

目的変数：肺経BP値
説明変数：CMI（Ⅰ、Ⅱ、Ⅲ）

	Ⅰ	Ⅱ	Ⅲ	肺経BP値
合計	7	9	4	3.225×10^4
平均	0.33	0.43	0.19	1536
標準偏差	0.47	0.49	0.39	310.6
サンプル数	21			

相関行列	Ⅰ	Ⅱ	Ⅲ	肺経BP値
Ⅰ	1.000			
Ⅱ	−0.612	1.000		
Ⅲ	−0.343	−0.420	1.000	
肺経BP値	0.308	−0.168	−0.278	1.000

重回帰式

変数名	偏回帰係数	標準偏回帰係数	F値	t値	P値	判定	標準誤差	偏相関	単相関
Ⅰ	−174.0	−0.2641	0.27	0.52	0.61	N.S.	332.3	−0.1260	0.3076
Ⅱ	−369.5	−0.5888	1.27	1.13	0.28	N.S.	327.7	−0.2638	−0.1684
Ⅲ	−486.9	−0.6156	1.96	1.40	0.18	N.S.	347.6	−0.3217	−0.2777
定数項	1.845×10^3		35.22	5.93	1.63×10^{-5}	＊＊	310.9		

＊＊：1%有意　＊：5%有意　N.S.：有意性なし

精度

決定係数	0.1889
修正済決定係数	4.573×10^{-2}
重相関係数	0.4346
修正済重相関係数	0.2138
ダービン・ワトソン比	1.827
赤池のAIC	306.2

分散分析表

要因	偏差平方和	自由度	平均平方	F値	P値	判定
回帰変動	3.826×10^5	3	1.275×10^5	1.32	0.30	N.S.
誤差変動	1.643×10^6	17	9.664×10^5			
全体変動	2.026×10^6	20				

＊＊：1%有意　＊：5%有意　N.S.：有意性なし

(c) 肺経 BP 値（目的変数）と CMI（説明変数＝Ⅱ、Ⅲ、Ⅳ）の重回帰分析

目的変数：肺経 BP 値
説明変数：CMI（Ⅱ、Ⅲ、Ⅳ）

	Ⅱ	Ⅲ	Ⅳ	肺経 BP 値
合　計	9	4	1	3.225×10^4
平　均	0.43	0.19	0.05	1536
標準偏差	0.49	0.39	0.21	310.6
サンプル数	21			

相関行列	Ⅱ	Ⅲ	Ⅳ	肺経 BP 値
Ⅱ	1.000			
Ⅲ	−0.420	1.000		
Ⅳ	−0.194	−0.108	1.000	
肺経 BP 値	−0.168	−0.278	0.223	1.000

重回帰式

変数名	偏回帰係数	標準偏回帰係数	F 値	t 値	P 値	判定	標準誤差	偏相関	単相関
Ⅱ	−195.5	−0.3115	1.56	1.25	0.23	N.S.	156.7	−0.2897	−0.1684
Ⅲ	−312.9	−0.3956	2.58	1.61	0.13	N.S.	194.9	−0.3629	−0.2777
Ⅳ	174.0	0.1193	0.27	0.52	0.61	N.S.	332.3	0.1260	0.2225
定数項	1.671×10^3		202.24	14.22	7.19×10^{-11}	＊＊	117.5		

＊＊：1% 有意　＊：5% 有意　N.S.：有意性なし

精度

決定係数	0.1889
修正済決定係数	4.573×10^{-2}
重相関係数	0.4346
修正済重相関係数	0.2138
ダービン・ワトソン比	1.827
赤池の AIC	306.2

分散分析表

要　因	偏差平方和	自由度	平均平方	F 値	P 値	判定
回帰変動	3.826×10^5	3	1.275×10^5	1.32	0.30	N.S.
誤差変動	1.643×10^6	17	9.664×10^4			
全体変動	2.026×10^6	20				

＊＊：1% 有意　＊：5% 有意　N.S.：有意性なし

第Ⅶ章　神経症、うつ病のBP（気エネルギー）への影響

表Ⅶ-5　各14経絡のBPとCMIのⅠ、Ⅱ、Ⅲ、Ⅳとの単相関の正負の度数（21名の被験者）

		単相関 +	単相関 −	計
CMI	Ⅰ	14	0	14
	Ⅱ	0	14	14
	Ⅲ	4	10	14
	Ⅳ	11	3	14
	計	29	27	56

表Ⅶ-6　各14経路のBPとCMIのⅠ、Ⅱ、Ⅲ、Ⅳとの単相関の正負の度数（21名の被験者）に対するχ^2検定

観察度数

	+	−	合計
Ⅰ	14	0	14
Ⅱ	0	14	14
Ⅲ	4	10	14
Ⅳ	11	3	14
合計	29	27	56

期待度数

	+	−
Ⅰ	7.25	6.75
Ⅱ	7.25	6.75
Ⅲ	7.25	6.75
Ⅳ	7.25	6.75

検定の結果

自由度	3
χ^2値	35.12
P値（上側確率）	1.15×10^{-7}
分割表分析係数	0.621
クラーメルのV値	0.792
$\chi^2 (0.95)$	7.81

表Ⅶ-7 BP平均値と神経症指数

No	被験者	目的変数 BP平均値	カテゴリ（神経症指数） 健常0〜19	中等症20〜29	重症30〜72
1	Y.K.	1256	0	0	1
2	M.K.	1444	1	0	0
3	T.N.	1099	0	1	0
4	N.N.	1314	1	0	0
5	S.S.	1514	1	0	0
6	K.O.	1319	1	0	0
7	Y.O.	1229	0	1	0
8	R.K.	1718	1	0	0
9	R.F.	1448	0	0	1
10	A.F.	1748	1	0	0
11	A.M.	1215	0	0	1
12	K.S.	1020	1	0	0
13	E.K.	955	1	0	0
14	K.H.	1505	1	0	0
15	C.M.	1275	1	0	0
16	N.S.	1526	0	1	0
17	M.I.	1653	0	0	1
18	Y.I.	1518	1	0	0
19	T.I.	1347	1	0	0
20	T.T.	1303	1	0	0
21	S.G.	1224	1	0	0

第Ⅶ章　神経症、うつ病のBP（気エネルギー）への影響

表Ⅶ-8　BP平均値（目的変数）と神経症指数（説明変数）の重回帰分析

目的変数：BP平均値
説明変数：神経症指数（FNI：健常、中等症、重症）

	健常（FNI）	中等症（FNI）	重症（FNI）	BP平均値
合　計	14	3	4	2.863×10^4
平　均	0.67	0.14	0.19	1363
標準偏差	0.47	0.35	0.39	207.7
サンプル数	21			

相関行列	健常（FNI）	中等症（FNI）	重症（FNI）	BP平均値
健常（FNI）	1.000			
中等症（FNI）	−0.577	1.000		
重症（FNI）	−0.686	−0.198	1.000	
BP平均値	0.057	−0.154	0.069	1.000

重回帰式

変数名	偏回帰係数	標準偏回帰係数	F値	t値	P値	判定	標準誤差	偏相関	単相関
健常（FNI）	11.93	2.707×10^{-2}	1.06×10^{-9}	3.25×10^{-5}	1.00	N.S.	3.668×10^5	7.887×10^{-6}	5.719×10^{-2}
中等症（FNI）	−75.05	−0.1264	4.19×10^{-8}	2.05×10^{-4}	1.00	N.S.	3.668×10^5	-4.962×10^{-5}	−0.1544
重症（FNI）	33.06	6.250×10^{-2}	8.12×10^{-9}	9.01×10^{-5}	1.00	N.S.	3.668×10^5	2.186×10^{-5}	6.897×10^{-2}
定数項	1.360×10^3		1.37×10^{-5}	3.71×10^{-3}	1.00	N.S.	3.668×10^5		

＊＊：1％有意　＊：5％有意　N.S.：有意性なし

精度

決定係数	2.539×10^{-2}
修正済決定係数	
重相関係数	0.1593
修正済重相関係数	
ダービン・ワトソン比	1.606
赤池のAIC	293.2

分散分析表

要　因	偏差平方和	自由度	平均平方	F値	P値	判定
回帰変動	2.300×10^4	3	7.667×10^3	0.15	0.93	N.S.
誤差変動	8.831×10^5	17	5.195×10^4			
全体変動	9.061×10^5	20				

＊＊：1％有意　＊：5％有意　N.S.：有意性なし

表Ⅶ-9　各経絡のBP値と神経症指数の各項目との重回帰分析

目的変数：各経絡BP値
説明変数：As（無力性尺度）、Ad（自律神経失調性尺度）、Dp（抑うつ性尺度）、Ne（神経質尺度）、Is（不眠尺度）
被験者の神経症指数の各項目を下の表にしたがって1と0に分けて、重回帰分析を行なった。

As	Ad	Dp	Ne	Is
5以上＝1	5以上＝1	5以上＝1	7以上＝1	4以上＝1
5未満＝0	5未満＝0	5未満＝0	7未満＝0	4未満＝0

重回帰式

肺

変数名	偏回帰係数	標準偏回帰係数	F値	t値	P値	判定	標準誤差	偏相関	単相関
As	392.4	0.2691	0.78	0.88	0.39	N.S.	444.6	0.2222	0.2225
Ad	−102.2	−0.1152	0.11	0.34	0.74	N.S.	303.7	-8.659×10^{-2}	1.437×10^{-2}
Dp	−109.8	−0.1037	0.11	0.33	0.75	N.S.	336.1	-8.402×10^{-2}	−0.1031
Ne	86.51	8.177×10^{-2}	0.08	0.28	0.78	N.S.	303.7	7.335×10^{-2}	5.286×10^{-2}
Is	−437.4	−0.2999	1.59	1.26	0.23	N.S.	347.1	−0.3094	−0.3012

大腸

変数名	偏回帰係数	標準偏回帰係数	F値	t値	P値	判定	標準誤差	偏相関	単相関
As	39.25	3.056×10^{-2}	0.01	0.11	0.92	N.S.	367.6	2.756×10^{-2}	2.315×10^{-2}
Ad	−10.22	-1.307×10^{-2}	1.66×10^{-3}	0.04	0.97	N.S.	251.1	-1.051×10^{-2}	-5.758×10^{-3}
Dp	−18.00	-1.932×10^{-2}	4.20×10^{-3}	0.06	0.95	N.S.	277.8	-1.672×10^{-2}	0.1371
Ne	278.8	0.2992	1.23	1.11	0.28	N.S.	251.1	0.2756	0.3192
Is	−515.0	−0.4010	3.22	1.79	0.09	N.S.	287.0	−0.4204	−0.4216

心包

変数名	偏回帰係数	標準偏回帰係数	F値	t値	P値	判定	標準誤差	偏相関	単相関
As	161.5	0.1354	0.24	0.49	0.63	N.S.	332.9	0.1243	1.427×10^{-2}
Ad	−166.7	−0.2297	0.54	0.73	0.47	N.S.	227.4	−0.1860	-8.885×10^{-2}
Dp	108.5	0.1254	0.19	0.43	0.67	N.S.	251.7	0.1106	0.1347
Ne	117.8	0.1361	0.27	0.52	0.61	N.S.	227.4	0.1325	0.2471
Is	−564.2	−0.4730	4.71	2.17	0.046	＊	259.9	−0.4889	−0.4778

膈兪

変数名	偏回帰係数	標準偏回帰係数	F値	t値	P値	判定	標準誤差	偏相関	単相関
As	453.4	0.3385	1.18	1.09	0.29	N.S.	416.7	0.2704	0.1792
Ad	−223.4	−0.2740	0.62	0.78	0.44	N.S.	284.7	−0.1986	-1.506×10^{-2}
Dp	189.3	0.1948	0.36	0.60	0.56	N.S.	315.0	0.1533	0.1159
Ne	51.37	5.287×10^{-2}	0.03	0.18	0.86	N.S.	284.7	4.655×10^{-2}	0.1645
Is	−236.0	−0.1762	0.53	0.73	0.48	N.S.	325.3	−0.1841	−0.1861

三焦

変数名	偏回帰係数	標準偏回帰係数	F値	t値	P値	判定	標準誤差	偏相関	単相関
As	332.5	0.2895	0.96	0.98	0.34	N.S.	340.0	0.2448	0.1686
Ad	−149.0	−0.2131	0.41	0.64	0.53	N.S.	232.3	−0.1634	4.784×10^{-2}
Dp	197.5	0.2370	0.59	0.77	0.45	N.S.	257.0	0.1946	0.1923
Ne	42.00	5.040×10^{-2}	0.03	0.18	0.86	N.S.	232.3	4.664×10^{-2}	0.1880
Is	−385.5	−0.3356	2.11	1.45	0.17	N.S.	265.4	−0.3511	−0.3515

心

変数名	偏回帰係数	標準偏回帰係数	F値	t値	P値	判定	標準誤差	偏相関	単相関
As	531.6	0.4334	2.88	1.70	0.11	N.S.	313.2	0.4014	0.2911
Ad	−192.9	−0.2584	0.81	0.90	0.38	N.S.	214.0	−0.2267	0.1418
Dp	315.3	0.3542	1.77	1.33	0.20	N.S.	236.8	0.3251	0.2634
Ne	−16.18	-1.818×10^{-2}	0.01	0.08	0.94	N.S.	214.0	-1.951×10^{-2}	0.1773
Is	−579.3	−0.4722	5.61	2.37	0.03	＊	244.5	−0.5218	−0.4947

小腸

変数名	偏回帰係数	標準偏回帰係数	F値	t値	P値	判定	標準誤差	偏相関	単相関
As	349.5	0.3265	1.15	1.07	0.30	N.S.	326.2	0.2666	0.2054
Ad	−130.4	−0.2002	0.34	0.59	0.57	N.S.	222.9	−0.1494	3.143×10^{-2}
Dp	123.5	0.1590	0.25	0.50	0.62	N.S.	246.6	0.1282	0.1475
Ne	110.1	0.1417	0.24	0.49	0.63	N.S.	222.9	0.1265	0.2307
Is	−221.9	−0.2073	0.76	0.87	0.40	N.S.	254.7	−0.2195	−0.2272

＊＊：1％有意　＊：5％有意　N.S.：有意性なし

表Ⅶ-10　各経絡のBP値と神経症指数の各項目との重回帰分析

脾

変数名	偏回帰係数	標準偏回帰係数	F値	t値	P値	判定	標準誤差	偏相関	単相関
As	368.2	0.3126	1.20	1.09	0.29	N.S.	336.8	0.2717	1.004×10^{-2}
Ad	−369.0	−0.5147	2.57	1.60	0.13	N.S.	230.1	−0.3826	−0.3768
Dp	8.000	9.360×10^{-3}	9.87×10^{-4}	0.03	0.98	N.S.	254.6	8.112×10^{-3}	-8.630×10^{-2}
Ne	195.5	0.2287	0.72	0.85	0.41	N.S.	230.1	0.2143	0.2735
Is	79.23	6.726×10^{-2}	0.09	0.30	0.77	N.S.	263.0	7.756×10^{-2}	8.134×10^{-2}

肝

変数名	偏回帰係数	標準偏回帰係数	F値	t値	P値	判定	標準誤差	偏相関	単相関
As	200.6	0.1686	0.32	0.57	0.58	N.S.	353.1	0.1452	4.115×10^{-2}
Ad	−144.9	−0.2001	0.36	0.60	0.56	N.S.	241.2	−0.1533	−0.1992
Dp	−109.7	−0.1271	0.17	0.41	0.69	N.S.	266.9	−0.1056	-1.646×10^{-2}
Ne	356.8	0.4133	2.19	1.48	0.16	N.S.	241.2	0.3569	0.3749
Is	−69.80	-5.865×10^{-2}	0.06	0.25	0.80	N.S.	275.6	-6.525×10^{-2}	-6.957×10^{-2}

胃

変数名	偏回帰係数	標準偏回帰係数	F値	t値	P値	判定	標準誤差	偏相関	単相関
As	257.5	0.2871	1.28	1.13	0.28	N.S.	227.8	0.2802	5.023×10^{-2}
Ad	−197.4	−0.3616	1.61	1.27	0.22	N.S.	155.6	−0.3113	−0.2837
Dp	−12.00	-1.844×10^{-2}	4.86×10^{-3}	0.07	0.95	N.S.	172.2	-1.799×10^{-2}	8.264×10^{-2}
Ne	353.1	0.5426	5.15	2.27	0.04	＊	155.6	0.5055	0.5603
Is	13.60	1.516×10^{-2}	5.85×10^{-3}	0.08	0.94	N.S.	177.8	1.974×10^{-2}	-4.209×10^{-3}

八兪

変数名	偏回帰係数	標準偏回帰係数	F値	t値	P値	判定	標準誤差	偏相関	単相関
As	191.9	0.1605	0.31	0.55	0.59	N.S.	345.9	0.1418	-2.732×10^{-2}
Ad	−186.9	−0.2570	0.63	0.79	0.44	N.S.	236.3	−0.2001	−0.1608
Dp	176.2	0.2033	0.45	0.67	0.51	N.S.	261.5	0.1714	0.2325
Ne	271.3	0.3129	1.32	1.15	0.27	N.S.	236.3	0.2842	0.4122
Is	230.4	0.1928	0.73	0.85	0.41	N.S.	270.1	0.2151	0.1708

胆

変数名	偏回帰係数	標準偏回帰係数	F値	t値	P値	判定	標準誤差	偏相関	単相関
As	122.1	0.1210	0.20	0.44	0.66	N.S.	275.7	0.1136	−0.1017
Ad	−199.8	−0.3252	1.13	1.06	0.31	N.S.	188.3	−0.2641	−0.3145
Dp	40.75	5.565×10^{-2}	0.04	0.20	0.85	N.S.	208.4	5.042×10^{-2}	0.1110
Ne	305.5	0.4172	2.63	1.62	0.13	N.S.	188.3	0.3863	0.4615
Is	206.9	0.2050	0.92	0.96	0.35	N.S.	215.2	0.2409	0.1943

腎

変数名	偏回帰係数	標準偏回帰係数	F値	t値	P値	判定	標準誤差	偏相関	単相関
As	277.8	0.2452	0.72	0.85	0.41	N.S.	327.3	0.2140	3.365×10^{-2}
Ad	−218.9	−0.3174	0.96	0.98	0.34	N.S.	223.6	−0.2450	−0.2355
Dp	29.00	3.529×10^{-2}	0.01	0.12	0.91	N.S.	247.4	3.025×10^{-2}	3.000×10^{-2}
Ne	250.6	0.3050	1.26	1.12	0.28	N.S.	223.6	0.2780	0.3262
Is	293.9	0.2594	1.32	1.15	0.27	N.S.	255.5	0.2847	0.2515

膀胱

変数名	偏回帰係数	標準偏回帰係数	F値	t値	P値	判定	標準誤差	偏相関	単相関
As	−69.75	-6.127×10^{-2}	0.05	0.23	0.82	N.S.	297.9	-6.034×10^{-2}	−0.1319
Ad	−29.85	-4.308×10^{-2}	0.02	0.15	0.89	N.S.	203.5	-3.784×10^{-2}	−0.2298
Dp	−120.0	−0.1453	0.28	0.53	0.60	N.S.	225.2	−0.1363	6.423×10^{-2}
Ne	452.7	0.5480	4.95	2.22	0.04	＊	203.5	0.4980	0.4674
Is	405.4	0.3561	3.04	1.74	0.10	N.S.	232.6	0.4104	0.3339

＊＊：1%有意　＊：5%有意　N.S.：有意性なし

表Ⅶ-11 7人の神経症と判断された被験者の心包経 BP 値と FNI 各項との重回帰分析

NI が 20 以上の被験者	心包経 BP	無力性尺度 As	自律神経失調性尺度 Ad	抑うつ性尺度 Dp	神経質尺度 Ne	不眠尺度 Is
Y.K.	953	0	0	0	0	0
T.N.	975	0	0	0	0	0
Y.O.	587	0	0	0	0	1
R.F.	1146	1	1	0	0	0
A.M.	1034	0	1	1	0	0
N.S.	1210	0	0	0	1	0
M.I.	1436	0	0	1	1	0

	As	Ad	Dp	Ne	Is	心包経 BP 値
合 計	1	2	2	2	1	7.339×10^3
平 均	0.14	0.29	0.29	0.29	0.14	1048
標準偏差	0.35	0.45	0.45	0.45	0.35	243.0
サンプル数	7					

相関行列	As	Ad	Dp	Ne	Is	心包経 BP 値
As	1.000					
Ad	0.645	1.000				
Dp	−0.258	0.300	1.000			
Ne	−0.258	−0.400	0.300	1.000		
Is	−0.167	−0.258	−0.258	−0.258	1.000	
心包経 BP 値	0.163	0.108	0.485	0.714	−0.776	1.000

重回帰式

変数名	偏回帰係数	標準偏回帰係数	F 値	t 値	P 値	判定	標準誤差	偏相関	単相関
As	337.0	0.4852	122.84	11.08	0.057	N.S.	30.41	0.9960	0.1631
Ad	−155.2	−0.2886	29.80	5.46	0.12	N.S.	28.44	−0.9836	0.1075
Dp	225.5	0.4191	110.01	10.49	0.061	N.S.	21.50	0.9955	0.4848
Ne	246.3	0.4577	174.91	13.23	0.048	＊	18.62	0.9972	0.7138
Is	−377.2	−0.5431	410.51	20.26	0.031	＊	18.62	−0.9988	−0.7759
定数項	963.7		8037.33	89.65	7.1×10^{-3}	＊＊	10.75		

精度

決定係数	0.9994
修正済決定係数	0.9966
重相関係数	0.9997
修正済重相関係数	0.9983
ダービン・ワトソン比	2.500
赤池の AIC	58.34

分散分析表

要 因	偏差平方和	自由度	平均平方	F 値	P 値	判定
回帰変動	4.133×10^5	5	8.266×10^4	357.62	0.040	＊
誤差変動	2.311×10^2	1	231.1			
全体変動	4.135×10^5	6				

＊＊：1% 有意　＊：5% 有意　N.S.：有意性なし

表VII-12 7人の神経症と判定された被験者の肝経BP値とFNI各項との重回帰分析

NIが20以上の被験者	肝経BP値	無力性尺度 As	自律神経失調性尺度 Ad	抑うつ性尺度 Dp	神経質尺度 Ne	不眠尺度 Is
Y.K.	1572	0	0	0	0	0
T.N.	1558	0	0	0	0	0
Y.O.	1546	0	0	0	0	1
R.F.	1672	1	1	0	0	0
A.M.	1380	0	1	1	0	0
N.S.	1991	0	0	0	1	0
M.I.	1845	0	0	1	1	0

	As	Ad	Dp	Ne	Is	肝経BP値
合計	1	2	2	2	1	1.156×10^4
平均	0.14	0.29	0.29	0.29	0.14	1652
標準偏差	0.35	0.45	0.45	0.45	0.35	190.1
サンプル数	7					

相関行列	As	Ad	Dp	Ne	Is	肝経BP値
As	1.000					
Ad	0.645	1.000				
Dp	−0.258	0.300	1.000			
Ne	−0.258	−0.400	0.300	1.000		
Is	−0.167	−0.258	−0.258	−0.258	1.000	
肝経BP値	0.042	−0.420	−0.132	0.885	−0.227	1.000

重回帰式

変数名	偏回帰係数	標準偏回帰係数	F値	t値	P値	判定	標準誤差	偏相関	単相関
As	145.5	0.2678	54.00	7.35	0.086	N.S.	19.80	0.9909	0.0423
Ad	−39.00	$−9.266 \times 10^{-2}$	4.43	2.11	0.28	N.S.	18.52	−0.9033	−0.4200
Dp	−146.5	−0.3481	109.48	10.46	0.061	N.S.	14.00	−0.9955	−0.1323
Ne	426.0	1.012	1234.24	35.13	0.018	∗	12.13	0.9996	0.8846
Is	−19.00	$−3.497 \times 10^{-2}$	2.46	1.57	0.36	N.S.	12.13	−0.8430	−0.2271
定数項	1.565×10^3		49984.18	223.57	2.8×10^{-3}	∗∗	7.000		

精度

決定係数	0.9996
修正済決定係数	0.9977
重相関係数	0.9998
修正済重相関係数	0.9988
ダービン・ワトソン比	2.500
赤池のAIC	52.34

分散分析表

要因	偏差平方和	自由度	平均平方	F値	P値	判定
回帰変動	2.530×10^5	5	5.060×10^4	516.30	0.033	∗
誤差変動	98.00	1	98.00			
全体変動	2.531×10^5	6				

∗∗：1%有意　∗：5%有意　N.S.：有意性なし

表Ⅶ-13 7人の神経症と判定された被験者の膀胱経BP値とFNI各項との重回帰分析

NIが20以上の被験者	膀胱経BP値	無力性尺度 As	自律神経失調性尺度 Ad	抑うつ性尺度 Dp	神経質尺度 Ne	不眠尺度 Is
Y.K.	1096	0	0	0	0	0
T.N.	1111	0	0	0	0	0
Y.O.	1645	0	0	0	0	1
R.F.	1140	1	1	0	0	0
A.M.	971	0	1	1	0	0
N.S.	1573	0	0	0	1	0
M.I.	1691	0	0	1	1	0

	As	Ad	Dp	Ne	Is	膀胱経BP値
合計	1	2	2	2	1	9.225×10^3
平均	0.14	0.29	0.29	0.29	0.14	1318
標準偏差	0.35	0.45	0.45	0.45	0.35	281.6
サンプル数	7					

相関行列	As	Ad	Dp	Ne	Is	膀胱経BP値
As	1.000					
Ad	0.645	1.000				
Dp	−0.258	0.300	1.000			
Ne	−0.258	−0.400	0.300	1.000		
Is	−0.167	−0.258	−0.258	−0.258	1.000	
膀胱経BP値	−0.259	−0.590	0.028	0.705	0.474	1.000

重回帰式

変数名	偏回帰係数	標準偏回帰係数	F値	t値	P値	判定	標準誤差	偏相関	単相関
As	286.5	0.3560	182.40	13.51	0.047	*	21.21	0.9973	−0.2586
Ad	−250.5	−0.4018	159.36	12.62	0.050	N.S.	19.84	−0.9969	−0.5903
Dp	117.5	0.1885	61.36	7.83	0.081	N.S.	15.00	0.9919	2.839×10^{-2}
Ne	469.5	0.7532	1306.22	36.14	0.018	*	12.99	0.9996	0.7050
Is	541.0	0.6722	1734.44	41.65	0.015	*	12.99	0.9997	−0.4735
定数項	1.104×10^3		21648.22	147.13	4.3×10^{-3}	**	7.500		

精度

決定係数	0.9998
修正済決定係数	0.9988
重相関係数	0.9999
修正済重相関係数	0.9994
ダービン・ワトソン比	2.500
赤池のAIC	53.30

分散分析表

要因	偏差平方和	自由度	平均平方	F値	P値	判定
回帰変動	5.550×10^5	5	1.110×10^5	986.71	0.024	*
誤差変動	112.5	1	112.5			
全体変動	5.551×10^5	6				

**：1%有意　*：5%有意　N.S.：有意性なし

第Ⅶ章　神経症、うつ病のBP（気エネルギー）への影響

表Ⅶ-14-1　BP平均値とうつ病指数

No	被験者	目的変数 BP平均値	健常 0〜24	中等症 25〜34	重症 35〜75
1	Y.K.	1256	0	0	1
2	M.K.	1444	1	0	0
3	T.N.	1099	1	0	0
4	N.N.	1314	1	0	0
5	S.S.	1514	1	0	0
6	K.O.	1319	1	0	0
7	Y.O.	1229	1	0	0
8	R.K.	1718	1	0	0
9	R.F.	1448	1	0	0
10	A.F.	1748	1	0	0
11	A.M.	1215	0	1	0
12	K.S.	1020	1	0	0
13	E.K.	955	1	0	0
14	K.H.	1505	1	0	0
15	C.M.	1275	1	0	0
16	N.S.	1526	1	0	0
17	M.I.	1653	0	0	1
18	Y.I.	1518	1	0	0
19	T.I.	1347	1	0	0
20	T.T.	1303	1	0	0
21	S.G.	1224	1	0	0

表Ⅶ-14-2 BP 平均値とうつ病指数との重回帰分析

目的変数：BP 平均値
説明変数：うつ病指数（FDI：健常、中等症、重症）

	健常	中等症	重症	BP 平均値
合　計	18	1	2	2.863×10^4
平　均	0.86	0.05	0.10	1363
標準偏差	0.35	0.21	0.29	207.7
サンプル数	21			

相関行列	健常	中等症	重症	BP 平均値
健常	1.000			
中等症	−0.548	1.000		
重症	−0.795	−0.073	1.000	
BP 平均値	−0.022	−0.160	0.142	1.000

重回帰式

変数名	偏回帰係数	標準偏回帰係数	F 値	t 値	P 値	判定	標準誤差	偏相関	単相関
健常	−269.9	−0.4546	7.70×10^{-8}	2.77×10^{-4}	1.00	N.S.	9.727×10^5	-6.729×10^{-5}	-2.195×10^{-2}
中等症	−416.7	−0.4272	1.84×10^{-7}	4.28×10^{-4}	1.00	N.S.	9.727×10^5	-1.039×10^{-4}	−0.1600
重症	−176.9	−0.2500	3.31×10^{-8}	1.82×10^{-4}	1.00	N.S.	9.727×10^5	-4.411×10^{-5}	0.1423
定数項	1.631×10^3		2.81×10^{-6}	1.68×10^{-3}	1.00	N.S.	9.727×10^5		

精度

決定係数	4.277×10^{-2}
修正済決定係数	
重相関係数	0.2068
修正済重相関係数	
ダービン・ワトソン比	1.687
赤池の AIC	292.8

分散分析表

要　因	偏差平方和	自由度	平均平方	F 値	P 値	判定
回帰変動	3.876×10^4	3	1.292×10^4	0.25	0.86	N.S.
誤差変動	8.673×10^5	17	5.102×10^4			
全体変動	9.061×10^5	20				

＊＊：1% 有意　　＊：5% 有意　　N.S.：有意性なし

第Ⅶ章　神経症、うつ病のBP（気エネルギー）への影響

表Ⅶ-15-1　各経絡BP平均値とうつ病指数

			うつ病指数の各項目			
			15以上＝1 15未満＝0	9以上＝1 9未満＝0	15以上＝1 15未満＝0	11以上＝1 11未満＝0
		経絡BP値	抑うつ気分尺度	身体的症状尺度	抑制尺度	絶望感尺度
No	被験者	八兪経	Dm	Ps	Ih	Hp
1	Y.K.	1212	1	0	1	0
2	M.K.	1427	0	0	0	0
3	T.N.	823	0	0	0	0
4	N.N.	1450	0	0	0	0
5	S.S.	1422	0	0	0	0
6	K.O.	1355	0	0	0	0
7	Y.O.	1575	0	0	0	0
8	R.K.	1638	0	0	0	0
9	R.F.	1349	0	0	0	0
10	A.F.	1697	0	0	0	0
11	A.M.	1219	0	0	0	0
12	K.S.	1089	0	0	0	0
13	E.K.	887	0	0	0	0
14	K.H.	1607	0	0	0	0
15	C.M.	1469	0	0	0	0
16	N.S.	1501	0	0	0	0
17	M.I.	1907	1	1	1	0
18	Y.I.	1606	0	0	0	0
19	T.I.	1236	0	0	0	0
20	T.T.	1246	0	0	0	0
21	S.G.	1272	0	0	0	0

表Ⅶ-15-2 各経絡BP値とDm（抑うつ気分尺度）、Ps（身体的症状尺度）との重回帰分析

脾経

変数名	偏回帰係数	標準偏回帰係数	F値	t値	P値	判定	標準誤差	偏相関	単相関
Dm	−323.4	−0.3784	1.50	1.23	0.24	N.S.	263.6	−0.2778	-8.824×10^{-2}
Ps	496.0	0.4210	1.86	1.36	0.19	N.S.	363.4	0.3063	0.1602

肝経

変数名	偏回帰係数	標準偏回帰係数	F値	t値	P値	判定	標準誤差	偏相関	単相関
Dm	−44.08	-5.105×10^{-2}	0.026	0.16	0.87	N.S.	275.3	-3.771×10^{-2}	0.1068
Ps	272.5	0.2290	0.52	0.72	0.48	N.S.	379.5	0.1669	0.1938

胃経

変数名	偏回帰係数	標準偏回帰係数	F値	t値	P値	判定	標準誤差	偏相関	単相関
Dm	−103.1	−0.1585	0.28	0.53	0.60	N.S.	195.5	−0.1234	0.1688
Ps	426.0	0.4749	2.50	1.58	0.13	N.S.	269.5	0.3491	0.3657

八兪経

変数名	偏回帰係数	標準偏回帰係数	F値	t値	P値	判定	標準誤差	偏相関	単相関
Dm	−149.2	−0.1721	0.36	0.60	0.55	N.S.	247.6	−0.1406	0.2284
Ps	694.5	0.5810	4.14	2.03	0.057	N.S.	341.3	0.4324	0.4624

胆経

変数名	偏回帰係数	標準偏回帰係数	F値	t値	P値	判定	標準誤差	偏相関	単相関
Dm	−150.7	−0.2058	0.51	0.71	0.48	N.S.	211.1	−0.1659	0.1940
Ps	585.5	0.5801	4.05	2.01	0.059	N.S.	291.0	0.4285	0.4383

腎経

変数名	偏回帰係数	標準偏回帰係数	F値	t値	P値	判定	標準誤差	偏相関	単相関
Dm	−60.18	-7.323×10^{-2}	0.055	0.23	0.82	N.S.	257.1	-5.509×10^{-2}	0.1470
Ps	362.0	0.3195	1.04	1.02	0.32	N.S.	354.4	0.2341	0.2691

膀胱経

変数名	偏回帰係数	標準偏回帰係数	F値	t値	P値	判定	標準誤差	偏相関	単相関
Dm	−174.8	−0.2117	0.51	0.71	0.49	N.S.	245.5	−0.1656	0.1482
Ps	594.5	0.5222	3.09	1.76	0.10	N.S.	338.4	0.3826	0.3763

＊＊：1%有意　＊：5%有意　N.S.：有意性なし

表Ⅶ-16 各被験者のうつ病指数と各項目尺度の値

DI=Dm+Ps+Ih+Hp

No	被験者	うつ病指数 DI	抑うつ気分尺度 Dm	身体的症状尺度 Ps	抑制尺度 Ih	絶望感尺度 Hp
1	Y.K.	46	16	8	17	5
2	M.K.	2	1	1	0	0
3	T.N.	3	0	1	1	1
4	N.N.	7	2	3	2	0
5	S.S.	12	2	0	4	6
6	K.O.	17	5	3	8	1
7	Y.O.	23	9	4	6	4
8	R.K.	7	1	6	0	0
9	R.F.	16	6	6	3	1
10	A.F.	6	0	3	2	1
11	A.M.	31	6	4	13	8
12	K.S.	3	1	1	1	0
13	E.K.	12	0	3	9	0
14	K.H.	2	0	1	1	0
15	C.M.	0	0	0	0	0
16	N.S.	22	5	6	6	5
17	M.I.	56	17	11	21	7
18	Y.I.	23	7	4	5	7
19	T.I.	4	2	0	2	0
20	T.T.	4	0	0	2	2
21	S.G.	10	2	4	3	1

表Ⅶ-17 各被験者の CMI 領域、神経症指数、神経症の各項目尺度の値

NI=2×As+Ad+Dp+2×Ne+2×Is

No	被験者	CMI I	CMI II	CMI III	CMI IV	神経症指数 NI	無力性尺度 As	自律神経失調性尺度 Ad	抑うつ性尺度 Dp	神経質尺度 Ne	不眠尺度 Is
1	Y.K.	0	1	0	0	31	4	2	3	6	3
2	M.K.	1	0	0	0	0	0	0	0	0	0
3	T.N.	0	1	0	0	20	4	4	0	4	0
4	N.N.	0	1	0	0	11	3	1	0	1	1
5	S.S.	0	1	0	0	13	0	2	1	4	1
6	K.O.	0	1	0	0	8	2	1	1	0	1
7	Y.O.	0	0	1	0	20	1	4	2	2	4
8	R.K.	1	0	0	0	18	2	2	0	3	3
9	R.F.	0	0	0	1	34	7	6	2	6	0
10	A.F.	1	0	0	0	11	4	1	0	1	0
11	A.M.	0	0	1	0	32	4	5	5	6	1
12	K.S.	0	1	0	0	2	0	2	0	0	0
13	E.K.	0	1	0	0	7	1	0	1	2	0
14	K.H.	1	0	0	0	5	0	1	0	2	0
15	C.M.	1	0	0	0	0	0	0	0	0	0
16	N.S.	0	1	0	0	24	2	1	1	7	2
17	M.I.	0	0	1	0	37	4	0	9	9	1
18	Y.I.	0	1	0	0	7	1	1	2	1	0
19	T.I.	1	0	0	0	7	0	0	1	2	1
20	T.T.	1	0	0	0	2	0	1	1	0	0
21	S.G.	0	0	1	0	16	3	5	3	0	1

第Ⅷ章

Psiのエネルギーが経絡、
気エネルギーに変化を
生ぜしめる

要 約

1) 目的

2) 測定方法

3) 被験者

4) 統計的解析と考察

    (1) t 検定

    (2) χ^2 検定

    (3) 〔$t_1 > t_2$〕、〔$t_1 < t_2$〕についての分析と考察

    (4) t_1 と t_2 のマイナスとプラスの度数分布について

5) A、B、C 各クラスの特徴を示すデータサンプル

    (1) A クラスの t_1、t_2 について(K. M. をサンプルとして選ぶ)

    (2) B クラスの K. S. の t_1、t_2 について

    (3) C クラスの Y. K. の t_1、t_2 について

6) 結論

第Ⅷ章
Psi のエネルギーが経絡、気エネルギーに変化を生ぜしめる

要約

著者が ESP で 11 名の被験者を霊視し、或るチャクラが霊的次元で目覚めている人のグループ（A クラス　3 人）、目覚めかけているグループ（B クラス　4 人）、目覚めていないグループ（C クラス　普通人 4 人）に分けた。被験者には一切、何も知らせていない。

次に、14 経絡の 28 井穴に AMI の電極を付け、C_1（コントロール 5 分）、C_2（コントロール 5 分）、E〔Experiment：著者が PK（霊的エネルギー）を被験者のチャクラに送る実験〕の各々で、5 分間ずつ、各経絡の気エネルギー（BP 値）を測定した（拙著『東洋医学 気の流れの測定・診断と治療』参照）。

各経絡の BP 値の C_1、C_2、E の各データ 60 回ずつについて、平均値の差を t 検定し〔表Ⅷ-1 (155頁)〕、χ^2 検定で C_1、C_2 の各々における有意変化の度数分布を検定してデータの分析をし、考察した結果、A クラスでは、Psi のエネルギーがチャクラ（霊体のエネルギーセンター）で受容され、非物理的な Psi のエネルギーが物理的気エネルギー（BP）に転換され、そのチャクラと対応関係にある特定の経絡で高い有意な増加を示し、他の全ての経絡の BP 平均値も増加した。それに対し、B クラスでは増加もするが、有意に減少もする。C クラスでは有意な変化がみられなかった。

以上の実験から、非物理的エネルギーが物理的エネルギーに転換される、その転換の場所はチャクラ（霊体のエネルギーセンター）である。ESP、PK が存在する、等のことが証明されたと思う。

1）目的

Psi のエネルギー（非物理的エネルギー：拙著『Psi と気の関係』109～116 頁を参照されたい）が、チャクラで気エネルギー（一種の物理的エネルギー：同著、同頁参照）に転換され、特定の経絡、気エネルギーに影響を与えることを確かめる。

2) 測定方法

受け手の左右14経絡の28井穴にAMIの測定電極を付け、コントロール1（安静）で5分間、次いでコントロール2（安静）で5分間、次いで本山がPsiエネルギーを眉間から放射して、受け手の或るチャクラ（霊体のエネルギーセンター）の一つ（Aクラスの人ではその目覚めているチャクラ、Bクラスの人では目覚めかけているチャクラ、Cクラスの人では目覚めていないが物理的次元でより活動的なチャクラ）にPsiエネルギーを5分間送る（E）。

コントロール1（5分間）、コントロール2（5分間）、Psiエネルギー放射5分間（E）の15分間、連続して経絡の気エネルギー（BP）をAMIで28経絡井穴で測定する。その際、各経絡のBP値は5秒に1回測定される。従って、C_1、C_2、E共に60回測定される。但し、受け手には、何時、何処にPsiエネルギーを送るかは一切知らせていない。

測定者と本山（Psiエネルギーの送り手）は、実験の初めから室内にいる。

3) 被験者

11名の被験者について、本山が、どのチャクラが目覚めているか、目覚めかけているか、目覚めていないかをESPでみて、或るチャクラの目覚めた3人（Aクラス）、目覚めかけている4人（Bクラス）、目覚めていない4人（Cクラス）と、3クラスに分けた。

4) 統計的解析と考察

(1) t検定

各人のデータについて、コントロール1（5分間）、コントロール2（5分間）の14経絡のBPの平均値間に〔C_1-C_2〕で差があるかどうかを、対応のあるt検定で検定する。

更に、コントロール2の5分間、Psiエネルギー放射5分間のBP平均値間〔C_2-E〕について差があるかどうかを、対応のあるt検定で検定をする〔表Ⅷ-1 (155頁)〕。

(2) χ^2検定

(A) 3クラスを分けないで、〔C_1-C_2〕と〔C_2-E〕との各々における各人の14経絡の各々のBP平均値間での有意変化の度数をχ^2検定して、〔C_1-C_2〕と〔C_2-E〕との間の有意変化の度数に有意差があるかどうかをみる

〔C_1-C_2〕間で14経絡の各々のBP平均値間に有意な差を示した度数と、〔C_2-E〕間で有意な差を示した度数〔表Ⅷ-2 (157頁)、Ⅷ-3 (158頁)〕を、先ず、3クラスに分けないで、表Ⅷ-4 (159頁) のようにχ^2検定すると、〔C_1-C_2〕での有意差を示す度数と、〔C_2-E〕のそれとの間に、有意な差がみられなかった。

次に、3クラスに分けてχ^2検定をしてみる。

(B) 各クラスに分けて、〔C_1-C_2〕と〔C_2-E〕との各々での、各人の
　　14経絡の各々のBP平均値についての有意変化の度数をχ^2検定する
① Aクラス（チャクラが目覚めている）〔表Ⅷ-5 (159頁)〕
　〔C_1-C_2〕におけるBP値の平均値の差のt検定における有意差の度数と、〔C_2-E〕のそれとの間に、Aクラスでは5％で有意差がみられる。

② Bクラス（チャクラが完全に目覚めていない）〔表Ⅷ-6 (159頁)〕
　Bクラスでは有意差がみられない。

③ Cクラス（普通人）〔表Ⅷ-7 (160頁)〕
　Cクラスでも有意差がみられない。

(C) 結論
　以上の検定の結果は、送り手からそれぞれのチャクラにPsiエネルギーを送られると、チャクラの目覚めたAクラスの人びとにおいてのみ、目覚めたチャクラに対応する経絡及び他の経絡で、BPつまり気エネルギーが、有意に増加した〔表Ⅷ-5～7、Ⅷ-18 (160頁)、Ⅷ-19 (161頁) 参照〕。
　このことは、送り手から送られたPsiエネルギーが、目覚めたチャクラで受容され、それが気エネルギーに転換され、目覚めたチャクラに対応する経絡及び他の経絡に送られ、BP＝気エネルギーが増加したことを示す。
　チャクラが充分に目覚めていないBクラス、目覚めていないCクラスでは、Psiエネルギーがチャクラで受容され、気エネルギーに転換され、各経絡の気エネルギーが増加することが明らかではない。但し、有意ではないがBクラスでは減少、Cクラスではほとんど変わらない。

(3) 〔$t_1>t_2$〕、〔$t_1<t_2$〕についての分析と考察
　t_1は〔C_1-C_2〕で各経絡のBP平均値について有意変化を示すかどうかをみるt検定でのtの値。t_2は〔C_2-E〕でのtの値。
　〔$t_1>t_2$〕は、〔C_1-C_2〕でのt値が〔C_2-E〕のt値より大きい、〔$t_1<t_2$〕は〔C_1-C_2〕でのt値より〔C_2-E〕でのt値が大きいことを意味する。

(A) 3クラスについての分析と考察
　この項では、3クラスの各経絡BPについての〔C_1-C_2〕のt_1と、〔C_2-E〕のt_2について、

〔$t_1>t_2$〕の度数と、〔$t_1<t_2$〕の度数を比べて、3クラス間に有意な度数の差があるかどうかを検定し、3クラスの相違、特徴を考えてみたい。

表Ⅷ-8 (161頁) を見ると、$\chi^2=21.0>\chi^2_{.05}=5.99$、$P=2.71\times10^{-5}$で、高い水準で有意な度数分布の差を示す。

Aクラスでは、本山がPsiエネルギーを或るチャクラに送った場合は、送らない〔C_1-C_2〕に比べてBP値の有意変化の度数が大きい。

Aクラスに比べてBクラス、Cクラスでは、有意変化の度数が小さい。しかも、本山がPsiエネルギーを送らない〔C_1-C_2〕でのtの値 = t_1 の方が t_2 より大きい度数が、〔$t_1<t_2$〕の度数より大きい。これが何を意味するのか、さらに実験をする必要があるが、次のように考えられる。

チャクラの目覚めたAクラスでは、Psiエネルギーがチャクラで受容されやすい。目覚めないB、Cクラスでは受容されにくい、何か抵抗をもつ。その結果、Aクラスでは〔Psiエネルギー→チャクラ（Psiから気への転換）→経絡の気エネルギー増加〕が生じ、B、Cクラスでは、チャクラでの〔Psiエネルギー→気エネルギーへの転換〕に何か抵抗成分が働き、対応する経絡及び他の経絡の気エネルギーの増加の度数が減少したと考えられる。

次に、各クラス毎に〔$t_1>t_2$〕と〔$t_1<t_2$〕の度数分布を χ^2 検定で検定してみよう。

(B) 各クラス毎の〔$t_1>t_2$〕と〔$t_1<t_2$〕の度数分布の χ^2 検定

① 表Ⅷ-9 (161頁) をみると、Aクラスでは $\chi^2=18.7>\chi^2_{.005}=7.87$ であり、0.5%より高い有意水準で、本山がPsiエネルギーを送ると、C_2 に比べてEで諸経絡のBP値に有意変化が生じたことを示す（表Ⅷ-8参照）。

しかも、〔$t_1<t_2$〕で度数変化が高い故、PsiエネルギーをAクラスの或るチャクラに送ると、そのチャクラと関係する経絡及び他の経絡のBP（気エネルギー）が有意に変化したことを示す。その理由は前述の如く考えられる。

② 表Ⅷ-10 (161頁) をみると、Bクラスでは、〔$t_1>t_2$〕と〔$t_1<t_2$〕の度数分布の間に有意差が認められない。〔$t_1<t_2$〕での度数分布の方が、〔$t_1>t_2$〕のそれより低い。これは、本山がPsiエネルギーを送っても目覚めかけたチャクラではそれを受容できず、既述の如く抵抗を示し、諸経絡でのBP（気エネルギー）の有意変化の度合が減少したことを示す（表Ⅷ-8参照）。

③ 表Ⅷ-11 (162頁) をみると、Cクラスではやはり〔$t_1>t_2$〕と〔$t_1<t_2$〕の度数分布に有意差がみられない。Bクラスと同様に、Psiエネルギーをチャクラで受容できず、それに抵抗を示し、諸経絡でのBP（気エネルギー）の有意変化の度数が減少したと思われる（表Ⅷ-8参照）。

Aクラスではコントロール2に比べて、EでチャクラによるPsiエネルギーの受容と気エネルギーへの転換でBP値が有意に変化したこと、B、Cクラスではチャクラでの受容に抵抗があり、BP値の有意変化度数が逆に減少したが、次にBP値が増加したのか、減少したかを確かめるために、A、B、Cの各クラスで、各経絡について〔C_1-C_2〕でt_1が（＋）か（－）かの度数、〔C_2-E〕でのt_2が（＋）か（－）かの度数を比べて、χ^2検定をしてみよう。

(4) t_1とt_2のマイナスとプラスの度数分布について

〔C_1-C_2〕で、C_1での60回のBP値の平均値よりC_2のそれで増えた場合は（＋t）とし、減った場合は（－t）とした。〔C_2-E〕の場合も同様である。

(A) 3クラスについてのχ^2検定

表Ⅷ-12 (162頁) をみると、A、B、Cの3クラスのt_1、t_2における（－t）と（＋t）の分布については有意差がみられない。

但し表Ⅷ-12をよく見ると、〔C_2-E〕におけるt_2での（＋t）と（－t）の度数分布は、A、B、Cクラス共に（＋t）の方が（－t）より度数が大きい。

次に、

Aクラスではt_1での（－t）がt_2での（－t）より大きい。

Bクラスではt_1での（－t）がt_2での（－t）より小さい。

Cクラスではt_1での（－t）がt_2での（－t）より大きい。

(B) 各クラス毎に、t_2における（＋t）と（－t）の度数分布をχ^2検定する

表Ⅷ-13 (162頁) ～Ⅷ-15 (162頁) にみられるように、各クラス共に、本山がPsiエネルギーを送ったEとコントロール2の間では、（＋t）の度数分布が0.5％の有意水準以上で有意差を示す。

これはA、B、Cクラス共に、本山のPsiエネルギーによって、チャクラでのPsiエネルギーの受容、気エネルギーへの転換、経絡での気エネルギーの増加を示すと考えられるが、Aクラスでの気エネルギーの増加の割合が最も多く、B、Cクラスは同じ増加の割合である。

次に、t_1、t_2での（－t）の度数分布をみる。

(C) t_1、t_2での（－t）の度数分布をA、B、Cクラスについてみる

表Ⅷ-16 (163頁) をみると、AクラスとBクラスではP＝0.03で、有意差がみられる。

Aクラスでは〔C_1-C_2〕のt_1では（－t）が多く、Bクラスでは少ない。ところが〔C_2-E〕のt_2では、Aクラスは（－t）の度数が少なく、Bクラスでは多い。このことは、(2)の(C)で推測したことと一致する。

さらに、表Ⅷ-17 (163頁) を見ると、A、Cクラス間には有意差がみられない。Cクラスでは t_1 でも t_2 でも（－t）の度数が多い。これは、チャクラの目覚めていないCクラスでは、Aクラスに比べて、t_1 でも t_2 でも（－t）、つまりBPの減少がみられる。

(D) 小結論

従ってAクラスでは、目覚めたチャクラでのPsiエネルギーの受容、Psiエネルギーの気エネルギーへの転換、対応する経絡及び他の経絡での気エネルギーの増加があるのに対し、Bクラスでは、目覚めかけたチャクラでPsiエネルギーの気エネルギーへの転換が阻害され、経絡全体で気エネルギーの減少することがみられ、Cクラスでは、〔C_1-C_2〕の2つのコントロール時も〔C_2-E〕のPsiエネルギー放射の場合も、BPの減少する度数は変わらないということが考えられる。

次に、各クラスでのPsiエネルギーへの反応の特徴を示すために、各クラスから各クラスの特徴を示す人を1名選んで、データを示して t_1 と t_2 について比較し、グラフを表示する。

5) A、B、C各クラスの特徴を示すデータサンプル

(1) Aクラスの t_1、t_2 について（K.M.をサンプルとして選ぶ）

(A) BP平均値についての t_1、t_2 について

表Ⅷ-18 (160頁) をみると、〔C_1-C_2〕でもBP平均値に有意差が $P=2.00\times10^{-12}$、$t=8.85$ でみられるが、〔C_2-E〕では $P=4.02\times10^{-35}$、$t=27.25$ と、〔C_1-C_2〕に比べて非常に高い有意差でBPが諸経絡で増加していることがみられる。

グラフⅧ-1 (164頁) でも顕著にその傾向がみられる。

(B) K.M.のマニプラチャクラにPsiエネルギーを送って生じた胃経の t_1、t_2 について

マニプラチャクラに対応する脾、肝、胃、八兪、胆、膈兪の経絡では、八兪経を除いて全て、〔C_1-C_2〕より〔C_2-E〕でBPが大きな有意増加を示している。

表Ⅷ-19 (161頁) は胃経での〔$t_1<t_2$〕を示す t_2 で t_1 より大きな有意変化を示している。グラフⅧ-2 (164頁) はその胃経でのBP変化を示す。

(2) BクラスのK.S.の t_1、t_2 について

(A) BP平均値についての t_1、t_2 について

表Ⅷ-20 (165頁) は $t_1=9.82>t_2=2.22$ で、〔C_2-E〕で〔C_1-C_2〕に比べてBP平均値増加の度合が減少していることを示す〔表Ⅷ-20、グラフⅧ-3 (165頁)〕。

グラフⅧ-3はK.S.のBP平均値の〔C_1-C_2〕、〔C_2-E〕における時間的変化を示す。

（B）K.S. のマニプラチャクラに Psi エネルギーを送って生じた

　　胃経の t_1、t_2 について〔表Ⅷ-21 (166頁)、グラフⅧ-4 (166頁)〕

　Psi エネルギーを送られたマニプラチャクラに対応する脾、胃、肝、胆、八兪、膈兪の経絡のうち、膈兪経、脾経、胆経では〔$t_1 < t_2$〕であるが、他の3経絡では〔$t_1 > t_2$〕である。特に胃経では減少が有意に大きい。

(3) C クラスの Y.K. の t_1、t_2 について

（A）BP 平均値についての t_1、t_2 について

　表Ⅷ-22 (167頁) より、t_1、t_2 で、〔$C_1 - C_2$〕では $t_1 = 13.91$、$P = 2.81 \times 10^{-20}$ の高い有意水準で増加していた BP 平均値が、〔$C_2 - E$〕では $t_2 = 1.95$、$P = 0.056$ と、急激に増加の度合が減少している。グラフⅧ-5 (167頁) はその時間的変化を示している。

（B）Y.K. のスワディスターナチャクラに Psi エネルギーを送って生じた、

　　膀胱経の t_1、t_2 について〔表Ⅷ-23 (168頁)、グラフⅧ-6 (168頁)〕

　Psi エネルギーをスワディスターナチャクラに送ると、対応する経絡である腎経、膀胱経で何れも〔$t_1 > t_2$〕である。膀胱経では $t_1 = 4.60$、$t_2 = 1.74$ であり、BP 値の増加の度合が〔$C_1 - C_2$〕に比べて〔$C_2 - E$〕で減少していることを示す。

6) 結論

　Psi エネルギーをチャクラに送って生じた、チャクラに対応する経絡及び他の経絡での BP（気エネルギー）の変化は、次のことを推測せしめる。

① Psi エネルギーは BP（気エネルギー）を変化せしめうる〔表Ⅷ-9 (161頁)〕。

② 本山が「目覚めている」と ESP で認知したチャクラ（A クラス）では、明らかに、送られた物理的時空に制約されない Psi エネルギーを受容し、物理的時空に制約される気エネルギーに転換し、チャクラに対応する経絡及び他の経絡の気エネルギーの増加する度数が、減少する度数よりはるかに大きい〔表Ⅷ-12 (162頁)、Ⅷ-18 (160頁)、Ⅷ-19 (161頁)〕。

③ ①、②から、物理的時空に制約されない、非物理的あるいは超物理的エネルギーのセンターをもつ Psi エネルギー体（霊体）が存在する。

④ ②から、Psi エネルギー体を認知する超感覚的知覚が存在する。

⑤ 十分に目覚めていないチャクラ（Bクラス）では、Psiエネルギーを送られて、Psiエネルギーを気エネルギーに転換する際、それに対する抵抗があり、チャクラに対応する経絡及び他の経絡で気エネルギーの有意に増加する場合と、有意に減少する場合とが見られた〔表Ⅷ-12(162頁)、Ⅷ-14(162頁)、Ⅷ-20(165頁)、Ⅷ-21(166頁)〕。

⑥ チャクラがPsiエネルギーの次元で未だ目覚めていない人（Cクラス）でも、Psiエネルギーを送られると、〔C_1-C_2〕のコントロール時に比べて、経絡のBP（気エネルギー）が増加する場合と、減少するあるいは増加の度合が減少する場合とがみられる〔表Ⅷ-12、Ⅷ-15(162頁)、Ⅷ-22(167頁)、Ⅷ-23(168頁)〕。

⑦ AクラスでPsiエネルギーが気エネルギーにチャクラで転換されるメカニズム、及び、Bクラスでこれに抵抗するメカニズムは解らないが、これらは物理的次元の事象についての法則や数式で解けるとは思えない。

　その理由は、Psiエネルギーは、物理的時空に制約されない霊的自由意思や認知能力によってコントロールされるものであるから、必然的物理法則では決定できないファクターに基づいて働くように考えられるからである。

　ただし、プラトンの「洞窟の比喩」のように、超物理的イデアのPsiエネルギーの働きも、その影としての物理的次元の現象の解明で、間接的には解明できると考えられる。

(2001.12.27)

＜参考文献＞

本山博『東洋医学 気の流れの測定・診断と治療』宗教心理出版　東京　1985

本山博『Psiと気の関係』宗教心理出版　東京　1986

〔表・グラフ一覧〕

表Ⅷ-1　各経絡のBP値のC₁、C₂、Eの各データ60回ずつについての平均値の差のt検定

大腸BP　C₁-C₂

No	C₂	C₁
1	1657	1696.5
2	1640	1546
3	1660.5	1676.5
4	1668.5	1649
5	1610	1618
6	1721	1642
7	1642	1579
8	1596	1639
9	1705	1561.5
10	1548.5	1677.5
11	1684.5	1581
12	1637	1627.5
13	1618	1665
14	1636	1636
15	1661.5	1610.5
16	1629.5	1665.5
17	1610	1627.5
18	1635	1725
19	1613	1644
20	1670.5	1650.5
21	1626.5	1617.5
22	1663.5	1575
23	1613	1650
24	1678.5	1651.5
25	1659	1653
26	1677	1659.5
27	1654.5	1627
28	1609.5	1635.5
29	1669.5	1640
30	1693.5	1625.5
31	1674	1668
32	1635	1690.5
33	1645	1632
34	1679.5	1717
35	1657.5	1650
36	1632	1589.5
37	1641	1665.5
38	1590.5	1670
39	1673	1614
40	1649.5	1611.5
41	1646.5	1634
42	1667	1700
43	1654	1613
44	1684	1690.5
45	1641	1591.5
46	1667	1713
47	1658	1612
48	1613	1649
49	1663.5	1650
50	1658.5	1653
51	1648	1625
52	1656.5	1634.5
53	1656	1609.5
54	1637	1585
55	1706	1651
56	1660.5	1647
57	1739.5	1587.5
58	1656.5	1653.5
59	1684.5	1641.5
60	1628	1638.5

t検定：一対の標本による平均の検定ツール

大腸BP

	C₂	C₁
平均	1652	1639
分散	1031	1397
観測数	60	60
ピアソン相関	−0.109	
仮説平均との差異	0	
自由度	59	
t	1.87	
P (T<=t) 片側	0.03	
t 境界値　片側	1.67	
P (T<=t) 両側	0.07	
t 境界値　両側	2.00	

大腸BP　$C_2 - E$

No	E	C_2
1	1738	1657
2	1727	1640
3	1657	1660.5
4	1672.5	1668.5
5	1769.5	1610
6	1777	1721
7	1733.5	1642
8	1725.5	1596
9	1673	1705
10	1735.5	1548.5
11	1717	1684.5
12	1761	1637
13	1665.5	1618
14	1699	1636
15	1740.5	1661.5
16	1658.5	1629.5
17	1755.5	1610
18	1699.5	1635
19	1721	1613
20	1725.5	1670.5
21	1766	1626.5
22	1753	1663.5
23	1689	1613
24	1742.5	1678.5
25	1720	1659
26	1746.5	1677
27	1808.5	1654.5
28	1689	1609.5
29	1776	1669.5
30	1702	1693.5
31	1797	1674
32	1791.5	1635
33	1687.5	1645
34	1753.5	1679.5
35	1743.5	1657.5
36	1708.5	1632
37	1698	1641
38	1711.5	1590.5
39	1716	1673
40	1826	1649.5
41	1730.5	1646.5
42	1721	1667
43	1753.5	1654
44	1729	1684
45	1703	1641
46	1725.5	1667
47	1722.5	1658
48	1682	1613
49	1771.5	1663.5
50	1684	1658.5
51	1726	1648
52	1744	1656.5
53	1757.5	1656
54	1720	1637
55	1744	1706
56	1725	1660.5
57	1756.5	1739.5
58	1731	1656.5
59	1722	1684.5
60	1716	1628

t検定：一対の標本による平均の検定ツール

大腸BP

	E	C_2
平均	1729	1652
分散	1281	1031
観測数	60	60
ピアソン相関	0.170	
仮説平均との差異	0	
自由度	59	
t	13.7	
P（T<=t）片側	2.76×10^{-20}	
t境界値　片側	1.67	
P（T<=t）両側	5.51×10^{-20}	
t境界値　両側	2.00	

表Ⅷ-2 有意度数（χ² 検定の為の有意度数表）（C₁-C₂、C₂-E 各々で各人の各経絡の BP 値（左右平均値）の平均値の差について t 検定したときの有意度数）

Class A		K.M.			K.P.			R.R.	
		C₁-C₂	C₂-E		C₁-C₂	C₂-E		C₁-C₂	C₂-E
	肺		1	肺	1	1	肺		1
	大腸		1	大腸	1	1	大腸	1	1
	心包		1	心包		1	心包	1	1
	膈兪		1	膈兪	1	1	膈兪		1
	三焦	1	1	三焦		1	三焦	1	1
	心		1	心	1	1	心		1
	小腸		1	小腸	1	1	小腸		1
	脾	1	1	脾			脾		
	肝	1	1	肝			肝		1
	胃	1	1	胃	1		胃		
	八兪	1	1	八兪			八兪		1
	胆	1	1	胆			胆		
	腎	1	1	腎			腎		
	膀胱	1	1	膀胱			膀胱		1
小計		8	14		6	7		3	10

Class B		T.T.			K.S.			K.I.			K.K.	
		C₁-C₂	C₂-E		C₁-C₂	C₂-E		C₁-C₂	C₂-E		C₁-C₂	C₂-E
	肺			肺	1	1	肺	1		肺	1	1
	大腸	1		大腸	1	1	大腸	1	1	大腸	1	1
	心包	1		心包	1	1	心包	1	1	心包		1
	膈兪			膈兪	1	1	膈兪	1	1	膈兪	1	1
	三焦			三焦	1		三焦	1	1	三焦	1	1
	心			心	1		心		1	心	1	1
	小腸	1	1	小腸	1	1	小腸		1	小腸	1	1
	脾		1	脾		1	脾		1	脾	1	1
	肝			肝	1		肝		1	肝		1
	胃			胃		1	胃			胃	1	
	八兪			八兪	1		八兪	1		八兪	1	
	胆			胆	1	1	胆			胆	1	1
	腎			腎			腎		1	腎	1	1
	膀胱		1	膀胱	1		膀胱	1		膀胱		
小計		3	3		11	8		9	7		11	11

Class C		N.S.			H.H.			A.M.			Y.K.	
		C₁-C₂	C₂-E		C₁-C₂	C₂-E		C₁-C₂	C₂-E		C₁-C₂	C₂-E
	肺	1	1	肺		1	肺			肺	1	
	大腸	1	1	大腸		1	大腸			大腸	1	
	心包	1	1	心包		1	心包	1		心包	1	1
	膈兪	1	1	膈兪		1	膈兪			膈兪	1	1
	三焦	1	1	三焦		1	三焦	1		三焦	1	1
	心	1	1	心		1	心	1		心	1	1
	小腸	1	1	小腸			小腸		1	小腸	1	1
	脾	1		脾			脾			脾	1	
	肝		1	肝		1	肝		1	肝		1
	胃			胃			胃			胃	1	1
	八兪			八兪		1	八兪	1		八兪	1	
	胆			胆		1	胆			胆	1	1
	腎			腎		1	腎	1		腎	1	1
	膀胱		1	膀胱			膀胱		1	膀胱	1	
小計		8	9		3	9		5	3		13	9

表VIII - 3　表2のχ²検定結果

表D

A クラス	
自由度	1
χ^2	4.08
$C_1 - C_2$	17
$C_2 - E$	31
合計	48

表E

B クラス	
自由度	1
χ^2	0.40
$C_1 - C_2$	34
$C_2 - E$	29
合計	63

表G

C クラス	
自由度	1
χ^2	0.02
$C_1 - C_2$	29
$C_2 - E$	30
合計	59

表H

全クラス	
自由度	1
χ^2	0.59
$C_1 - C_2$	80
$C_2 - E$	90
合計	170

表VIII-4 3クラスを通しての14経絡の各々の$\overline{BP}$の〔C_1-C_2〕と〔C_2-E〕の各々における有意変化度数の比較

Pr = 0.05	χ^2 = 3.84
自由度	1
項目数	2
χ^2値	0.59
C_1-C_2	80
C_2-E	90
合計	170

表VIII-5 Aクラスの〔C_1-C_2〕と〔C_2-E〕での各経絡における$\overline{BP}$の有意変化度数の比較

Pr = 0.05	χ^2 = 3.84
自由度	1
項目数	2
χ^2値	4.08
C_1-C_2	17
C_2-E	31
合計	48

Aクラスの被験者
K.M.
R.R.
K.P.

表VIII-6 Bクラスでの〔C_1-C_2〕と〔C_2-E〕での各経絡におけるBPの有意変化度数の比較

Pr = 0.05	χ^2 = 3.84
自由度	1
項目数	2
χ^2値	0.40
C_1-C_2	34
C_2-E	29
合計	63

Bクラスの被験者
T.T.
K.I.
K.K.
K.S.

表Ⅷ-7 C クラスでの〔$C_1 - C_2$〕と〔$C_2 - E$〕での各経絡における $\overline{BP}$ の有意変化度数の比較

Pr = 0.05	χ^2 = 3.84
自由度	1
項目数	2
χ^2 値	0.02
$C_1 - C_2$	29
$C_2 - E$	30
合計	59

Cクラスの被験者
 N.S.
 H.H.
 Y.K.
 A.M.

表Ⅷ-18 A クラス被験者（K.M.）全経絡 BP 平均値の、力を送る前後での平均の差の検定

〈PK 実験〉
Date : 01/12/15、16:08:00　　Subject : K.M.　　Start : 16:08:02　　End : 16:23:52

マニプラチャクラに力を送る。

下表は全経絡の BP 値の平均について、コントロール 1 とコントロール 2（各 60 個のデータ）との間の平均の差の検定と、コントロール 2 と実験群（各 60 個のデータ）との間の平均の差の検定である。

t 検定：一対の標本による平均の検定ツール

	コントロール 2	コントロール 1	実験	コントロール 2
平均	1485	1467	1553	1485
分散	185.8	254.7	358.1	185.8
観測数	60	60	60	60
ピアソン相関	0.449		0.338	
仮説平均との差異	0		0	
自由度	59		59	
t	8.85		27.25	
P（T<=t）片側	9.98×10^{-13}		2.01×10^{-35}	
t 境界値 片側	1.67		1.67	
P（T<=t）両側	2.00×10^{-12}		4.02×10^{-35}	
t 境界値 両側	2.00		2.00	

表Ⅷ-19 Aクラス被験者（K.M.）胃経BP値の、力を送る前後での平均の差の検定

胃経BP

	コントロール2	コントロール1	実験	コントロール2
平均	1450	1420	1500	1450
分散	2861	3049	4373	2861
観測数	60	60	60	60
ピアソン相関	0.260		0.201	
仮説平均との差異	0		0	
自由度	59		59	
t	3.55		5.08	
P（T<=t）片側	3.79×10^{-4}		2.04×10^{-6}	
t 境界値 片側	1.67		1.67	
P（T<=t）両側	7.57×10^{-4}		4.08×10^{-6}	
t 境界値 両側	2.00		2.00	

表Ⅷ-8 3クラスでの$\{t_1 > t_2\}$、$\{t_1 < t_2\}$の度数分布の比較

被験者11名

クラス	$t_1 > t_2$	$t_1 < t_2$
A	7	35
B	33	23
C	32	24

m×n分割表
観察度数

クラス	$t_1 > t_2$	$t_1 < t_2$	合計
A	7	35	42
B	33	23	56
C	32	24	56
合計	72	82	154

検定の結果

自由度	2
χ^2値	21.0
P値（上側確率）	2.71×10^{-5}
分割表分析係数	0.35
クラメールのV値	0.37
χ^2(0.95)	5.99

表Ⅷ-9 Aクラスでの$\{t_1 > t_2\}$と$\{t_1 < t_2\}$の度数分布の比較

Aクラス	
Pr = 0.05	3.84
自由度	1
項目数	2
χ^2値	18.7
$t_1 > t_2$	7
$t_1 < t_2$	35
合 計	42

表Ⅷ-10 Bクラスでの$\{t_1 > t_2\}$と$\{t_1 < t_2\}$の度数分布の比較

Bクラス	
Pr = 0.05	3.84
自由度	1
項目数	2
χ^2値	1.79
$t_1 > t_2$	33
$t_1 < t_2$	23
合 計	56

表Ⅷ-11 Cクラスでの〔$t_1 > t_2$〕と〔$t_1 < t_2$〕の度数分布の比較

Cクラス	
Pr = 0.05	3.84
自由度	1
項目数	2
χ^2 値	1.14
$t_1 > t_2$	32
$t_1 < t_2$	24
合計	56

表Ⅷ-12 A、B、C各クラスにおけるt_1とt_2での（＋）、（－）の数のm×n分割表

	Aクラス		Bクラス		Cクラス	
	A+	A−	B+	B−	C+	C−
t_1	29	13	50	6	43	13
t_2	36	6	44	12	44	12

m×n分割表
観察度数

	A+	A−	B+	B−	C+	C−	合計
t_1	29	13	50	6	43	13	154
t_2	36	6	44	12	44	12	154
合計	65	19	94	18	87	25	308

検定の結果

自由度	5
χ^2 値	5.77
P 値（上側確率）	0.33
分割表分析係数	0.14
クラメールの V 値	0.14
χ^2 (0.95)	11.07

註：Aクラスでt_1が（＋）になった場合がA＋、（−）になった場合がA−、Bクラス、Cクラスについても同じ。

表Ⅷ-13 Aクラスでのt_2における（+t）と（−t）の度数分布の比較

Aクラス t_2	
Pr = 0.05	3.84
自由度	1
項目数	2
χ^2 値	21.43
A+	36
A−	6
合計	42

表Ⅷ-14 Bクラスでのt_2における（+t）と（−t）の度数分布の比較

Bクラス t_2	
Pr = 0.05	3.84
自由度	1
項目数	2
χ^2 値	18.29
B+	44
B−	12
合計	56

表Ⅷ-15 Cクラスでのt_2における（+t）と（−t）の度数分布の比較

Cクラス t_2	
Pr = 0.05	3.84
自由度	1
項目数	2
χ^2 値	18.29
C+	44
C−	12
合計	56

表Ⅷ-16 A、Bクラスの t_1、t_2 における（−t）の度数分布

クラス	t_1	t_2
A	13	6
B	6	12

2×2分割表
観察度数

クラス	t_1	t_2	合計
A	13	6	19
B	6	12	18
合　計	19	18	37

検定の結果

自由度	1
χ^2 値	4.56
P 値（上側確率）	0.03
分割表分析係数	0.33
φ 係数	0.35
イェーツの補正 χ^2 値	3.26
イェーツの補正 P 値（上側確率）	0.07
フィッシャーの直接確率 P 値	0.03
オッズ比	4.33
χ^2 (0.95)	3.84

表Ⅷ-17 A、Cクラスの t_1、t_2 における（−t）の度数分布

クラス	t_1	t_2
A	13	6
C	13	12

2×2分割表
観察度数

クラス	t_1	t_2	合計
A	13	6	19
C	13	12	25
合計	26	18	44

検定の結果

自由度	1
χ^2 値	1.20
P 値（上側確率）	0.27
分割表分析係数	0.16
φ 係数	0.17
イェーツの補正 χ^2 値	0.62
イェーツの補正 P 値（上側確率）	0.43
フィッシャーの直接確率 P 値	0.22
オッズ比	2.00
χ^2 (0.95)	3.84

第VIII章　Psiのエネルギーが経絡、気エネルギーに変化を生ぜしめる

グラフVIII-1　PK実験における被験者のBP平均値の時間変化　Subject：K.M.

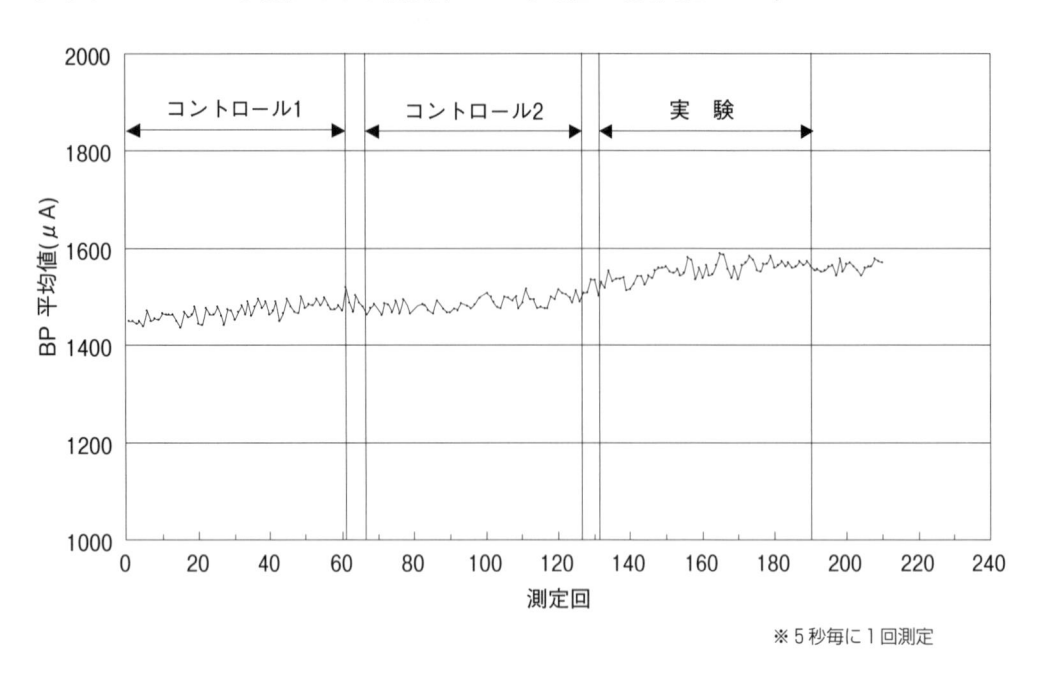

※5秒毎に1回測定

グラフVIII-2　PK実験における被験者の胃経のBP値の時間変化　Subject：K.M.

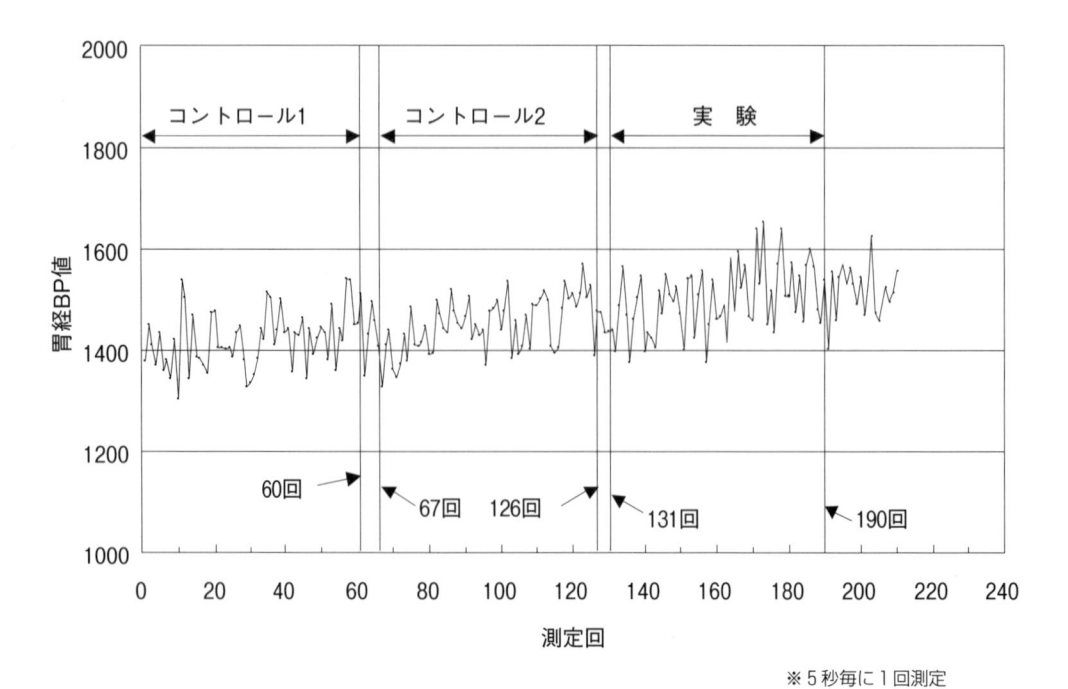

※5秒毎に1回測定

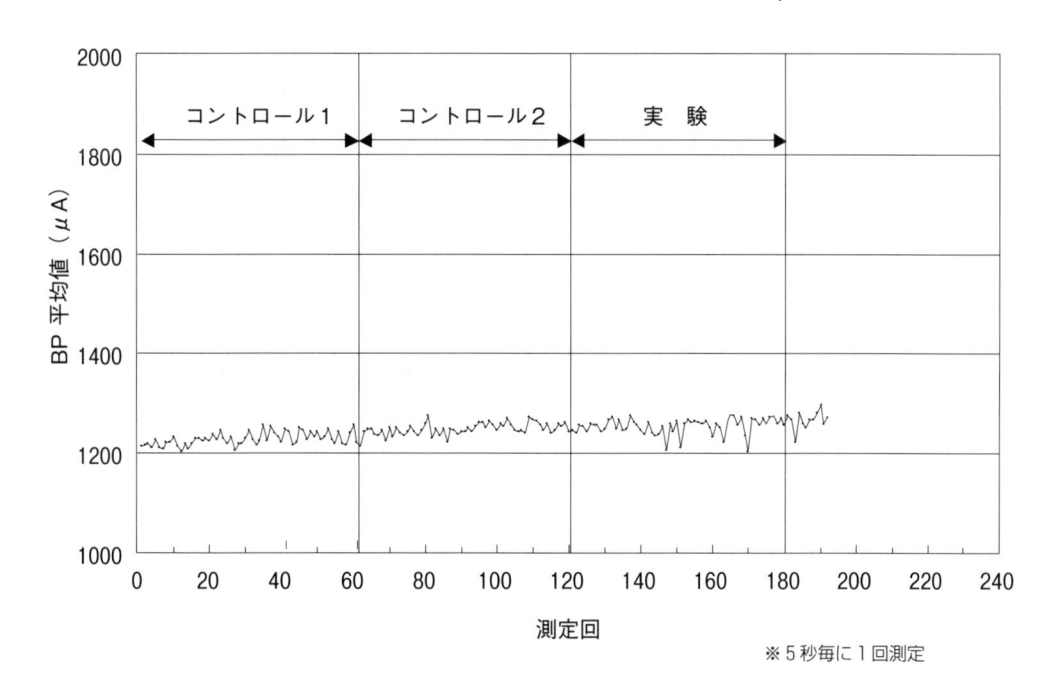

表Ⅷ-20 Bクラス被験者（K.S.）全経絡BP平均値の、力を送る前後での平均の差の検定

〈PK実験〉
Date：01/12/19、 15:11:01　　Subject：K.S.　　Start：15:11:03　　End：15:27:03

マニプラチャクラに力を送る。

下表は全経絡のBP値の平均について、コントロール1とコントロール2（各60個のデータ）との間の平均の差の検定と、コントロール2と実験群（各60個のデータ）との間の平均の差の検定である。

t検定：一対の標本による平均の検定ツール

	コントロール2	コントロール1	実験	コントロール2
平均	1248	1229	1254	1248
分散	155.3	175.4	271.5	155.3
観測数	60	60	60	60
ピアソン相関	0.289		-0.0708	
仮説平均との差異	0		0	
自由度	59		59	
t	9.82		2.22	
P（T<=t）片側	2.56×10^{-14}		0.0152	
t境界値 片側	1.67		1.67	
P（T<=t）両側	5.11×10^{-14}		0.0303	
t境界値 両側	2.00		2.00	

グラフⅧ-3　PK実験における被験者のBP平均値の時間変化　Subject：K.S.

※5秒毎に1回測定

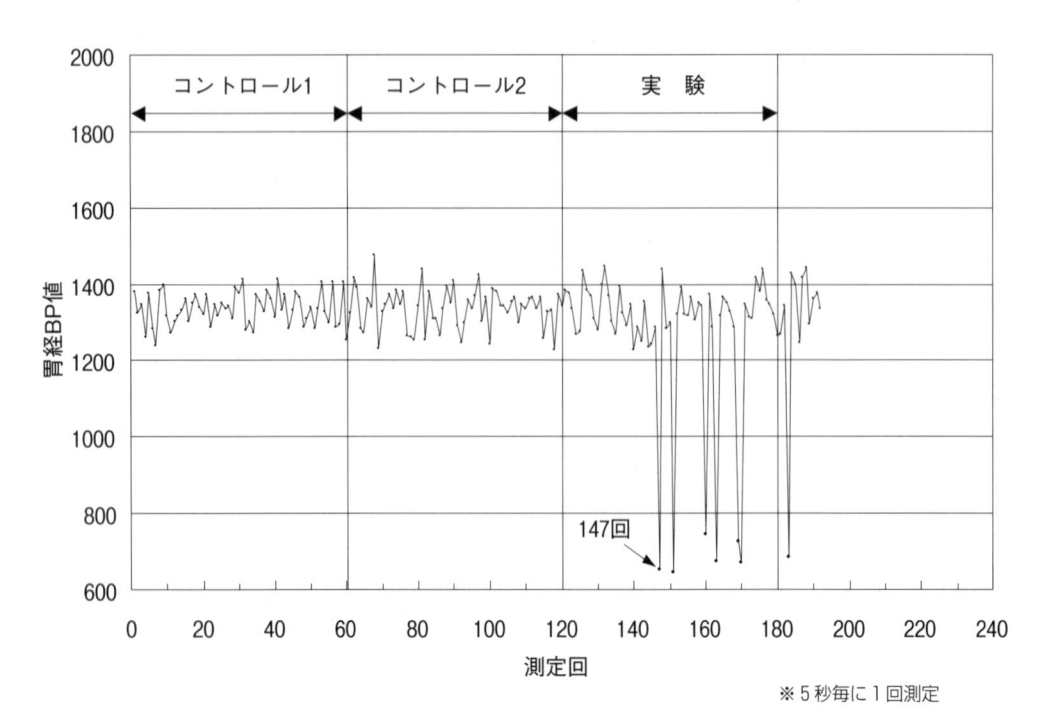

表Ⅷ-21 Bクラス被験者（K.S.）胃経BP値の力を送る前後での平均の差の検定

胃経BP

	コントロール2	コントロール1	実験	コントロール2
平均	1336	1335	1268	1336
分散	2806	1889	41089	2806
観測数	60	60	60	60
ピアソン相関	0.144		0.181	
仮説平均との差異	0		0	
自由度	59		59	
t	0.13		−2.62	
P（T<=t）片側	0.45		5.57×10^{-3}	
t 境界値 片側	1.67		1.67	
P（T<=t）両側	0.90		0.0111	
t 境界値 両側	2.00		2.00	

グラフⅧ-4 PK実験における被験者の胃経のBP値の時間変化　Subject：K.S.

※5秒毎に1回測定

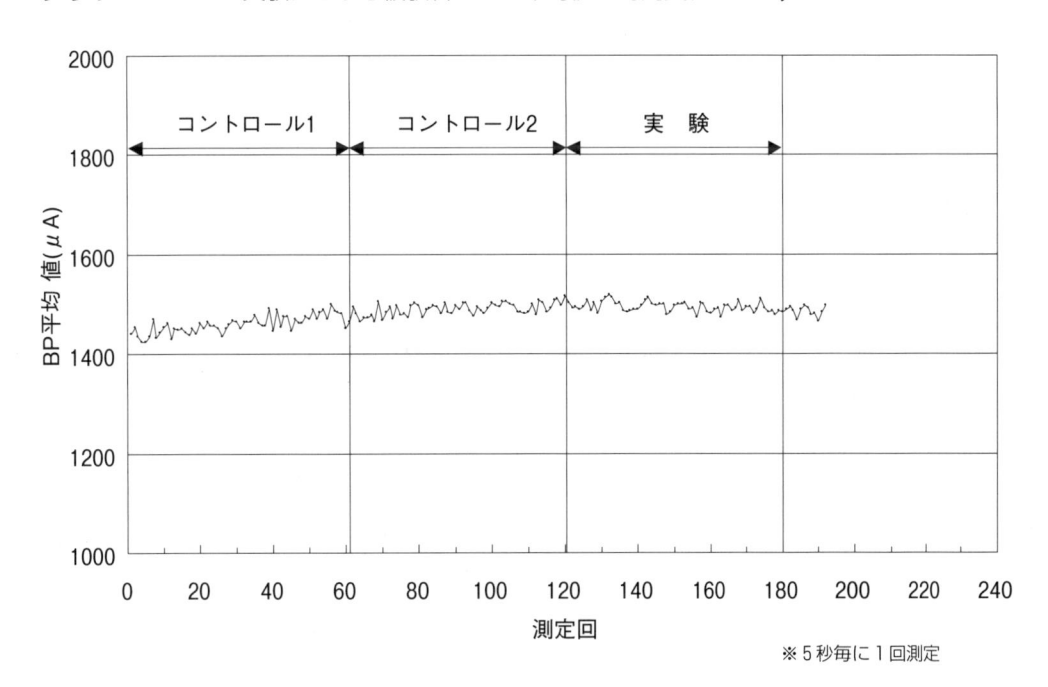

表Ⅷ-22 Cクラス被験者（Y.K.）全経絡BP平均値の、力を送る前後での平均の差の検定

〈PK実験〉
Date : 01/12/18　15:19:27　　Subject : Y. K.　　Start : 15:19:30　End : 15:35:30

スワディスターナチャクラに力を送る

下表は全経絡のBP値の平均について、コントロール1とコントロール2（各60個のデータ）との間の平均の差の検定と、コントロール2と実験群（各60個のデータ）との間の平均の差の検定である。

t検定：一対の標本による平均の検定ツール

	コントロール2	コントロール1	実験	コントロール2
平均	1490	1460	1494	1490
分散	155.4	306.3	104.3	155.4
観測数	60	60	60	60
ピアソン相関	0.431		−0.241	
仮説平均との差異	0		0	
自由度	59		59	
t	13.91		1.95	
P（T<=t）片側	1.41×10^{-20}		0.0280	
t 境界値 片側	1.67		1.67	
P（T<=t）両側	2.81×10^{-20}		0.0561	
t 境界値 両側	2.00		2.00	

註：この日、本山は体調不良（蕁麻疹の薬を飲んで、眠かった）であった。

グラフⅧ-5　PK実験における被験者のBP平均値の時間変化　Subject : Y.K.

※5秒毎に1回測定

表Ⅷ-23 Cクラス被験者（Y.K.）膀胱経BP値の力を送る前後での平均の差の検定

膀胱経BP

	コントロール2	コントロール1	実験	コントロール2
平均	1175	1149	1188	1175
分散	1518	1515	1777	1518
観測数	60	60	60	60
ピアソン相関	0.339		0.115	
仮説平均との差異	0		0	
自由度	59		59	
t	4.60		1.74	
P（T＜=t）片側	1.15×10^{-5}		0.0437	
t 境界値 片側	1.67		1.67	
P（T＜=t）両側	2.30×10^{-5}		0.0873	
t 境界値 両側	2.00		2.00	

グラフⅧ-6 PK実験における被験者の膀胱経のBP値の時間変化　Subject：Y.K.

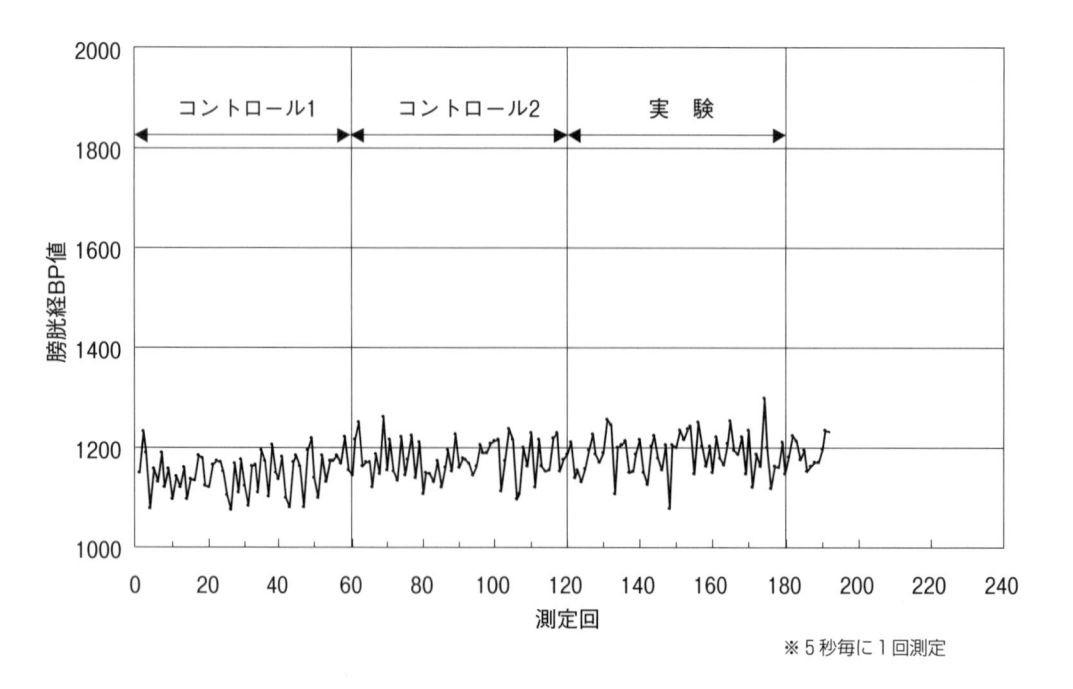

※5秒毎に1回測定

第IX章

ホメオパシーに関する実験

抄録

1) 目的

2) 被験者

3) 実験方法と統計計算法

   (1) 実験前のAMI測定
   (2) 実験法

4) データの統計解析〔BP平均値（14経絡のBPの平均値）の回帰分析〕

   (1) 安静時の$\overline{BP}$データと錠剤を与えた場合の$\overline{BP}$データとの間に因果関係があるか
   (2) 安静時の$\overline{BP}$変化と、波動水を与えた場合の$\overline{BP}$変化との間に因果関係があるか
   (3) 考察と結論

5) 各経絡のデータの解析法

   (1) 解析法
   (2) 解析と考察
   (3) どの経絡が最もバーバリスブルガリスの影響を受けたか

第IX章
ホメオパシーに関する実験

抄録

　ホメオパシー（Homeopathy）のレメディ（Remedy）、バーバリスブルガリス〔Berberis Vulgaris（5528）泌尿生殖器の治療に用いられる〕が、泌尿生殖器に関係する経絡に効果を示すかどうかを、AMIによってテストした。

　測定は、コントロール〔$C_1 - C_2$〕と、レメディ（粒か波動水）を与えるE_1、E_2、E_3とE_4とを通して行なわれる。C_1……E_4の各々は5分間である〔図IX-1 (178頁)〕。

　C_1……E_4を通してレメディを与えないで測定した（安静時）データの$\overline{BP}$と、〔$C_1 - C_2$〕とE_1……E_4（レメディを与える）の$\overline{BP}$との間に因果関係があるかどうかを、単回帰分析を行なって分析してみると、因果関係がみられた。従って、レメディを与えたために$\overline{BP}$に変化が生じたとは、この分析からは言えない。

　次に、各経絡について、〔$C_1 - C_2$〕、〔$C_2 - E_1$〕、〔$C_2 - E_2$〕、〔$C_2 - E_3$〕、〔$C_2 - E_4$〕の各々においてBPに有意差がみられるかどうかをt検定し、有意差の領域をP_1（$10^{-1} \sim 10^{-10}$）P_2（$10^{-11} \sim 10^{-20}$）P_3（$10^{-21} \sim 10^{-30}$）P_4（10^{-31}以上）に分けた。

　次に、安静時と粒、波動水の各々において、〔$C_1 - C_2$〕と〔$C_2 - E_1$〕、〔$C_1 - C_2$〕と〔$C_2 - E_2$〕、……〔$C_1 - C_2$〕と〔$C_2 - E_4$〕の各々において度数分布に有意差がみられるかどうかをχ^2検定した。

　その結果、粒、特に波動水は泌尿生殖器と関係する腎経に大きな影響を与えることが明らかとなった。

　ホメオパシーのレメディは、臨床的に知られているように、効果のあることが客観的に明らかにされた。

1) 目的

　ホメオパシーのレメディ、バーバリスブルガリス（泌尿生殖器に効く薬）が、泌尿生殖器と関連する腎、膀胱の各経絡の気エネルギーに影響を与えるかどうか、全身の経絡の気エネル

ギーに影響を与えるかどうかを確かめる。

2) 被験者
10名

3) 実験方法と統計計算法

(1) 実験前の AMI 測定
レメディを与える実験の前に、各被験者の各経絡機能及び各経絡の気エネルギーの状態——過剰、正常、不足——を AMI（本山の発明した経絡機能、気エネルギーの測定・診断器。本山博『東洋医学 気の流れの測定・診断と治療』を参照）で測定する。

(2) 実験法
① 被験者にベッドの上に仰向けに寝てもらい、左手と左足、計14経絡の井穴に関電極を、左手首に不関電極を取り付けた（本実験では関電極用のリード線の数に限りがあったので、左半身の経絡を選んだ）。
次いで、14経絡の井穴で AMI による連続測定を行なう。
② レメディは Berberis Vulgaris 6X を使用した〔X は10倍希釈法の単位で、6X は10倍に薄める工程を6回繰り返したことを示し、原液の10の6乗分の1の薄さである（渡辺順二『癒しのホメオパシー』52頁参照）〕。従って、原液の100万分の1の薄さである。この希釈液の中には、バーバリスブルガリスの分子は非常に希薄である。通常の原液で薬効果を期待できるとすると、ほとんど薬効は期待できないと思われる。
③ AMI 連続測定は左半身の各14経絡を5秒間隔で測定した。
④ 図Ⅸ-1の C_1……E_4 まで、レメディを与えないで、安静状態で AMI で連続測定する。
⑤ 次いで、図Ⅸ-1のように、最初の5分間を C_1（コントロール1）、次の5分間を C_2（コントロール2）とし、その後レメディ（Berberis Vulgaris 6X）1錠を実験者が被験者の口に投与して5分間測定（E_1）、続いて更にレメディ1錠を投与して5分間測定（E_2）、更に1錠投与して5分間測定（E_3）、最後に何もしない状態で5分間測定（E_4）して実験を終了する（AMI 連続測定は30分間になる）。投与の仕方は、実験者がシールドルームの中に置いてあるレメディの瓶から1錠ずつピンセットで取り出して被験者の舌下に入れる。投与したレメディの合計は3錠である。
⑥ ⑤の錠剤の代わりにバーバリスブルガリスの波動水(註) 2cc を、E_1、E_2、E_3 の初めに与え、E_4 では与えないで⑤と同じ要領で AMI 連続測定をする。
⑦ 5秒毎に各経絡の気エネルギー（BP値）を5分間測定する故、C_1、C_2、E_1、E_2、E_3、E_4

の各5分毎に60個のデータがコンピュータに記憶される。

4) データの統計解析〔$\overline{BP}$ 平均値（14経絡のBPの平均値）の回帰分析〕

(1) 安静時の $\overline{BP}$ データと錠剤を与えた場合の $\overline{BP}$ データとの間に因果関係があるか

安静時 C_1……E_4 の $\overline{BP}$ データと、錠剤を与えた場合の C_1……E_4 の $\overline{BP}$ データとの間に因果関係があるかどうか。即ち、安静時の C_1……E_4 における $\overline{BP}$ の変化が、錠剤を飲んで生じた $\overline{BP}$ 変化に対して影響力をもつかどうか、単回帰分析で確かめてみる。

表IX-1 (178頁) を見ると、分散分析表の $F = 19.89 > F = 4.01$（$P = 0.05$ の F 値）、$P = 3.82 \times 10^{-5}$（$F = 19.89$ の P）< 0.01 で、安静時の $\overline{BP}$ 変化は錠剤による $\overline{BP}$ 変化に影響を与えることが示されている。

回帰係数の有意性検定でも、$P = 3.82 \times 10^{-5} < 0.05$ で、説明変数（安静時の $\overline{BP}$ 変化）は目的変数（レメディによる $\overline{BP}$ 変化）に対して影響力をもつことが示されている。

(2) 安静時の $\overline{BP}$ 変化と、波動水を与えた場合の $\overline{BP}$ 変化との間に因果関係があるか

表IX-2 (180頁) を見ると、$F = 4.49 > F = 4.01$（$P = 0.05$ の F 値）、$P = 0.038$（$F = 4.49$ の P）< 0.05 で、因果関係あり。

回帰係数の有意性検定でも、$P = 0.038 < 0.05$ で、因果関係を示す。

(3) 考察と結論

C_1……E_4 で、何も飲まない安静時における $\overline{BP}$ 変化が、錠剤（粒）、波動水のレメディを飲んだ場合の $\overline{BP}$ 変化に影響を与えることが判明した。したがって、レメディを飲んだために、生体の14経絡のBP平均値（気エネルギー）に有効な変化が生じたかどうかは、単回帰分析では明らかでない。

次に、各経絡についてレメディが有効かどうかを、t 検定と χ^2 検定による統計解析をして考察してみたい。

5) 各経絡のデータの解析法

(1) 解析法

〔$C_1 - C_2$〕、〔$C_2 - E_1$〕、〔$C_2 - E_2$〕、〔$C_2 - E_3$〕、〔$C_2 - E_4$〕における有意変化（t 検定による）を、P_1（$10^{-1} \sim 10^{-10}$）、P_2（$10^{-11} \sim 10^{-20}$）、P_3（$10^{-21} \sim 10^{-30}$）、P_4（10^{-31} 以上）に分けて、安静時、粒、波動水の各々について、〔$C_1 - C_2$〕……〔$C_2 - E_4$〕の各々における P_1……P_4 の度数分布を次のように表〔表IX-3 (180頁)〕にして χ^2 検定をした。

検定の目的は、安静時のBP変化、錠剤（粒）、波動水によるBP変化がP_1……P_4の度数で有意な差を示すかどうか、それに基づいてレメディの効果が各経絡に対してあるかどうかをみることにある。

(2) 解析と考察

① 〔$C_1 - C_2$〕と〔$C_2 - E_2$〕の各項の間で、安静時、粒、波動水でP_1……P_4の度数分布に差があるかどうかをみると、波動水での胃経を除いて、全てで度数に有意差がみられない。

胃経で、$P = 0.04 < 0.05$で有意差がみられる。

P_4 (10^{-31}以上) の度数が〔$C_1 - C_2$〕では0であるが、〔$C_1 - E_1$〕では3である。

波動水によって$P10^{-31}$以上の大きな変化が、コントロール時の0度数に比べて3人（10人中）で生じている（表IX-3）。

② 次に、〔$C_1 - C_2$〕と〔$C_2 - E_2$〕におけるP_1……P_4の度数分布を見てみると、安静時に度数の有意差を示したのは、14経絡中、心包経と三焦経の2経絡、粒では肺経、大腸経、心包経、膈俞経、三焦経の5経絡、波動水では三焦経、小腸経、八俞経、腎経の4経絡で有意差を示す〔表IX-7 (181頁)〕。

安静時より、粒、波動水のレメディを飲んだ場合が、〔$C_1 - C_2$〕のコントロール時より〔$C_2 - E_2$〕で大きな有意な変化を示す度数が大きい〔表IX-4 (182頁)〕。

③ 〔$C_1 - C_2$〕と〔$C_2 - E_3$〕におけるP_1……P_4の度数分布をみる

表IX-7を見ると、安静時では14経絡中6経絡、粒では9経絡、波動水では11経絡で度数分布の有意差を示す。

④ 表IX-5を見ると、大腸経で、安静時より、粒、波動水によるBPの変化度数がP_4 (10^{-31}以上) の大きい度数を示す〔表IX-5 (183頁)〕。

⑤ 〔$C_1 - C_2$〕と〔$C_2 - E_4$〕におけるP_1……P_4の度数分布をみる

表IX-7を見ると、安静時でも、14経絡中9経絡でBPが度数で有意差を示している。表IX-6-1 (184頁)、表IX-6-2 (185頁) を見ると、何もしない安静時でも〔$C_1 - C_2$〕時に比べて〔$C_2 - E_4$〕ではP_4の高い有意変化が増える。つまり安静時でも、〔$C_1 - C_2$〕……E_4と時間経過と共にBPが大きく変化することを示す。このことが回帰分析でも、粒、波動水によるBPの変化に、レメディを飲まない安静時のBPが影響をもつという解析結果と一致すると思う。

しかし、粒によるBP変化、波動水によるBP変化の有意変化度数は、粒では14経絡中13経絡、波動水では14経絡全てで〔$C_1 - C_2$〕と〔$C_2 - E_4$〕におけるP_1……P_4の度数で有意差を示す（表IX-7）。

⑥ 表IX-6-2（膀胱経）を見ると、安静時では〔$C_1 - C_2$〕におけるP_1の度数は4、P_4の度数が2である。〔$C_2 - E_4$〕では、P_1が0、P_4が5である。

粒を飲むと、〔$C_1 - C_2$〕ではP_1の度数が5、P_4が1である。〔$C_2 - E_4$〕ではP_1が1、P_4

が6。波動水を飲むと、〔$C_1 - C_2$〕ではP_1の度数は5、P_4は0、〔$C_2 - E_4$〕ではP_1の度数2、P_4の度数は7。

安静時、粒、波動水における〔$C_1 - C_2$〕、〔$C_2 - E_4$〕におけるP_1……P_4の度数分布は似ているが、粒、波動水の場合は安静時よりP_4（10^{-31}以上）の度数が多い。

⑦ **結論**

以上から、安静時のBP変化と粒、波動水を飲んだ場合のBP変化とは、〔$C_1 - C_2$〕……〔$C_2 - E_4$〕でのP_1……P_4の変化度数がよく似ているが、粒、波動水を飲んだ場合の方が、安静時に比べて、各経絡でP_4の度数分布に有意差を示す経絡が多い。このことは、レメディによるBPへの影響があることを示唆している。

では次に、どの経絡がレメディの影響を最も受けやすいかを分析してみよう。

(3) どの経絡が最もバーバリスブルガリスの影響を受けたか

① 〔$C_1 - C_2$〕と〔$C_2 - E_1$〕で安静時、粒、波動水の各々におけるP_1……P_4の度数分布で有意差を示した経絡についてみると、安静時、粒共に全ての経絡で有意差を示さない。しかし波動水では、胃経で有意差を示した。

② 〔$C_1 - C_2$〕と〔$C_2 - E_2$〕における安静時、粒、波動水の各々におけるP_1……P_4の度数分布で有意差を示した経絡は、安静時では心包、三焦、粒では肺、大腸、心包、膈兪、三焦、波動水では三焦、小腸、八兪、腎の各経絡である。

③ 〔$C_1 - C_2$〕と〔$C_2 - E_3$〕では、安静時で心包、膈兪、三焦、小腸、脾、胃の6経絡で度数分布に有意差を示す。粒では大腸、心包、膈兪、三焦、心、小腸、脾、肝、胆の9経絡で有意差、波動水では大腸、心包、膈兪、三焦、小腸、脾、肝、胃、胆、腎、膀胱の11経絡で有意差を示す。

④ 〔$C_1 - C_2$〕と〔$C_2 - E_4$〕では、安静時では肺、大腸、心包、膈兪、三焦、小腸、脾、肝、胃の9経絡で有意な度数分布の差を示す。

粒では肺、大腸、心包、膈兪、三焦、心、小腸、脾、肝、胃、胆、腎、膀胱の13経絡で度数に有意差を示す。波動水では肺、大腸、心包、膈兪、三焦、心、小腸、脾、肝、胃、八兪、胆、腎、膀胱の14経絡全てで有意差を示す。

表IX-7を一覧して、〔$C_1 - C_2$〕と〔$C_2 - E_1$〕、〔$C_1 - C_2$〕と〔$C_2 - E_2$〕、〔$C_1 - C_2$〕と〔$C_2 - E_3$〕の全てで安静時に有意差を示さないのは、胆経、腎経、膀胱経である。〔$C_1 - C_2$〕と〔$C_2 - E_4$〕のみで腎経で有意変化を示す。

これに対し、バーバリスブルガリスを飲むと、粒でも波動水でも腎経、膀胱経で有意差を示す場合が多い。従ってバーバリスブルガリスは腎経、膀胱経に有効な影響を与えると言える。

⑤ さらに細かく見てみると、波動水の場合のみ、〔$C_1 - C_2$〕と〔$C_2 - E_2$〕、〔$C_1 - C_2$〕と

〔$C_2 - E_3$〕、〔$C_1 - C_2$〕と〔$C_2 - E_4$〕の全ての場合に腎経で有意な度数分布の差を示す（表IX - 8～IX - 10）。

表IX - 8 (186頁) を見ると、〔$C_1 - C_2$〕ではP_3、P_4の度数2、0、〔$C_2 - E_2$〕ではP_3、P_4の度数が4、2と高い。

表IX - 9 (186頁) を見ると、〔$C_1 - C_2$〕ではP_3、P_4の度数は2、0であるに対し、〔$C_2 - E_3$〕ではP_3は4、P_4は5と度数が高い。

表IX - 10 (187頁) では、〔$C_1 - C_2$〕でP_3とP_4は2、0、〔$C_2 - E_4$〕ではP_3で2、P_4で7と度数が高い。

⑥ 結論

以上のことは、波動水では〔$C_1 - C_2$〕のコントロール時に比べて、波動水を飲んだ後5～20分と時間が経つにつれ、波動水による腎経への影響が大きくなったことを示す。

したがって、バーバリスブルガリスは粒よりも波動水の方が、腎経―泌尿生殖器―に与える影響が大きいと言える。

(2003.5.13)

〔註〕

渡辺順二氏によるレメディの製法、転寫法

(1) バーバリスブルガリス 6X の作りかた

Xは10倍希釈液である。6Xは10倍に希釈することを6回、すなわち10^6にまで原液を薄めたものを意味する。

バーバリスブルガリスをアルコールと蒸留水の混合液に数週間つけておく→上澄みエキスのみを取り出す。これが原液となる→これを10倍にうすめ、数十回振る→1X→さらに10倍にうすめ数十回振る→2X→同様→……6X。

(2) たとえばバーバリスブルガリス 6X のホメオパシー薬をこの器械を使って波動的に作り出したいときは、あらかじめコード表に書かれているバーバリスブルガリスのコードとコードナンバーダイヤルを合わせて（例えば028369）ポーテンシー単位ダイヤルを「X」に合わせ、ポーテンシーの値を決めるダイヤルを、006にセットし、銅のボックスBにただの乳糖を入れ転寫スイッチボタンを押すと、ボックスBに入っていた乳糖はバーバリスブルガリス 6X の波動に染まります。また、転寫装置として使う場合には、ボックスAに例えばバーバリスブルガリス 6X のチンキを入れます。そしてBにただの乳糖か蒸留水を入れ、すべてのコードナンバーダイヤルを0に合わせ、ポーテンシーの単位ダイヤルだけXに、ポーテンシーの数値ダイヤルだけ006に合わせて転寫スイッチを押せば、Aの波動的情報がBに転寫されるといわれています。

＜参考文献＞
1）本山博『東洋医学 気の流れの測定・診断と治療』宗教心理出版　東京　1985
2）渡辺順二『癒しのホメオパシー』地湧社　2002

〔図・表一覧〕

図Ⅸ-1 レメディ（Berberis Varg 6 X）を飲んだときのBP測定

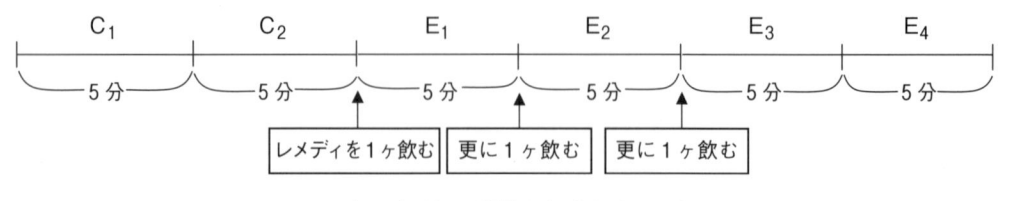

```
   C₁      C₂      E₁      E₂      E₃      E₄
├──5分──┼──5分──┼──5分──┼──5分──┼──5分──┼──5分──┤
              ↑        ↑        ↑
         レメディを1ヶ飲む  更に1ヶ飲む  更に1ヶ飲む
```

ホメオパシー実験のタイムチャート

表Ⅸ-1 BP平均値（10名の平均）の安静時とバーバリスブルガリス（粒）投与時との間の単回帰分析（2003.4.20）

BP平均値

	安静	バーバリス（粒）
C1	2549	2306
C1	1832	2199
C1	2690	1777
C1	2157	2154
C1	2527	2265
C1	2457	1928
C1	2610	2197
C1	1879	1543
C1	2394	1927
C1	2939	2689
C2	2562	2302
C2	1867	2202
C2	2713	1806
C2	2136	2176
C2	2545	2273
C2	2460	1925
C2	2606	2230
C2	1916	1549
C2	2419	1956
C2	2967	2716
E1	2574	2277
E1	1896	2220
E1	2718	1829
E1	2142	2189
E1	2561	2278
E1	2484	1942
E1	2593	2273
E1	1948	1553
E1	2453	1981
E1	2989	2745

BP平均値

	安静	バーバリス（粒）
E2	2590	2262
E2	1922	2283
E2	2722	1848
E2	2134	2205
E2	2588	2286
E2	2492	1967
E2	2593	2335
E2	2014	1556
E2	2470	1999
E2	3007	2768
E3	2604	2255
E3	1951	2289
E3	2727	1865
E3	2105	2219
E3	2593	2297
E3	2493	1963
E3	2590	2389
E3	2036	1557
E3	2478	2017
E3	3023	2787
E4	2617	2248
E4	1975	2284
E4	2734	1882
E4	2084	2231
E4	2591	2308
E4	2501	1944
E4	2595	2432
E4	2055	1562
E4	2485	2033
E4	3034	2806
合計	146387	128287

(表Ⅸ-1の続き)

単回帰分析	上側のみ
データ数	60
重相関係数R	0.5053
決定係数R2	0.2554
自由度修正済み決定係数	0.2425
Y評価値の標準誤差	273.4
ダービン・ワトソン比	2.697

分散分析表

要因	偏差平方和	自由度	不偏分散	F値	P値	F(0.95)
回帰	1.487×10^6	1	1.487×10^6	19.89	3.82×10^{-5}	4.01
残差	4.335×10^6	58	7.474×10^4			
計	5.821×10^6	59				

回帰係数の有意性の検定と信頼区間

	回帰係数	標準誤差	標準回帰係数	t値	P値	t(0.975)	95%下限	95%上限
定数項	956.2	267.4	956.2	3.58	7.10×10^{-4}	2.00	421.0	1491.3
安静	0.4844	0.1086	0.5053	4.46	3.82×10^{-5}	2.00	0.2670	0.7019

表IX-2 BP 平均値（10 名の平均）の安静時とバーバリスブルガリス（波動水）投与時との間の単回帰分析（2003.4.20）

単回帰分析	上側のみ
データ数	60
重相関係数 R	0.2680
決定係数 R^2	7.180×10^{-2}
自由度修正済み決定係数	5.580×10^{-2}
Y 評価値の標準誤差	284.2
ダービン・ワトソン比	2.650

分散分析表

要因	偏差平方和	自由度	不偏分散	F 値	P 値	F(0.95)
回帰	3.624×10^5	1	3.624×10^5	4.49	0.038	4.01
残差	4.685×10^6	58	8.077×10^4			
計	5.047×10^6	59				

回帰係数の有意性の検定と信頼区間

	回帰係数	標準誤差	標準回帰係数	t 値	P 値	t (0.975)	95%下限	95%上限
定数項	1884.7	277.9	1884.7	6.78	6.83×10^{-9}	2.00	1328.3	2441.0
安静	0.2392	0.1129	0.2680	2.12	0.038	2.00	1.315×10^{-2}	0.4652

表IX-3 胃経における〔C_1-C_2〕、〔C_2-E_1〕での波動水の有意変化度数

胃経

波動水	P_1 ($10^{-1} \sim 10^{-10}$)	P_2 ($10^{-11} \sim 10^{-20}$)	P_3 ($10^{-21} \sim 10^{-30}$)	P_4 (10^{-31}以上)
C_1-C_2	5	3	2	0
C_2-E_1	7	0	0	3

m×n 分割表

自由度	3
χ^2 値	8.33
P 値（上側確率）	0.04
分割表分析係数	0.54
クラーメルの V 値	0.65
χ^2 (0.95)	7.81

ただし、t 検定の結果における有意確率を範囲 P_1、P_2、P_3、P_4 に分けて計数するとき、P_1、P_2、P_3、P_4 はそれぞれ以下のような範囲である。以降の表も同様。

P_1 ($10^{-1} \sim 10^{-10}$)	$1 > P \geq 10^{-10}$
P_2 ($10^{-11} \sim 10^{-20}$)	$10^{-10} > P \geq 10^{-20}$
P_3 ($10^{-21} \sim 10^{-30}$)	$10^{-20} > P \geq 10^{-30}$
P_4 (10^{-31}以上)	$10^{-30} > P$

表Ⅸ-7 安静時、粒、波動水で有意変化度数を示した経絡の表

区　分	状　態	計	経　絡
$C_1C_2 - C_2E_1$	安静時	0	
	粒	0	
	波動水	1	胃
$C_1C_2 - C_2E_2$	安静時	2	心包、三焦
	粒	5	肺、大腸、心包、膈兪、三焦
	波動水	4	三焦、小腸、八兪、腎
$C_1C_2 - C_2E_3$	安静時	6	心包、膈兪、三焦、小腸、脾、胃
	粒	9	大腸、心包、膈兪、三焦、心、小腸、脾、肝、胆
	波動水	11	大腸、心包、膈兪、三焦、小腸、脾、肝、胃、胆、腎、膀胱
$C_1C_2 - C_2E_4$	安静時	9	肺、大腸、心包、膈兪、三焦、小腸、脾、肝、胃
	粒	13	肺、大腸、心包、膈兪、三焦、心、小腸、脾、肝、胃、胆、腎、膀胱
	波動水	14	肺、大腸、心包、膈兪、三焦、心、小腸、脾、肝、胃、八兪、胆、腎、膀胱

表IX-4 小腸経における〔C_1-C_2〕、〔C_2-E_2〕での安静時、粒、波動水の有意変化度数

安静

	P_1 (10^{-1}～10^{-10})	P_2 (10^{-11}～10^{-20})	P_3 (10^{-21}～10^{-30})	P_4 (10^{-31}以上)
C_1-C_2	3	4	1	2
C_2-E_2	0	3	4	3

m×n 分割表

自由度	3
χ^2 値	5.14
P値（上側確率）	0.16
分割表分析係数	0.45
クラーメルのV値	0.51
χ^2 (0.95)	7.81

粒（バーバリスブルガリス）

	P_1 (10^{-1}～10^{-10})	P_2 (10^{-11}～10^{-20})	P_3 (10^{-21}～10^{-30})	P_4 (10^{-31}以上)
C_1-C_2	3	4	2	1
C_2-E_2	1	2	2	5

m×n 分割表

自由度	3
χ^2 値	4.33
P値（上側確率）	0.23
分割表分析係数	0.42
クラーメルのV値	0.47
χ^2 (0.95)	7.81

波動水（バーバリスブルガリス）

	P_1 (10^{-1}～10^{-10})	P_2 (10^{-11}～10^{-20})	P_3 (10^{-21}～10^{-30})	P_4 (10^{-31}以上)
C_1-C_2	5	5	0	0
C_2-E_2	1	4	5	0

m×n 分割表

自由度	2
χ^2 値	7.78
P値（上側確率）	0.020
分割表分析係数	0.53
クラーメルのV値	0.62
χ^2 (0.95)	5.99

註：〔C_1-C_2〕と〔C_2-E_2〕でP_4の度数が0で計算できないため、P_4を除いて計算する。

表Ⅸ-5 大腸経における〔C_1-C_2〕、〔C_2-E_3〕での安静時、粒、波動水の有意変化度数

安静

	P_1 (10^{-1}〜10^{-10})	P_2 (10^{-11}〜10^{-20})	P_3 (10^{-21}〜10^{-30})	P_4 (10^{-31}以上)
C_1-C_2	1	4	3	2
C_2-E_3	1	1	1	7

m×n 分割表

自由度	3
χ^2 値	5.58
P値（上側確率）	0.13
分割表分析係数	0.47
クラーメルのV値	0.53
χ^2 (0.95)	7.81

粒（バーバリスブルガリス）

	P_1 (10^{-1}〜10^{-10})	P_2 (10^{-11}〜10^{-20})	P_3 (10^{-21}〜10^{-30})	P_4 (10^{-31}以上)
C_1-C_2	2	3	5	0
C_2-E_3	0	0	1	9

m×n 分割表

自由度	3
χ^2 値	16.67
P値（上側確率）	8.28×10^{-4}
分割表分析係数	0.67
クラーメルのV値	0.91
χ^2 (0.95)	7.81

波動水（バーバリスブルガリス）

	P_1 (10^{-1}〜10^{-10})	P_2 (10^{-11}〜10^{-20})	P_3 (10^{-21}〜10^{-30})	P_4 (10^{-31}以上)
C_1-C_2	1	4	5	0
C_2-E_3	0	2	1	7

m×n 分割表

自由度	3
χ^2 値	11.33
P値（上側確率）	0.010
分割表分析係数	0.60
クラーメルのV値	0.75
χ^2 (0.95)	7.81

表Ⅸ-6-1 心包経における〔C_1-C_2〕、〔C_2-E_4〕での安静時、粒、波動水の有意変化度数

安静

	P_1 (10^{-1}〜10^{-10})	P_2 (10^{-11}〜10^{-20})	P_3 (10^{-21}〜10^{-30})	P_4 (10^{-31}以上)
C_1-C_2	1	7	1	1
C_2-E_4	0	1	2	7

m×n分割表

自由度	3
χ^2 値	10.33
P値（上側確率）	0.016
分割表分析係数	0.58
クラーメルのV値	0.72
χ^2 (0.95)	7.81

粒（バーバリスブルガリス）

	P_1 (10^{-1}〜10^{-10})	P_2 (10^{-11}〜10^{-20})	P_3 (10^{-21}〜10^{-30})	P_4 (10^{-31}以上)
C_1-C_2	2	4	4	0
C_2-E_4	0	0	0	10

m×n分割表

自由度	3
χ^2 値	20.00
P値（上側確率）	1.70×10^{-4}
分割表分析係数	0.71
クラーメルのV値	1.00
χ^2 (0.95)	7.81

波動水（バーバリスブルガリス）

	P_1 (10^{-1}〜10^{-10})	P_2 (10^{-11}〜10^{-20})	P_3 (10^{-21}〜10^{-30})	P_4 (10^{-31}以上)
C_1-C_2	2	6	2	0
C_2-E_4	2	0	0	8

m×n分割表

自由度	3
χ^2 値	16.00
P値（上側確率）	1.13×10^{-3}
分割表分析係数	0.67
クラーメルのV値	0.89
χ^2 (0.95)	7.81

表IX-6-2 膀胱経における〔C_1-C_2〕、〔C_2-E_4〕での安静時、粒、波動水の有意変化度数

安静

	P_1 (10^{-1}〜10^{-10})	P_2 (10^{-11}〜10^{-20})	P_3 (10^{-21}〜10^{-30})	P_4 (10^{-31}以上)
C_1-C_2	4	3	1	2
C_2-E_4	0	3	2	5

m×n 分割表

自由度	3
χ^2 値	5.62
P値（上側確率）	0.13
分割表分析係数	0.47
クラーメルのV値	0.53
χ^2 (0.95)	7.81

粒（バーバリスブルガリス）

	P_1 (10^{-1}〜10^{-10})	P_2 (10^{-11}〜10^{-20})	P_3 (10^{-21}〜10^{-30})	P_4 (10^{-31}以上)
C_1-C_2	5	3	1	1
C_2-E_4	1	0	3	6

m×n 分割表

自由度	3
χ^2 値	10.24
P値（上側確率）	0.017
分割表分析係数	0.58
クラーメルのV値	0.72
χ^2 (0.95)	7.81

波動水（バーバリスブルガリス）

	P_1 (10^{-1}〜10^{-10})	P_2 (10^{-11}〜10^{-20})	P_3 (10^{-21}〜10^{-30})	P_4 (10^{-31}以上)
C_1-C_2	5	1	4	0
C_2-E_4	2	0	1	7

m×n 分割表

自由度	3
χ^2 値	11.09
P値（上側確率）	0.011
分割表分析係数	0.60
クラーメルのV値	0.74
χ^2 (0.95)	7.81

表Ⅸ-8 波動水による腎経でのBPの有意変化度数

腎経

波動水	P_1 (10^{-1}〜10^{-10})	P_2 (10^{-11}〜10^{-20})	P_3 (10^{-21}〜10^{-30})	P_4 (10^{-31}以上)
$C_1 - C_2$	7	1	2	0
$C_2 - E_2$	0	4	4	2

m×n分割表

自由度	3
χ^2値	11.47
P値（上側確率）	9.45×10^{-3}
分割表分析係数	0.60
クラーメルのV値	0.76
χ^2 (0.95)	7.81

表Ⅸ-9 波動水による腎経でのBPの有意変化度数

腎経

波動水	P_1 (10^{-1}〜10^{-10})	P_2 (10^{-11}〜10^{-20})	P_3 (10^{-21}〜10^{-30})	P_4 (10^{-31}以上)
$C_1 - C_2$	7	1	2	0
$C_2 - E_3$	1	0	4	5

m×n分割表

自由度	3
χ^2値	11.17
P値（上側確率）	0.011
分割表分析係数	0.60
クラーメルのV値	0.75
χ^2 (0.95)	7.81

表Ⅸ-10 波動水による腎経でのBPの有意変化度数

腎経

波動水	P_1 (10^{-1}〜10^{-10})	P_2 (10^{-11}〜10^{-20})	P_3 (10^{-21}〜10^{-30})	P_4 (10^{-31}以上)
C_1 – C_2	7	1	2	0
C_2 – E_4	1	0	2	7

m×n分割表

自由度	3
χ^2値	12.50
P値（上側確率）	5.85×10^{-3}
分割表分析係数	0.62
クラーメルのV値	0.79
χ^2 (0.95)	7.81

第 X 章

或る臓器について、自覚症状をもつが
健康な人が各経絡で示す気エネルギー
の虚実・陰陽関係パターンと、器質的
疾病をもつ患者の示す虚実・
陰陽パターンとの相違

Ⅰ．目的

Ⅱ．自覚症状を伴った機能異常臓器をもつ人が各経絡で示す虚・実と〔陰＞陽〕パターン

　1）被験者数—自覚症状のみをもつ被験者数—

　2）自覚症状の分類

　3）データの統計的解析と考察

Ⅲ．器質的疾患をもつ臓器における虚・実と〔陰＞陽〕パターン

　1）糖尿病患者の各経絡における虚・実と〔陰＞陽〕

　2）肝疾患における各経絡の虚・実と、〔陰＞陽〕関係のパターンについて

Ⅳ．総括

第Ⅹ章
或る臓器について、自覚症状をもつが健康な人が各経絡で示す気エネルギーの虚実・陰陽関係パターンと、器質的疾病をもつ患者の示す虚実・陰陽パターンとの相違

Ⅰ. 目的

(1) この論文は、自覚症状あるいは疾病をもつ臓器が、単にその臓器と関連する経絡だけでなく、他の臓器と関連する経絡においても生体エネルギー（BP値）の異常（虚・実）を示すことを明らかにし、それに基づいて、一つの臓器に機能異常、疾病が生じる場合、単にその臓器だけでなく、他の臓器にも機能異常、疾病があって或る特定の臓器に機能異常、自覚症状が現れることを明らかにすること、及び治療点を決定することが第一の目的である。

(2) 現在器質的疾病をもつ患者と、自覚症状をもつが健康である人では、陰陽関係の逆転の様相が違うかどうかを検べ、機能的症状と器質的疾病とを区別するのが、もう一つの目的である。

Ⅱ. 自覚症状を伴った機能異常臓器をもつ人が各経絡で示す虚・実と〔陰＞陽〕パターン

1) 被験者数―自覚症状のみをもつ被験者数―

300人

2) 自覚症状の分類

自覚症状のある臓器を、胃、腎、膀胱、前立腺、子宮、卵巣、心臓等に分類する。
患者の測定は数年、1年を通してのもので、4シーズンのデータが含まれている。

3) データの統計的解析と考察

今回のデータは、胃、心、泌尿生殖器のデータのみを取り上げた。今後も続けて、各臓器の自覚症状をもつ患者のデータの解析を行ないたい。

自覚症状をもつ各臓器をデータベースの内から拾い上げ、まず、男女の区別なく各人の各経絡のBP値を肺経から膀胱経までの14経絡の測定順に並べ、それをエクセルで降順に並べ替え、最実の経絡を上から、1、2、3と選ぶ。次に、下から最虚の経絡を1、2、3と選び、最実、最虚の度数を各経絡について計算し書き込み、2×14の度数表を作る。

その度数分布についてχ^2検定を行ない、経絡間に有意な相違があるかどうかをみる。つまり、例えば胃症状をもつ患者が何れの経絡で実あるいは虚を示すかを検定する。

(1) 胃症状をもつ人々の示す経絡の実と虚

(A) 男女を通しての経絡の虚・実

表X-1(200頁)から、有意な度数分布の相違がみられる。胃の自覚症状をもつ人は、特定の経絡で生体エネルギーの実あるいは虚を示す。それと関連する臓器で機能異常、あるいは疾病を予想できる。

胃症状をもつ人は、14経絡の内、胃経、膀胱経、小腸経、三焦経、心包経、大腸経の6経絡で他の経絡より生体エネルギー不足（虚）を示す度数が多い。これに対し、肺経、脾経、肝経、腎経の4経絡では生体エネルギーの過剰（実）を示す度数が多い。

各経絡のBP値は同名の各臓器の機能状況を示すパラメータであるから、上述の虚の経絡に対応する臓器・組織では、生体エネルギー（BP値）の不足、機能低下が考えられる。これに対し、生体エネルギーの過剰がみられる経絡に対応する臓器では機能興奮が予想される。

胃症状をもつ人は、胃に生体エネルギー（気エネルギー）を送る胃経で気エネルギーが不足していることが明らかである。

次に、各経絡を陰陽関係（陰経のBP＞陽経のBPを示す）、三陰三陽関係（両経絡共に同じ方向の変化を示す）で見てみよう。

(B) 陰陽・三陰三陽関係(註)についてみる

脾経（陰経）と胃経（陽経）は陰陽関係——陰陽関係にある経絡間では〔陰経のBP＞陽経

のBP〕の関係が、両経絡が正常である場合は示される——であるから、脾経では実のケースが多く、胃経は虚の度数が高い。〔脾経のBP＞胃経のBP〕を示す。

次に、大腸経（陽経）と陰陽関係にある肺経（陰経）は、大腸経の虚に対して最実を示す度数が最も多い〔肺経のBP＞大腸経のBP〕。腎経（陰経）、膀胱経（陽経）は陰陽関係にあり、腎経の実、膀胱経の虚となっている。

肝経（陰経）、胆経（陽経）も陰陽関係で肝経の実、胆経の虚を示す。

心包経、三焦経は陰陽関係で〔心包経＞三焦経〕を示すべきが、何れも虚である。

陰陽関係からみて異常なのは、〔心包経－三焦経〕である。

心包経が三焦経と正しい経絡の気エネルギーの関係を示さないで、33例と高い度数で虚を示す。経絡治療の観点から見ると、まず心包経を治療すべきであろう。

神経系の観点から見ると、心包経の兪穴は$T_4 - T_5$の両側に位置し、胃に自律神経を送り、胃からの内臓―体壁反射の出てくるところである。また、心臓機能をコントロールする神経系と経絡系の接合点である。

上記の考察から、胃に自覚症状がある時の多くは、心包経の兪穴、募穴（胃、心臓の内臓―体壁反射点）に置針刺戟、マグネット刺戟、灸刺戟、低周波刺戟を与えて気エネルギーを補うことが大切である。

さらに、胃に気エネルギーを送る胃経の兪穴、募穴に置針刺戟等を与えることによって胃症状を改善する（拙著『東洋医学 気の流れの測定・診断と治療』を参照されたい）。

さらに、全身の気エネルギーのバランスを整えるには、実の経絡である肺経、脾経、肝経、腎経の原穴を刺戟して、上述の虚の経絡である胃、大腸、心包、三焦、小腸、膀胱の各経絡の気エネルギー不足を増加せしめ、上述の、実の経絡の気エネルギー過剰を正常化せしめるには、虚の諸経絡の募穴を刺戟するとよい（前掲書216頁を参照されたい）。

(2) 心機能異常の自覚症状をもつ人の、実と虚のパターン

(A) 虚実の度数

表Ⅹ-2 (200頁) から、実と虚の度数分布パターンは有意な差がみられる。

実は肺経、心経、肝経、脾経、腎経で度数が多く、虚は大腸経、心包経、三焦経、小腸経、膀胱経で度数が多い。

心機能の自覚症状をもつ人では、心機能に関係する心経の実が多く、心包経では虚が多い。しかし、実の度数の多い経絡と虚の度数の多い経絡の分布は、胃の自覚症状をもつ人のパターンとよく似ている。

(B)〔陰＞陽〕関係、三陰三陽関係についてみる

肺経（実）＞大腸経（虚）で、〔陰＞陽〕関係を示す。

心包経、三焦経は共に虚で、〔陰＞陽〕関係を示さない。

心経＞小腸経は〔陰＞陽〕関係を示す。

脾経＞胃経は〔陰＞陽〕関係を示す。

肝経＞胆経は〔陰＞陽〕関係を示す。

腎経＞膀胱経も〔陰＞陽〕関係を示す。

　虚実の観点、〔陰＞陽〕の関係からみて、心包経のBPが虚で異常である。従って、心機能に自覚症状のある人は、心包経の兪穴、募穴に針刺戟して、心包経に気エネルギーを補うことが重要である（前掲書216頁当該項を参照されたい）。

(3) 泌尿生殖器系に自覚症状をもつ人の、実の経絡と虚の経絡の度数分布パターン
(A) 虚実の度数
　表Ⅹ-3 (201頁) から、泌尿生殖器機能異常に自覚症状をもつ人の実と虚の経絡の度数分布は有意差を示す。

　実を示す経絡は、肺経、脾経、肝経、腎経で度数が高い。

　虚を示す経絡は、大腸経、心包経、三焦経、小腸経、胃経、膀胱経で度数が高い。

　これは胃、心機能に自覚症状をもつ人の実・虚の度数パターンとほとんど同じである。しかし、胃の自覚症状をもつ人では胃経の虚の度数が高く、心機能の自覚症状をもつ人では心包経の虚の度数が高いというふうに、自覚症状をもつ臓器と関連する経絡で他の臓器の場合と比べて虚の度数が高かった。泌尿生殖器の自覚症状をもつ人の場合は、泌尿生殖器と関連する経絡、腎経、膀胱経、肝経（生殖器、尿道と関連）、小腸経（子宮、卵巣と関連）、三焦経（副腎と関連）等が、胃、心機能等の自覚症状をもつ人の実・虚パターンからはずれたパターンを示さないようには思うが、胃経の虚の度数が高い。胃経と泌尿生殖器系がどう関連しているのかを胃経の経穴についてみると〔図Ⅹ-1 (202頁)〕、

　　大巨――腎臓病、子宮内膜炎、膀胱炎

　　水道――膀胱、子宮、尿道

　　帰来――男（女）泌尿生殖器疾患

に効く。

　従って、泌尿生殖器系では胃経と関係が深く、胃経が虚になる度数が高いと言えるのであろう。

(B)〔陰＞陽〕関係について
　肺経＞大腸経は〔陰＞陽〕関係を示す。

　心包経、三焦経は共に虚。

　心経＞小腸経は〔陰＞陽〕関係を示す。

　脾経＞胃経は〔陰＞陽〕関係を示す。

　肝経＞胆経は〔陰＞陽〕関係を示す。

腎経＞膀胱経は〔陰＞陽〕関係を示す。

(4) 胃、心機能、泌尿生殖器の自覚症状をもつ人が示す共通の実・虚の経絡パターン、〔陰＞陽〕関係パターンは何を意味するのだろうか

　このことは、全ての臓器の機能異常を自覚する人々の実・虚のパターンを調べてから結論すべきであるが、『東洋医学 気の流れの測定・診断と治療』39頁表Dで明らかにした如く、AMIのBP（気エネルギー）データの示す基本的特徴の一つは〔陰経のBP値＞陽経のBP値〕である。上の3つの臓器の自覚症状をもつ患者の〔陰＞陽〕パターンを次に纏めてみよう。

(A) 胃に自覚症状の場合
　肺経＞大腸経、心包経≒三焦経（共に虚）、心経＞小腸経、脾経＞胃経、肝経＞胆経、腎経＞膀胱経。
　〔陰＞陽〕でないのは心包経―三焦経の対のみである。

(B) 心機能に自覚症状の場合
　肺経＞大腸経、心包経≒三焦経（何れも虚）、心経＞小腸経、脾経＞胃経、肝経＞胆経、腎経＞膀胱経。
　ここでも、心包経―三焦経が虚の度数が多い。

(C) 泌尿生殖器に自覚症状の場合
　肺経＞大腸経、心包経≒三焦経（共に虚の度数が多い）、心経＞小腸経、脾経＞胃経、肝経＞胆経、腎経＞膀胱経。
　心包経、三焦経が共に虚の度数を示す。

(5) 結論
　以上、3つの臓器に機能異常、自覚症状をもつ人が殆ど同じ実・虚の度数パターンを示す。そして、〔陰＞陽〕を示さないのは心包経―三焦経である。
　心包経と三焦経は共に、全身の気エネルギーの消長と関係の深いことが臨床的に知られている。つまり心包経―三焦経が虚になる時は、全身の気エネルギーが不足していて、体質に応じて、特定の臓器に機能異常、自覚症状が現れるということであろう。
　この臨床医的知見と、上の3つの臓器機能異常の自覚症状の人が示す心包経―三焦経の虚は一致するように思う。心包経と三焦経が虚の時は、過労で全身の気エネルギーが不足している時であり、体質に応じて或る特定の臓器に機能異常が表れ易い。その次に、その臓器と関連する経絡に気エネルギーの不足（虚）が生じる場合が多い。しかし、疾病が初期の時は気エネルギーが実になる時もある。

付記

　この論文では、胃、心機能、泌尿生殖器に機能異常の自覚症状をもつ患者のデータのみを取り上げたが、他の臓器の機能異常、自覚症状をもつ患者のデータの解析も次々と行なう予定である。

　次に、疾病が器質的なものである場合、〔陰＞陽〕の関係が保たれているかどうか、器質的疾病をもつ臓器と関連する経絡の実・虚の状態はどうかを調べてみよう。

III. 器質的疾患をもつ臓器における虚・実と〔陰＞陽〕パターン

1) 糖尿病患者の各経絡における虚・実と〔陰＞陽〕

　――肝疾患における各経絡の虚・実と、〔陰＞陽〕関係のパターン被験者数（男39人、女33人、東京医療学院の曽根幸喜氏、総合病院一心病院の吉本秀一、宮崎格両氏による測定データ）――

　表X-4 (203頁) を見ると、14経絡の虚・実の分布は有意な差を示す（P = 4.2×10^{-47} ＜ 0.01）。

　最実は肺経、腎経、小腸経、最虚は膀胱経、大腸経、心包経である。

　肝臓に関係する肝経、胆経、心包経は全て虚が多い。

　次に、〔陰＞陽〕関係についてみると、6つの陰陽対のうち、心包経＜三焦経、心経＜小腸経で逆転が生じ、肝経≒胆経では共に虚の度数が多い。

　機能異常の自覚症状をもつが未病である人は、心包経≒三焦経で共に虚を示すが、他の陰陽対では〔陰＜陽〕の逆転を示さないのに対し、糖尿病患者では心包経＜三焦経、心経＜小腸経で逆転を示し、肝経≒胆経では共に虚を示す。

　次に、東京歯科大学病院で各肝臓疾患の患者について AMI で測定したデータを借用したので、各肝臓疾患のBP値の虚・実、〔陰＞陽〕関係について解析してみたい。

2）肝疾患における各経絡の虚・実と、〔陰＞陽〕関係のパターンについて

(A) 脂肪肝〔表X-5 (203頁)〕

　度数分布がP = 1.3×10^{-3} ＜0.01で、有意差を示す。
　肝経、肺経で最実、心経、小腸経で最虚。
　〔陰＞陽〕では、心包経＜三焦経で、逆転が生じている。

(B) 急性肝炎〔表X-6 (204頁)〕

　度数分布がP = 8.6×10^{-4} ＜0.01で、有意差を示す。
　肝経、脾経が最実、心包経、三焦経で虚。
　心包経≒三焦経が共に虚で、〔陰＞陽〕関係にない。

(C) 慢性肝炎〔表X-7 (204頁)〕

　度数分布がP = 4.8×10^{-8} ＜0.01で、有意差を示す。
　肝経、脾経で最実、心包経、三焦経、小腸経で最虚、心包経＜三焦経で逆転。

(D) 肝硬変〔表X-8 (205頁)〕

　度数分布が有意差を示す（P = 1.5×10^{-4} ＜0.01）。
　脾経、肝経で最実、心包経、膀胱経で最虚、心包経＜三焦経で逆転。

(E) 脂肪肝から肝硬変までの各経絡の虚・実と陰陽関係のパターン

　以上の、脂肪肝から肝硬変までの軽症、中等症では、肝経が最実、心包経が最虚というパターンを示す。肝経、心包経は足と手の厥陰経で肝経から心包経に気エネルギーが流れていくのが、肝疾患を治すために肝経から肝臓に気エネルギーが送られ、そこで治癒のために消費され、心包経にまで気エネルギーが届かず、心包経が虚になっていると考えられる。
　〔陰＞陽〕関係では、心包経＜三焦経で逆転が生じるか、共に虚で、〔陰＞陽〕関係が破れている。これは、肝臓で気エネルギーが消費され、心包経に届かない故であろう。

　次に、重症の肝不全、肝癌をみよう。

(F) 肝不全〔表X-9 (205頁)〕

　度数分布が有意差を示す（P = 0.01＜0.05）。
　肺経、脾経が実で、膀胱経、三焦経、小腸経が虚である。
　肝臓に関係する肝経、胆経で共に虚で、〔陰＞陽〕関係を示さない。

(G) 肝癌〔表Ⅹ-10 (206頁)〕

　虚実の各経絡での度数分布に有意差がない。
　肺経が実。胃経、胆経、膀胱経が虚。
　〔陰＞陽〕関係では、心経≒小腸経で、〔陰＞陽〕関係がみられない。
　肝経、胆経、心包経で虚がみられる。

(H) 結論

　重症の肝不全、肝癌では、軽症、中等度の肝疾患で肝経の気エネルギーが実であるのに対し、肝臓に関係する肝経、心包経、胆経で虚が示されている。
　各臓器で重症の場合は、その臓器と関連する経絡で気エネルギーの不足、虚がみられるのに対し、軽症、中等症で治る見込みのある疾患では気エネルギーが実（過剰）であると考えられる。

Ⅳ. 総括

　臓器機能異常による自覚症状のみで未病の人びとは、過労で、全身の気エネルギーをコントロールする心包経、三焦経で共に虚がみられ、〔陰＞陽〕関係が破れているが、他の〔陰＞陽〕関係は保たれている。
　各自覚症状をもつ臓器に対応する経絡あるいは経穴で、虚あるいは実がみられる。
　これに対し、各疾患をもつ臓器あるいはその疾患と関連する臓器では、軽症、中等症では、関連する経絡でBP（気エネルギー）の実を示し、重症では虚を示す。
　〔陰＞陽〕関係では、疾患臓器と関連する経絡その他の陰陽対の1～3で逆転が生じるか、〔陰＞陽〕関係が破れている。
　従って、疾病臓器と関連する経絡が最虚を示し、何れかの経絡で〔陰＞陽〕関係が逆転しているか否かで、機能的異常か器質的疾患かの区別が或る程度可能のように思われる。

(2003.4.3)

〔註〕

陰陽・三陰三陽関係

陰陽関係	三陰三陽関係
（陰　経）　（陽　経）	（太陰経）　肺　経　—　脾　経
肺　経　—　大腸経	（少陰経）　心　経　—　腎　経
脾　経　—　胃　経	（厥陰経）　心包経　—　肝　経
心　経　—　小腸経	（陽明経）　大腸経　—　胃　経
腎　経　—　膀胱経	（太陽経）　小腸経　—　膀胱経
心包経　—　三焦経	（少陽経）　三焦経　—　胆　経
肝　経　—　胆　経	

＜参考文献＞

本山博『東洋医学 気の流れの測定・診断と治療』宗教心理出版　東京　1985

代田文誌『針灸治療基礎学』医道の日本社　1975

〔図・表一覧〕

表X-1　胃の自覚症状をもつ人々の示す経絡の実と虚の度数分布とその χ^2 検定

井の頭鍼灸院　患者（胃症状関係）　　　男 32 名
2003・2・12　　　　　　　　　　　　　　女 40 名

各経絡 BP 値の虚実の度数

	肺	大腸	心包	膈兪	三焦	心	小腸
実	52	5	2	4	1	16	0
虚	0	24	33	19	27	0	25

	脾	肝	胃	八兪	胆	腎	膀胱
実	45	49	5	1	8	25	3
虚	0	3	23	21	11	5	25

検定の結果

自由度	13
χ^2 値	313.37
P値（上側確率）	3.8×10^{-59}
分割表分析係数	0.648
クラーメルのV値	0.852
χ^2 (0.95)	22.36

自由度 (df) = 13
$\chi^2 = 313.37 > \chi^2 (0.95) = 22.36$
$P = 3.8 \times 10^{-59} < 0.01$

表X-2　心機能異常の自覚症状をもつ人々の示す経絡の実と虚の度数分布とその χ^2 検定

井の頭鍼灸院　患者（心臓循環器症状関係）　男 15 名
2003・2・6　　　　　　　　　　　　　　　　女 21 名

各経絡 BP 値の虚実の度数

	肺	大腸	心包	膈兪	三焦	心	小腸
実	27	4	3	2	1	13	1
虚	0	12	15	9	12	3	10

	脾	肝	胃	八兪	胆	腎	膀胱
実	17	21	0	5	2	12	0
虚	3	0	9	8	6	3	18

検定の結果

自由度	13
χ^2 値	132.27
P値（上側確率）	7.4×10^{-22}
分割表分析係数	0.616
クラーメルのV値	0.783
χ^2 (0.95)	22.36

自由度 (df) = 13
$\chi^2 = 132.27 > \chi^2 (0.95) = 22.36$
$P = 7.4 \times 10^{-22} < 0.01$

表 X - 3 泌尿生殖器系に自覚症状をもつ人々の示す経絡の実と虚の度数分布とその χ^2 検定

井の頭鍼灸院　患者（泌尿生殖器症状関係）　　男 15 名
2003・2・6　　　　　　　　　　　　　　　　　　　女 50 名

各経絡 BP 値の虚実の度数

	肺	大腸	心包	膈兪	三焦	心	小腸
実	22	1	1	2	1	9	0
虚	0	10	14	7	12	1	11

	脾	肝	胃	八兪	胆	腎	膀胱
実	17	21	1	0	2	13	0
虚	0	2	10	6	3	3	11

検定の結果

自由度	13
χ^2 値	133.63
P 値（上側確率）	4.0×10^{-22}
分割表分析係数	0.653
クラーメルの V 値	0.862
χ^2 (0.95)	22.36

自由度 (df) = 13
$\chi^2 = 133.63 > \chi^2 (0.95) = 22.36$
$P = 4.0 \times 10^{-22} < 0.01$

202　第Ⅹ章　或る臓器について、自覚症状をもつが健康な人が各経絡で示す気エネルギーの虚実・陰陽関係パ

図Ⅹ-1　胃経上の3経穴の図

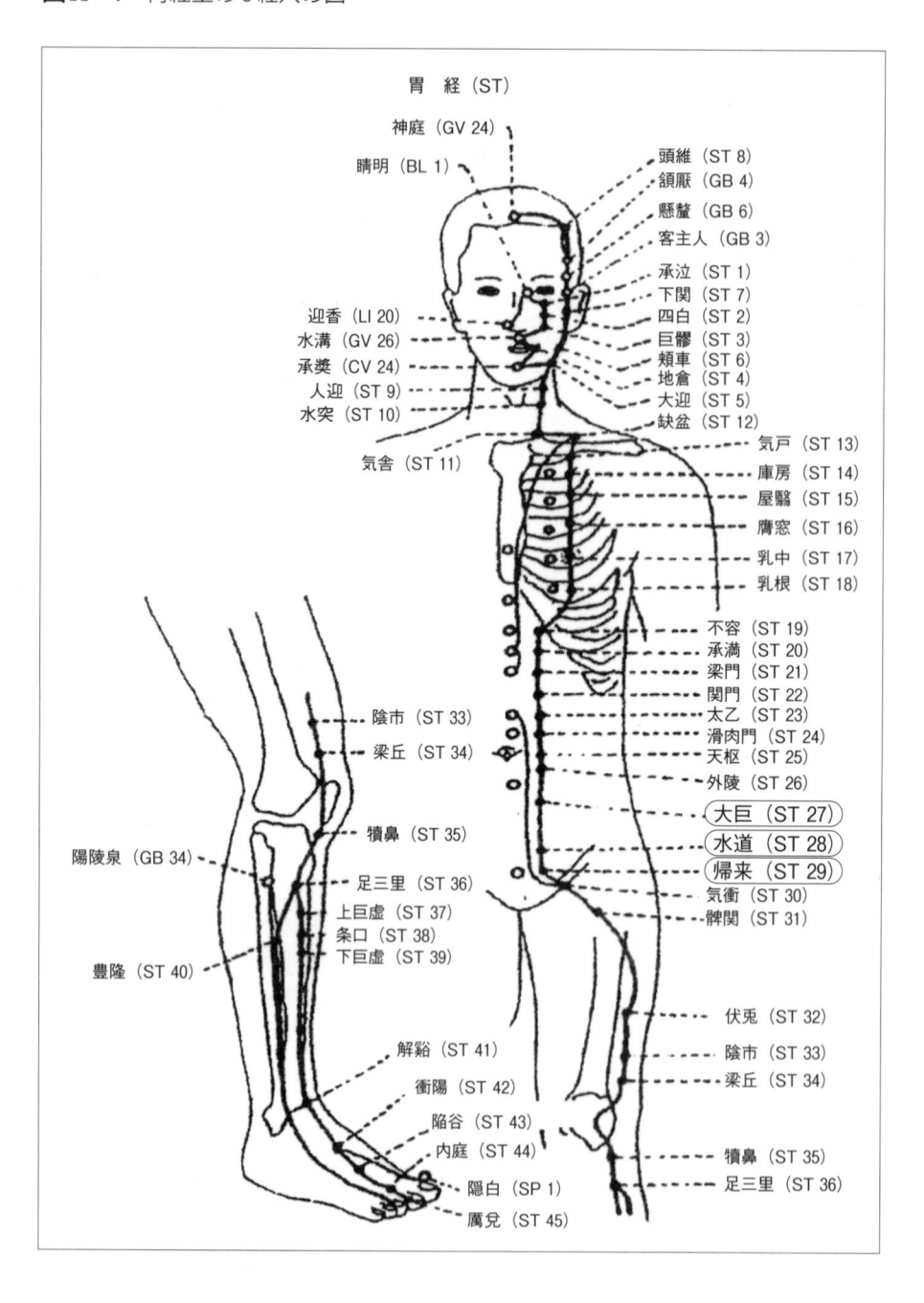

胃　経（ST）

神庭（GV 24）
睛明（BL 1）
頭維（ST 8）
頷厭（GB 4）
懸釐（GB 6）
客主人（GB 3）
承泣（ST 1）
下関（ST 7）
迎香（LI 20）
四白（ST 2）
水溝（GV 26）
巨髎（ST 3）
承漿（CV 24）
頬車（ST 6）
地倉（ST 4）
人迎（ST 9）
大迎（ST 5）
水突（ST 10）
缺盆（ST 12）
気戸（ST 13）
気舎（ST 11）
庫房（ST 14）
屋翳（ST 15）
膺窓（ST 16）
乳中（ST 17）
乳根（ST 18）
不容（ST 19）
承満（ST 20）
梁門（ST 21）
関門（ST 22）
陰市（ST 33）
太乙（ST 23）
梁丘（ST 34）
滑肉門（ST 24）
天枢（ST 25）
外陵（ST 26）
大巨（ST 27）
犢鼻（ST 35）
水道（ST 28）
陽陵泉（GB 34）
帰来（ST 29）
足三里（ST 36）
気衝（ST 30）
上巨虚（ST 37）
髀関（ST 31）
条口（ST 38）
下巨虚（ST 39）
豊隆（ST 40）
伏兎（ST 32）
陰市（ST 33）
解谿（ST 41）
梁丘（ST 34）
衝陽（ST 42）
陥谷（ST 43）
内庭（ST 44）
犢鼻（ST 35）
隠白（SP 1）
足三里（ST 36）
厲兌（ST 45）

表X-4 糖尿病患者の示す経絡の実と虚の度数分布とそのχ^2検定

一心病院　糖尿病　　　　　　　男 39 名
2003・3・13　　　　　　　　　　女 33 名

各経絡 BP 値の虚実の度数

	肺	大腸	心包	膈兪	三焦	心	小腸
実	42	1	3	1	17	2	36
虚	2	32	25	19	4	15	4

	脾	肝	胃	八兪	胆	腎	膀胱
実	28	7	12	20	7	40	0
虚	10	21	8	4	24	3	45

検定の結果

自由度	13
χ^2 値	255.71
P値（上側確率）	4.2×10^{-47}
分割表分析係数	0.610
クラーメルのV値	0.769
χ^2 (0.95)	22.36

自由度 (df) = 13
$\chi^2 = 255.71 > \chi^2 (0.95) = 22.36$
$P = 4.2 \times 10^{-47} < 0.01$

表X-5 脂肪肝患者の示す経絡の実と虚の度数分布とそのχ^2検定

東京歯科大病院　肝疾患　脂肪肝
2003・3・16

各経絡 BP 値の虚実の度数

	肺	大腸	心包	膈兪	三焦	小腸
実	5	0	0	0	0	0
虚	1	1	5	3	2	5

	脾	肝	胃	八兪	胆	腎	膀胱
実	4	7	1	2	4	4	0
虚	1	0	2	2	1	2	2

検定の結果

自由度	12
χ^2 値	32.27
P値（上側確率）	1.3×10^{-3}
分割表分析係数	0.612
クラーメルのV値	0.773
χ^2 (0.95)	21.03

自由度 (df) = 12
$\chi^2 = 32.27 > \chi^2 (0.95) = 21.03$
$P = 1.3 \times 10^{-3} < 0.01$

虚実とも 0 個の心を除く

表X-6　急性肝炎患者の示す経絡の実と虚の度数分布とそのχ^2検定

東京歯科大病院　肝疾患　急性肝炎
2003・3・18

各経絡 BP 値の虚実の度数

	肺	大腸	心包	膈兪	三焦	心	小腸
実	3	0	0	0	0	0	0
虚	0	2	4	2	4	1	2

	脾	肝	胃	八兪	腎	膀胱
実	6	6	1	0	1	1
虚	0	0	0	1	0	2

虚実とも 0 個の胆を除く

検定の結果

自由度	12
χ^2 値	33.33
P 値（上側確率）	8.6×10^{-4}
分割表分析係数	0.693
クラーメルのV値	0.962
χ^2 (0.95)	21.03

自由度 (df) = 12
$\chi^2 = 33.33 > \chi^2 (0.95) = 21.03$
$P = 8.6 \times 10^{-4} < 0.01$

表X-7　慢性肝炎患者の示す経絡の実と虚の度数分布とそのχ^2検定

東京歯科大病院　肝疾患　慢性肝炎　　　男 9 名
2003・3・18　　　　　　　　　　　　　　女 4 名

各経絡 BP 値の虚実の度数

	肺	大腸	心包	膈兪	三焦	心	小腸
実	7	0	0	0	0	1	0
虚	0	4	7	3	5	2	5

	脾	肝	胃	八兪	胆	腎	膀胱
実	12	11	1	2	0	3	2
虚	0	0	1	3	4	1	4

検定の結果

自由度	13
χ^2 値	60.20
P 値（上側確率）	4.8×10^{-8}
分割表分析係数	0.660
クラーメルのV値	0.879
χ^2 (0.95)	22.36

自由度 (df) = 13
$\chi^2 = 60.20 > \chi^2 (0.95) = 22.36$
$P = 4.8 \times 10^{-8} < 0.01$

表X - 8 肝硬変患者の示す経絡の実と虚の度数分布とその χ^2 検定

東京歯科大病院　肝疾患　肝硬変　　　　男4名
2003・3・20　　　　　　　　　　　　女4名

各経絡BP値の虚実の度数

	肺	大腸	心包	膈兪	三焦	心	小腸
実	5	1	0	0	0	1	0
虚	0	3	5	1	1	0	3

	脾	肝	胃	八兪	胆	腎	膀胱
実	7	6	0	1	1	2	0
虚	0	0	2	1	4	0	4

検定の結果

自由度	13
χ^2 値	39.80
P値（上側確率）	1.5×10^{-4}
分割表分析係数	0.673
クラーメルのV値	0.911
χ^2 (0.95)	22.36

自由度 (df) = 13
$\chi^2 = 39.80 > \chi^2 (0.95) = 22.36$
$P = 1.5 \times 10^{-4} < 0.01$

表X - 9 肝不全患者の示す経絡の実と虚の度数分布とその χ^2 検定

東京歯科大病院　肝疾患　肝不全　　　　男7名
2003・3・20　　　　　　　　　　　　女1名

各経絡BP値の虚実の度数

	肺	大腸	心包	膈兪	三焦	心	小腸
実	8	2	3	2	0	1	0
虚	0	1	1	1	3	1	3

	脾	肝	胃	八兪	胆	腎	膀胱
実	4	0	0	1	0	2	1
虚	0	1	2	2	2	2	5

検定の結果

自由度	13
χ^2 値	27.67
P値（上側確率）	0.010
分割表分析係数	0.605
クラーメルのV値	0.759
χ^2 (0.95)	22.36

自由度 (df) = 13
$\chi^2 = 27.67 > \chi^2 (0.95) = 22.36$
$P = 0.01 < 0.05$

表X-10 肝癌患者の示す経絡の実と虚の度数分布とそのχ^2検定

東京歯科大病院　肝疾患　　肝癌　　　　　　男3名
2003・3・20　　　　　　　　　　　　　　女2名

各経絡BP値の虚実の度数

	肺	大腸	心包	膈兪	三焦	心	小腸
実	4	1	1	2	0	1	1
虚	0	1	1	0	1	0	0

	脾	肝	胃	八兪	胆	腎	膀胱
実	2	1	0	0	1	1	0
虚	0	1	3	1	3	1	3

検定の結果

自由度	13
χ^2値	19.00
P値（上側確率）	0.12
分割表分析係数	0.623
クラーメルのV値	0.796
χ^2 (0.95)	22.36

自由度（df）＝ 13
$\chi^2 = 19.00 > \chi^2 (0.95) = 22.36$
P ＝ 0.12 ＞ 0.05

第XI章

真皮内に経絡がある

― 表皮、真皮における
電位勾配、電流方向の比較 ―

要　約

Ⅰ．目的

Ⅱ．実験方法

　　1）差動アンプと0点調節

　　2）三焦経3経穴での真皮内電位測定

　　3）表面電位測定

　　4）心包経3経穴での真皮内電位、
　　　表面電位測定

　　5）被験者

Ⅲ．統計的解析と考察

　　1）データによる電位測定と統計的解析

　　2）真皮内電位勾配と電流方向

　　3）表皮における電位勾配と電流方向

　　4）真皮内、表皮における平均電位の比較

Ⅳ．結論

Ⅴ．補完（supplement）

　　1）補完（supplement）の目的

　　2）統計的解析と考察

　　3）補完の結論

第XI章
真皮内に経絡がある
― 表皮、真皮における電位勾配、電流方向の比較 ―

要約

　表皮、真皮内の電位を心包経、三焦経の3経穴、肺経の2経穴について測定した。心包経、三焦経の3経穴、肺経の2経穴について電位勾配と電流の流れの方向のデータを分析してみると、本山が拙著『東洋医学 気の流れの測定・診断と治療』の中で実験して確認した実験結果と同じ結果が得られた。

　真皮内の心包経、肺経のような陰経では気の流れは〔下から上へ(註1)〕の方向を示し、三焦経（陽経）では〔上から下へ〕流れることが再確認された。

　これに対し、表皮上の電位勾配と電流の方向は、上記の経絡の気の流れと一致しないことが判明した。

Ⅰ．目的

　真皮内に経絡が存在し、気の流れがあることを確かめ、表皮上には経絡は存在しないことを証明する。

Ⅱ．実験方法

1) 差動アンプと0点調節〔図XI-1 (219頁)、グラフXI-1-1 (219頁)、1-2 (220頁)〕

　本山と木下(註2)が基本的に考案し、木下が設計、製作した差動アンプをデジテックス研究所が改良したものを使用する（ノイズレベルはアメリカ製のエレクトロメータよりも低い）。

　測定前にアンプの各(+)と(-)側、ボディアース端子のケーブル全てをアースに落としたショートプレートに接続した状態で、ソフトウェアにより0点調節を行なった。

　被験者にシールドルームに入ってもらい、シールドルーム内のリクライニング椅子に腰掛けて安定した状態を保ってもらう。

2) 三焦経3経穴での真皮内電位測定

　シールド針〔長さ1寸3分、内径3番（0.20mm）、先端0.3mmが露出、他は樹脂でシールドした特殊な針〕を三焦経の左陽池（TE4）、左外関（TE5）、左支溝（TE6）〔図XI-2 (221頁)〕に、角度約45度で3mm程挿して、先端が真皮内に入るようにする。これを(+)電極につなぎ、600sec連続して電位を測定する。真皮内にシールド針を入れると、針のステンレススチールと真皮内イオンの間で分極が生じ、安定するのに5～10分かかる。安定してから測定値を読むことにする。

3) 表面電位測定

　次いで三焦経の左陽池、左外関、左支溝に不分極表面電極(+)側（9.5mm×4.5mm銀・塩化銀化合物の不分極電極）を貼付し、600sec連続して表面電位を測定する。

4) 心包経3経穴での真皮内電位、表面電位測定

　別の日に、心包経の郄門（PC4）、間使（PC5）、内関（PC6）〔図XI-3 (221頁)〕についても、三焦経にしたと同じ要領で真皮内電位と表面電位を600sec測定する。

5) 被験者

　男5名、女5名の10名

III. 統計解析と考察

1) データによる電位測定と統計的解析

　グラフXI-3〔真皮内電位 Y. N. 04.4.4のデータ (222頁)〕のように、各測定点の真皮内の電位を測定し、各点の電位差を出し、電位勾配の方向を定める。表面電位についても同じ要領で電位差を出し、電位勾配の方向を定める。

　次に、表XI-1-1 (223頁) のように表を作り、それに基づいて表XI-1-2 (224頁) をつくり、m×n分割表による χ^2 検定をして、真皮内あるいは表皮内の電流の方向を検定する。

2) 真皮内電位勾配と電流方向

(1) 三焦経の真皮内電位勾配と電流方向

　表XI-1-2によると、正方向〔陽池→外関→支溝の順〕と逆方向の電位勾配と電流方向の度数が $P = 1.4 \times 10^{-3} < 0.002$ で、高い有意水準で有意差を示す。

　正方向、逆方向というのは、古来から臨床的に、陽経では気エネルギーが〔上から下へ〕流れる、陰経では〔下から上へ〕流れることが知られている。

　このことは、本山が実験的にも確かめた（拙著『東洋医学 気の流れの測定・診断と治療』58頁図-5を参照されたい）。さらに本山は、6対の陰陽関係にある対の経絡では、正常な状態では〔陰経のBP（気エネルギー）＞陽経のBP（気エネルギー）〕という関係のあることを見出した（同書37頁、表Aを参照されたい）。

　表XI-1-2（表XI-1-1に基づいてつくる）によると、〔陽池→外関→支溝〕の順で正方向の流れを示す人は10人中3人である。〔外関→支溝〕の正方向を示す人は10人中10人。これに対し、逆方向の電位勾配、気の流れである〔外関→陽池〕は10人中7人。表XI-1-2とm×nによる χ^2 検定の結果は、χ^2 のPは $1.4 \times 10^{-3} < 0.002$ であり、三焦経では気エネルギーが陽池→外関→支溝の陽経での正方向に流れるケースが、外関→陽池への逆方向に流れるケースより有意に多いことを示す。

　グラフXI-2 (224頁) を見ると、真皮内にシールド針を入れると、真皮内イオンと針との間に分極が生じ、大きく電位変化しているのが見える。この分極は5～10分で安定する。安定した時点で各経穴の真皮内での電位測定を決める。

　以上のことは、三つのことを示す。

　　① 〔外関→支溝〕間は上から下へ正方向に流れる。10人中10人が示す。
　　② 〔陽池→支溝〕間も正方向に10人中3人が示す。
　　③ 〔外関→陽池〕間では10人中7人が逆方向の流れを示す。つまり外関の電位が陽池よ

り高い。

表XI-1-3 (224頁) を見ると、外関の平均電位1161mV、陽池1104mV、支溝-215mVと、外関が最高である。

外関が最高の電位を示す理由として次のことが推測される。

三焦経の外関は、心包経の内関と共に、三焦経、心包経間の情報をやり取りする連絡穴（絡穴）であると古来から臨床的に知られている。従って、両経絡間の情報伝達穴として高い電位を必要とするのかもしれない。

最後に、三焦経の電位勾配、気の流れは正方向の〔陽池→支溝〕で10人中3人、正方向の〔外関→支溝〕で10人中10人、正方向の〔陽池→外関〕で10人中3人、正方向合計で16人であるに対し、逆方向は〔外関→陽池〕で10人中7人である。従って、三焦経では〔上から下へ〕の正方向に流れるケースが多いと言える。

正方向のみに流れず、逆方向にも流れることについての考察は、〔心包経BP（気の流れ）＜三焦経BP（気の流れ）〕の逆転がその一因と思われるが、後章で述べる。

(2) 心包経の真皮内電位勾配と電流（気の流れ）方向

① 表XI-2-2 (226頁)〔表XI-2-1 (225頁) に基づいてつくる〕を見ると、$P = 1.2 \times 10^{-2} < 0.02$ で、2％の有意水準で正方向〔下から上へ、つまり郄門→間使→内関〕の電位勾配、気の流れの度数と、逆方向〔郄門←間使←内関〕のそれらとの間に有意差のあることが明らかである。

正方向では〔間使→内関〕で11人中9人が正方向を示し、逆方向では〔郄門←間使〕間で11人中9人が逆方向を示す。

表XI-2-3 (226頁) を見ると、平均電位は間使 (1168mV)、郄門 (1095mV)、内関 (1059mV) で、間使が正方向、逆方向の分岐点になっている。

② (3)の②で述べるが、肺経（陰経）と大腸経（陽経）〔図XI-4、XI-5 (227頁)〕は、一対の陰陽関係にある経絡である。

肺経、大腸経では8人中7人で〔肺経（陰経）のBP（気の流れ）＞大腸経（陽経）のBP（気の流れ）〕となっており〔表XI-3-1 (228頁)〕、且つ肺経の電位勾配、気の流れは常に〔下から上へ〕の正方向になっている。

これに反し心包経、三焦経では、AMIデータで陰陽関係の正方向、逆転関係を見ると、AMIデータの10人中7人で〔心包経＜三焦経〕の逆転関係を示す（表XI-2-1）。本山の論文『AMIのデータ解析・診断・治療法』（近刊予定）でも、逆転の生じている経絡に対応する臓器では疾病の発生率が大きく、対応する陰経の気エネルギーが減少している。これは、その経絡で気エネルギーが正常に流れていない、減少していることを示す。この陰陽逆転を示す逆転の経絡では、逆方向の気の流れが生じやすいのであろう。そのメカニズムはさらに実験して明らかにしたい。

③ 現代生活のストレスが心包経、三焦経の逆転を示す。
　心包経、三焦経の逆転は器質的疾患をもっていない現代人の多くにみられる〔本山博『AMIのデータ解析・診断・治療法』（近刊予定）を参照〕。ストレスは、多く、心臓機能に影響を与える。三焦経は全身の疲労の状態を反映する。現代生活は人々にストレスと過労を生ぜしめ、その結果、心包経と三焦経に気エネルギーの過不足、アンバランスを生ぜしめ、〔心包経＜三焦経〕という逆転を生ぜしめるのであろう。

(3) 肺経の真皮内電位勾配と電流方向

① 表Ⅺ-3-2 (228頁)（表Ⅺ-3-1 に基づいてつくる）では、8人の被験者全てで、孔最から太淵に、〔下から上へ〕流れている。$\chi^2 = 8.0$ の $P = 4.7 \times 10^{-3} < 0.005$（$\chi^2 = 7.9$）で、気の流れが孔最から太淵に流れるのは偶然でなく、経絡の内に或る原因があって流れていることを示す。肺経のような陰経では気の流れが〔下から上へ〕流れることは、既にⅢ. 2)、②で述べたことである〔グラフⅪ-3 (222頁)〕。

② 肺経（陰経）と陰陽関係にある大腸経（陽経）との間には、表Ⅺ-3-1に見られるように、AMIで測定された被験者のデータが8人中7人で〔陰＜陽〕の逆転を示さない。
　表Ⅺ-3-2では逆方向の流れを示さない。全ての被験者が〔孔最→太淵、下から上へ〕の正方向の電位勾配（孔最 1070mV、太淵 835mV）の流れを示す〔表Ⅺ-3-3 (229頁)〕。
　これに対し、Ⅲ. 2)、(1)(2)で既述のように、〔心包経―三焦経〕間では〔心包経（陰）＜三焦経（陽）〕という陰陽の逆転が見られ、電位勾配、気の流れ（電流）の方向にも正方向と逆方向が見られた。
　以上のことは、
　　ⅰ 経絡間に陰陽関係のあること
　　ⅱ 〔陰＞陽〕の正常な関係が保たれないと、気の流れに逆方向、乱れが生じること
を示唆している。気の流れが正方向となるように、逆転を示す陰経の兪穴、募穴に置針刺戟、圧刺戟を適切に与えて治療することが重要である〔本山博『AMIのデータ解析、診断、治療法』（近刊予定）参照〕。

3) 表皮における電位勾配と電流方向

(1) 三焦経表面電位と電流方向〔表Ⅺ-4-1 (229頁)、Ⅺ-4-2 (230頁)、Ⅺ-4-3 (230頁)〕

　表Ⅺ-4-2を見ると、表面電位勾配と表面電流は、〔上から下へ〕〔陽池→外関→支溝〕という正方向と、〔下から上へ〕〔陽池←外関←支溝〕という逆方向の間に、有意な度数分布の差を示さない。これに対し、真皮内では〔外関→支溝〕〔上から下へ〕の方向が有意差をもって

はっきり示された（表Ⅺ-1-2）。これは、真皮内に経絡があることの一つの証拠となる。

電位は真皮内の平均電位、陽池1104mV、外関1161mV、支溝−215mV（表Ⅺ-1-3）に対して、表面電位は、陽池49mV、外関52mV、支溝47mV（表Ⅺ-4-3）と小さい。

グラフⅪ-4 (230頁) を見ると、表面電位は真皮内電位と異なって、皮膚表面と電極間の分極が少ない。電位差を見ると、表面電位では三焦経〔陽池—外関〕〔外関—支溝〕間で10mV〜30mVであるに対し、真皮内では三焦経〔外関—支溝〕間で約1200mVと非常に大きい（グラフⅪ-2）。真皮内では表面に比べて大きな電流が〔上から下へ〕と流れる。

表Ⅺ-4-2、m×n分割表のχ^2検定から、三焦経の表面電位は、正方向と逆方向で有意差を示さない。

(2) **心包経表面電位と電流方向**〔表Ⅺ-5-1 (231頁)、Ⅺ-5-2 (232頁)、Ⅺ-5-3 (232頁)〕

表Ⅺ-5-2を見ると、表面電位による電流の正方向、逆方向の度数についてのχ^2検定も、P=4.5×10^{-3}＜0.005で有意差を示す。〔間使→内関〕への正方向が11人中10人、〔間使→郄門〕への逆方向が11人中8人、皮膚表面の電位勾配、電流方向も真皮内のそれらと同じく〔下から上へ〕〔上から下へ〕の二方向が有意差を示して入り混じっている。このことは、皮膚表面電位勾配、表面電流も真皮内のそれらを或る程度反映していると考えられる。

表Ⅺ-2-4 (232頁) を見ると、電位は、真皮内では平均1107mVであるのに対し、表面（表皮）では28mVと非常に低い。さらに、3点の表皮、真皮内平均電位間に有意差が見られる〔表Ⅺ-2-5 (233頁)〕。これは真皮と表皮に存在する抵抗値の相違と、真皮内に起電力があることによるものと考えられる〔真皮内の起電力については本山博：「生体内における起電力」（近く発行の予定）参照〕。

(3) **肺経表面電位と電流方向**〔表Ⅺ-6-1 (234頁)、Ⅺ-6-2 (234頁)、Ⅺ-6-3 (234頁)〕

表Ⅺ-6-2を見ると、$\chi^2=0.50<\chi^2_{0.05}=3.8$であり、〔孔最—太淵〕間の電位勾配、電流方向の正方向、逆方向間の度数分布に有意差がないということである。

真皮内の電位勾配、電流方向には〔孔最→太淵〕という明確な方向があったが（表Ⅺ-3-2）、表面電位勾配、電流方向には一定の方向が見られない〔グラフⅪ-5 (235頁)〕。

以上のことは、真皮内に経絡が在り、気が流れていることの一つの証拠である。

4) 真皮内、表皮における平均電位の比較

(1) **真皮内心包経、三焦経の電位の比較**

表Ⅺ-7-1 (235頁) を見ると、3点の電位平均は〔心包経（陰経）1107mV＞三焦経（陽経）683mV〕となるので、『東洋医学 気の流れの測定・診断と治療』37頁、表Aで明らかにした〔陰経BP（気エネルギー）＞陽経BP（気エネルギー）〕の実験結果を再確認したことになる。

(2) 表皮の心包経、三焦経の各点における電位の比較

表Ⅺ-7-2 (236頁) を見ると、3点の〔心包経（陰経）平均電位 28mV ＜三焦経（陽経）平均電位 49mV〕であって、経絡の〔陰経の気エネルギー＞陽経の気エネルギー〕の関係を示さない。真皮内電位勾配、気の流れは、既に見た如く、〔心包経＞三焦経〕の関係を示し、経絡の存在と気の流れを示すが、表面電位は平均電位の心包経、三焦経の比較でも〔心包経＞三焦経〕の関係を示さない。表面電位勾配、電流方向は、真皮内の経絡のそれらと違うものであることが示されている。これはⅢ．2)、3) で述べたことと一致する。

(3) 真皮内内関（心包経）と外関（三焦経）の電位勾配の差について

表Ⅺ-8 (237頁) を見ると、電位は外関（三焦経）の方が内関（心包経）より全ての被験者で高い。χ^2検定では$\chi^2=7.0＞\chi^2_{.01}=6.6$であり、〔内関電位＜外関電位〕の度数が1％で有意差を示す。しかし、心包経3点の電位平均値は三焦経のそれより有意に高い〔心包経 1107mV＞三焦経 683mV〕。しかし、内関、外関の電位は〔心包経＜三焦経〕となっている。内関、外関は心包経と三焦経を結ぶ連絡穴であるが（拙著『東洋医学 気の流れの測定・診断と治療』58～59頁参照）、陰陽関係にある一対の経絡間を結ぶ経穴では、陽経の経穴が陰経のそれより高いということであるのだろうか。それとも、今回の被験者では〔心包経＜三焦経〕という逆転がみられる人が多かったので、連絡路である内関、外関でも逆転が生じたのであろうか。今のところ不明である。

Ⅳ．結論

以上の考察を通じて、以下のことが明らかとなった。

① 真皮内の電位勾配と電流（気の流れ）の方向は、陰経では気の流れが〔下から上へ〕、陽経では〔上から下へ〕という、古来からの臨床的経験と本山の実験とを再検討し、経絡の存在、陰経、陽経の存在、気の流れの方向が再確認された（Ⅲ．2)、(1)(2)(3) を参照）。

② 表面（表皮）の電位勾配と電流方向は、陰経では〔下から上へ〕、陽経では〔上から下へ〕という一定の方向を示さない。従って、表面電位勾配、電流方向は、経絡と密接な関係にはない（Ⅲ．2)、(1)(2)(3) を参照）。

③ 心包経、三焦経のように、陰陽関係で〔陰＜陽〕の逆転関係を示す経絡では、気の流れが正方向になったり逆方向になったりする（Ⅲ．1）、(1)(2)を参照）。

④ 陰陽関係で〔肺経（陰経）＜大腸経（陽経）〕という逆転を殆ど示さない肺経（陰経）では、大部分の被験者で〔下から上へ〕の正方向で気の流れがみられる。

⑤ 真皮内に経絡が存在する。

⑥ 補完の実験から、次のことが推測される。

(2004.4.15)

Ⅴ．補完（supplement）

1）補完（supplement）の目的

　「真皮内に経絡がある」の論文では、大腸経の真皮内での電位勾配、電流方向を調べてなかったので、その補いとして、今回、大腸経の真皮内での電位勾配、電流方向を調べ、さらに陰陽関係にある肺経（陰経）－大腸経（陽経）、脾経（陰経）－胃（陽経）についても、前回の「真皮内に経絡がある」と同様の実験装置と方法で測定し、前回のデータも加えて、データを χ^2 検定して、真皮内では陰経で〔下から上へ〕、陽経では〔上から下へ〕流れることを確かめた。これを前回の論文の補完として、巻末に追加する。

　ところが、〔陰経BP＞陽経BP〕が逆になっている場合には、陰経で電位勾配と電流方向が逆方向になるケースがままあるので、〔陰経BP＞陽経BP〕と〔陰経BP＜陽経BP〕の場合を、まず14経絡のBPをAMIで測定し、各陰陽経絡について〔陰経BP＞陽経BP〕と〔陰経BP＜陽経BP〕を確かめ、各経絡の電位勾配と電流方向を調べ、各々の度数を調べ表Ⅺ-9～Ⅺ-12 (240頁) をつくり、χ^2 検定して統計解析してみた。

2) 統計的解析と考察

　表XI-13 (241頁)、XI-14 (241頁) を見ると、表XI-13の逆転、非逆転を合計した正方向、逆方向の度数の χ^2 検定では、$P = 4.7 \times 10^{-4}$ と、高い有意水準で両方向の度数に有意差があることが解る（表XI-14）。

　陰経では気エネルギーが〔下から上へ〕流れる度数が多く、陽経では〔上から下へ〕流れるということであるが、その内容を細かくみると、陽経では全て、上から気エネルギー（BP）が下（俞穴—臓器）に流れることが明らかである（このメカニズムについては、本山博『AMIによる 神経と経絡の研究』『東洋医学 気の流れの測定・診断と治療』の該当項を参照せよ）。

　陰経では、肺経では8人の被験者全て、〔下から上へ〕の正方向に流れるが、脾経では正方向4、逆方向2と、逆方向もみられる。

　心包経では、正方向3、逆方向7と、逆方向が多い。

　つまり陽経では〔上から下へ〕の正方向に流れるが、陰経では逆方向にもなる。

　次に表XI-14を表XI-15 (241頁)、XI-16 (241頁) に分けてさらに細かくみてみると、表XI-15の〔陰経BP＞陽経BP〕の場合では、正方向が逆方向より多い。$P = 0.03 < 5\%$ で、有意差を示す。

　次に表XI-16を見ると、〔陰経BP＜陽経BP（逆転）〕では、$P = 0.07 > 5\%$ で、有意差がみられない。

　表XI-15と表XI-16の分析結果から、各経絡について〔陰経BP＞陽経BP〕の場合は正方向の電位勾配、電流方向がみられるが、〔陰経BP＜陽経BP〕の逆転では、正方向、逆方向の間に有意な区別がみられない。換言すると、逆転の場合は逆方向の流れが増えることを推測せしめる。

　しかし顕著な特徴は、陽経では、〔陰経BP＞陽経BP〕の場合も〔陰経BP＜陽経BP〕の場合も関係なく、正方向のみを示すということである。

　従って、陰陽逆転の場合には、陰経での電位勾配、気エネルギーが逆方向になるということである。これは診断の上で重要なことのように思われる。つまり陰陽逆転の場合は、陰経と、それに関連する臓器に気エネルギー、機能の上で異常が生じていることを推測せしめる。

（2008.01.18）

付記

　今回のデータも、一対の陰陽関係にある陰経のBP値が陽経のBP値より高いことを証明し

ている。これは何れの実験結果も明示している、経絡の性質の基本を示す重要な基本的ファクターである〔表XI-17 (241頁)、グラフXI-6 (242頁)、XI-7 (243頁) を参照せよ〕。

3）補完の結論

　前回の実験では、大腸経、真皮内の電位勾配、電流方向を調べていなかったので、今回それを実施して、肺経では〔下から上へ〕、大腸経では〔上から下へ〕の電位勾配と流れを確かめた。さらに、陰陽関係にある肺経（陰経）―大腸経（陽経）、脾経（陰経）―胃経（陽経）の各ペアの気の流れの方向が、陰経では〔下から上へ〕、陽経では〔上から下へ〕であることも確かめた。

　次に重要な特徴は、胃経、大腸経、三焦経の陽経では、〔陰＞陽〕の場合も〔陰＜陽〕の場合も全て正方向、つまり〔上から下へ〕の電位勾配と流れを示した。これに対し陰経では、〔陰＞陽〕の場合より〔陰＜陽〕の場合に逆方向が増加することである。これは、〔陰＜陽〕の逆転は主として陰経の状態によることを示唆する。

補完による結論

1）陽経では、〔陰＞陽〕〔陰＜陽〕いずれの場合も、電位勾配も流れも〔上から下へ〕である。
2）〔陰＜陽〕の逆転は、陰経の状態が主たる原因であることを推測せしめる。

(2008.2.7)

〔註〕

1　真皮内の心包経、肺経のような陰経では気の流れは〔下から上へ〕
　　手を上に挙げた状態で上、下を決める。

2　木下
　　木下稔雅氏。日本電子専門学校情報セキュリティ科科長。

＜参考文献＞

1）本山博『東洋医学 気の流れの測定・診断と治療』宗教心理出版　東京　1985
2）本山博『AMIのデータ解析・診断・治療法』（近刊予定）
3）本山博「生体内における起電力」（近刊予定）
4）本山博『AMIによる 神経と経絡の研究』宗教心理出版　東京　1988
5）代田文誌『針灸治療基礎学』医道の日本社　1975

〔図・表・グラフ一覧〕

図XI-1 ブロック回路図

基本回路（差動アンプ）

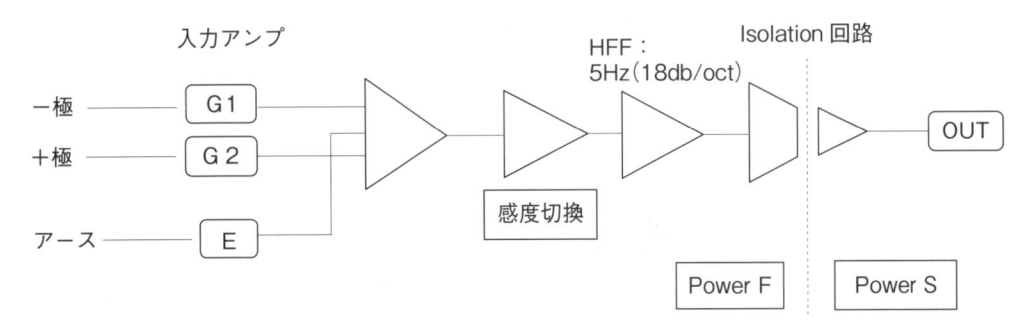

入力アンプ

　　　　　　　　　　　　　　　　　　HFF：　　　Isolation 回路
　　　　　　　　　　　　　　　　　　5Hz(18db/oct)

－極 ───── G1
＋極 ───── G2　　　　　　　　　　　　　　　　　　　　　　　　　 OUT
アース ──── E
　　　　　　　　　　　　　　感度切換

　　　　　　　　　　　　　　　　　　　　　　Power F　　Power S

グラフXI-1-1　エレクトロメータ　ショート時ノイズ　2004/4/15

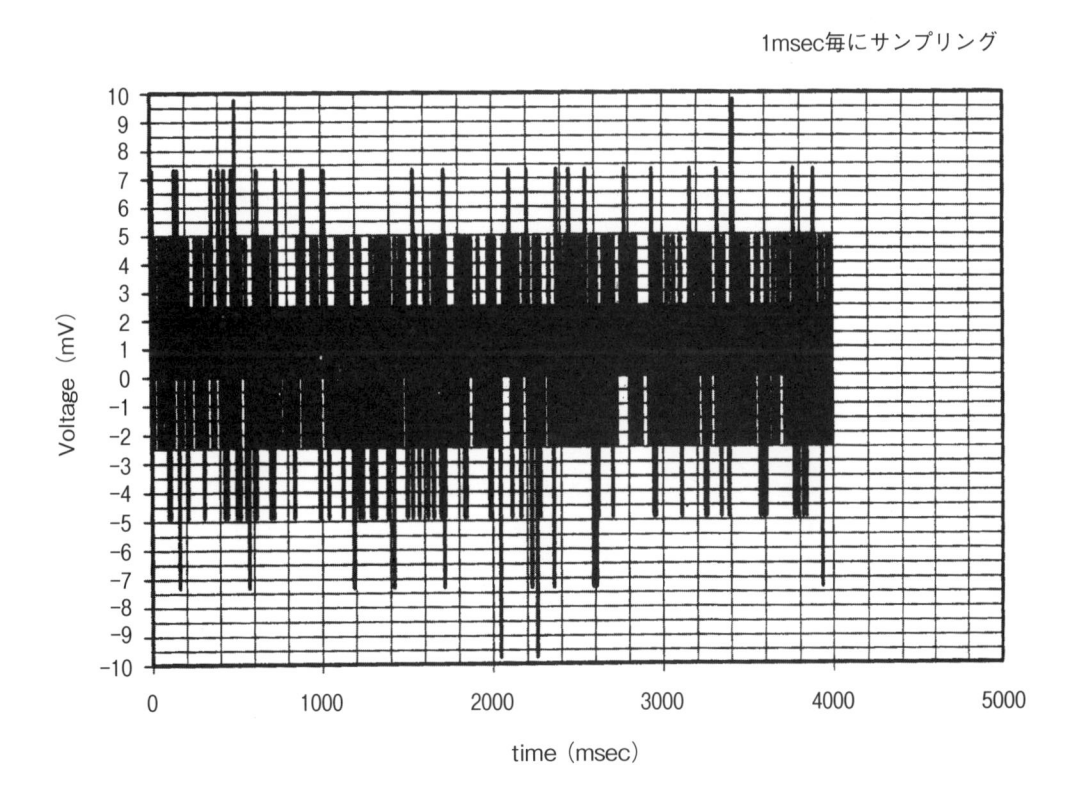

1msec毎にサンプリング

グラフⅪ-1-2 差動アンプ　ショート時ノイズ　Gain=1倍　2004/03/24

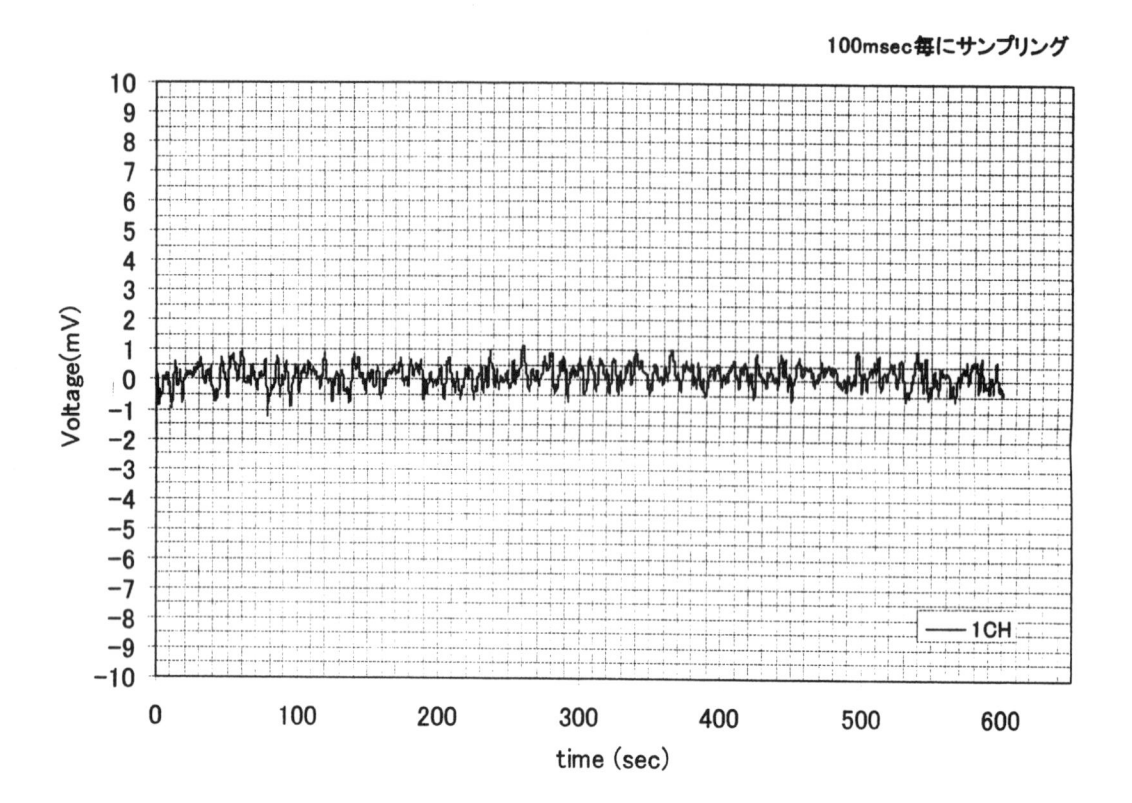

図XI-2 三焦経の図（陽池、外関、支溝）　　**図XI-3** 心包経の図（内関、間使、郄門）

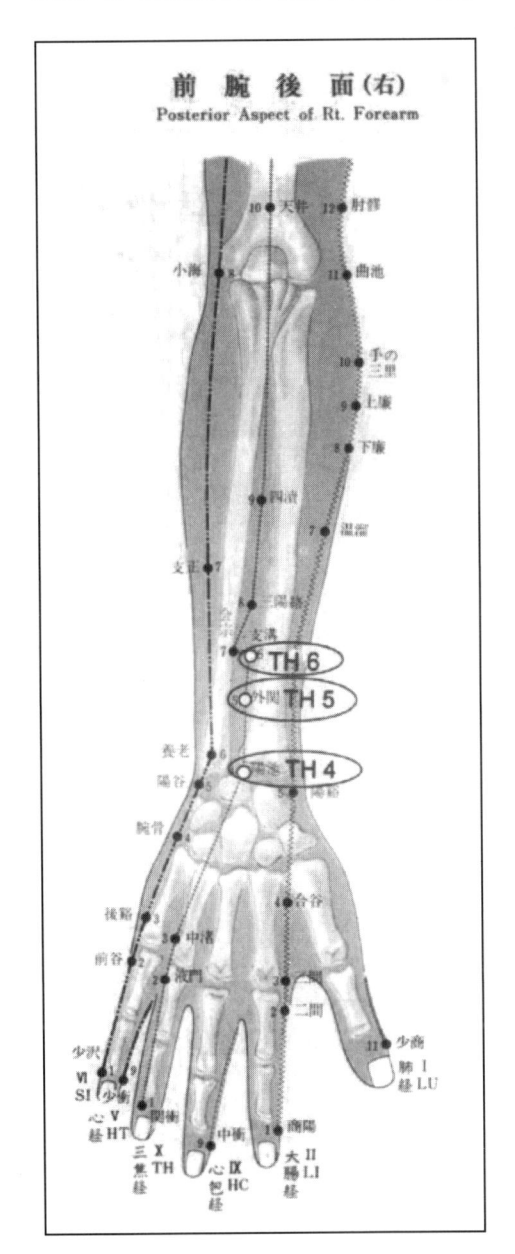

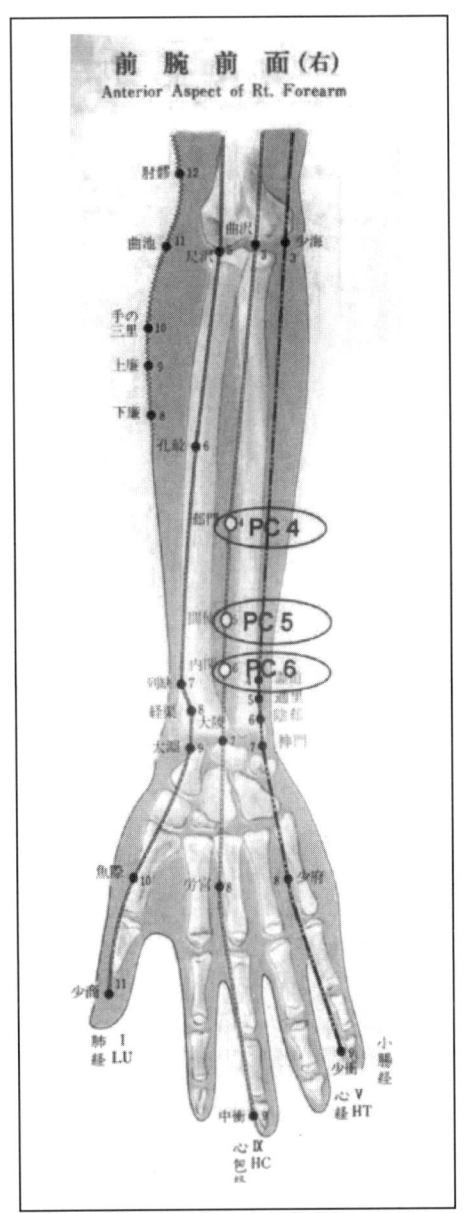

〔木下晴都：『臨床経穴図』7頁、医道の日本社（1979）より〕

グラフXI-3 真皮内電位 心包経（左内関、左間使、左郄門）、肺経（左太淵、左孔最）
Y. N. 男性 04.4.4 のデータ

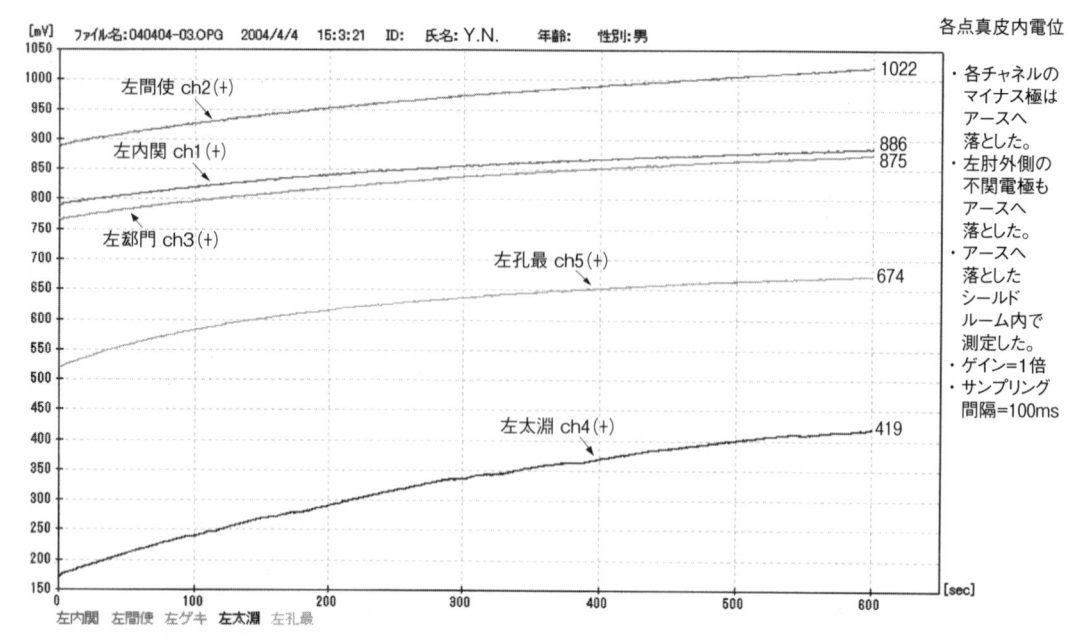

各点真皮内電位

- 各チャネルのマイナス極はアースへ落とした。
- 左肘外側の不関電極もアースへ落とした。
- アースへ落としたシールドルーム内で測定した。
- ゲイン＝1倍
- サンプリング間隔＝100ms

コメント：ch1(+)＝左内関、ch2(+)＝左間使、ch3(+)＝左郄門、ch4(+)＝左太淵、ch5(+)＝左孔最の真皮内にシールド鍼を置鍼、ch1(-)＝ch2(-)＝ch3(-)＝ch4(-)＝ch5(-)＝アース、左肘外側＝不関アース

表XI-1-1 三焦経　真皮内電位と電流の方向

（電位の単位＝mV、BP値の単位＝μA）

番号	被験者	男女	三焦経	左陽池	左外関	左支溝	BP値の逆転（心包＜三焦）＊
1	It-Ka	F	電位 方向	1071	1263 ←	1023 →	有 心包（826）＜三焦（1052）
2	Tu-Em	F	電位 方向	1116	1230 ←	-545 →	AMIデータなし
3	In-Hi	F	電位 方向	1220	1233 ←	-404 →	AMIデータなし
4	Iw-Yu	F	電位 方向	1315	1239 →	-187 →	有 心包（1286）＜三焦（1381）
5	In-Ti	F	電位 方向	1135	1023 →	-438 →	有 心包（908）＜三焦（978）
6	Tan-Hi	M	電位 方向	1377	1383 ←	-318 →	無 心包（1654）＞三焦（1652）
7	Sa-Ke	M	電位 方向	941	843 →	-209 →	AMIデータなし
8	Tad-Hi	M	電位 方向	1169	1227 ←	-327 →	有 心包（1572）＜三焦（1718）
9	Iw-Sh	M	電位 方向	978	1237 ←	-443 →	有 心包（1552）＜三焦（1714）
10	Ya-Na	M	電位 方向	719	934 ←	-304 →	無 心包（1329）＞三焦（1314）
	電位・平均値			1104	1161	-215	

＊AMIデータの心包、三焦のBP値を比較し逆転を判定
　（　）内はBP値

2004.4.13

第XI章　真皮内に経絡がある

表XI-1-2　三焦経　真皮内電位と電流の方向

三焦経	陽池－支溝*1	外関－支溝*2	陽池－外関*3
正→	3	10	3
逆←	0	0	7

*1〔陽池→外関→支溝〕の順で正方向
*2〔外関→支溝〕の順で正方向
*3〔陽池→外関〕の順で正方向

m×n分割表
検定の結果

自由度	2
χ^2 値	13
P値（上側確率）	1.4×10^{-3}
分割表分析係数	0.60
クラーメルのV値	0.75
χ^2 (0.95)	6.0

表XI-1-3　三焦経経穴での真皮内電位の平均値

三焦経	真皮内電位・平均値（mV）
陽池	1104
外関	1161
支溝	-215

グラフXI-2　真皮内電位　三焦経（左陽池、左外関、左支溝）　Y.N. 男性 04.1.25 のデータ

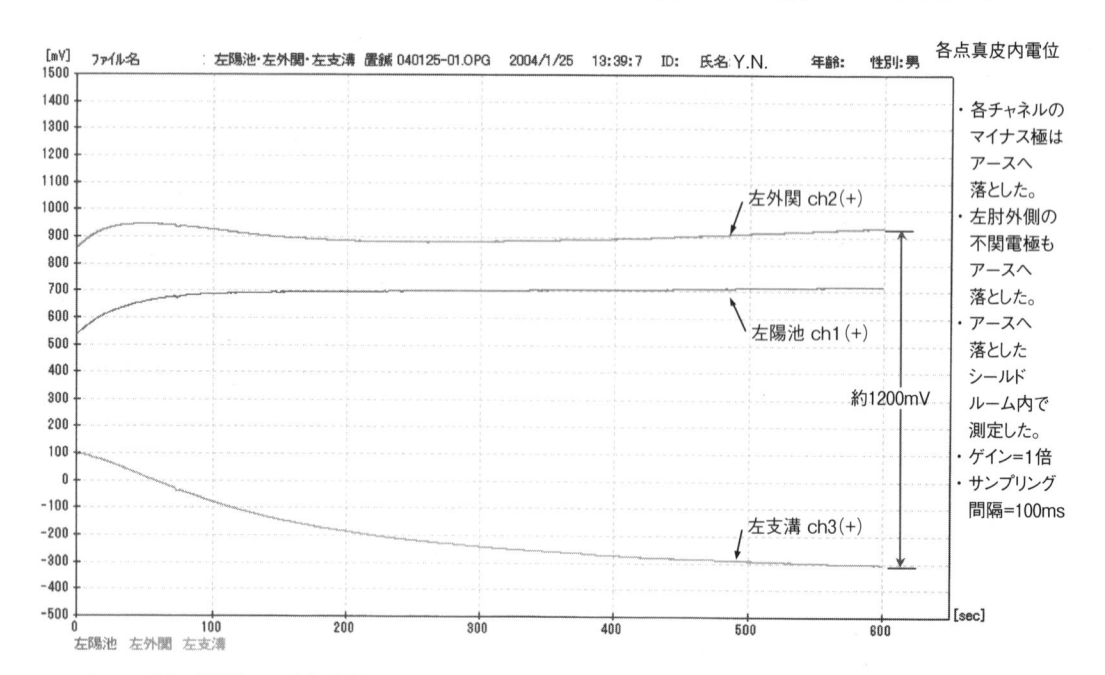

各点真皮内電位
・各チャネルのマイナス極はアースへ落とした。
・左肘外側の不関電極もアースへ落とした。
・アースへ落としたシールドルーム内で測定した。
・ゲイン=1倍
・サンプリング間隔=100ms

コメント：ch1(+)=左陽池、ch2(+)=左外関、ch3(+)=左支溝の真皮内にシールド鍼を置鍼、
　　　　　ch1(-)=ch2(-)=ch3(-)=アース、左肘外側=不関アース

表XI-2-1 心包経 真皮内電位と電流の方向

(電位の単位＝mV、BP値の単位＝μA)

番号	被験者	男女	心包経	郄門	間使	内関	BP値の逆転（心包＜三焦）＊
1	It-Ka	F	電位 方向	869	851 →	709 →	有 心包（826）＜三焦（1052）
2	Su-Su	F	電位 方向	1152	1159 ←	985 →	有 心包（1376）＜三焦（1428）
3	Iw-Yu	F	電位 方向	1097	1037 →	1051 ←	有 心包（1286）＜三焦（1381）
4	In-Ti	F	電位 方向	698	735 ←	801 ←	有 心包（908）＜三焦（978）
5	Tak-Ta	F	電位 方向	928	1160 ←	994 →	AMIデータなし
6	Tan-Hi	M	電位 方向	1036	1130 ←	877 →	無 心包（1654）＞三焦（1652）
7	Tad-Hi	M	電位 方向	1021	1153 ←	1028 →	有 心包（1572）＜三焦（1718）
8	Iw-Sh	M	電位 方向	1142	1187 ←	1059 →	有 心包（1552）＜三焦（1714）
9	Ya-Na	M	電位 方向	875	1022 ←	886 →	無 心包（1329）＞三焦（1314）
10	Ao-Ak	M	電位 方向	2496	2500 ←	2495 →	無 心包（1763）＞三焦（1687）
11	Wa-Ak	M	電位 方向	729	913 ←	767 →	有 心包（1288）＜三焦（1585）
			電位・平均値	1095	1168	1059	

＊AMIデータの心包、三焦のBP値を比較し逆転を判定
（ ）内はBP値

2004.4.14

表XI-2-2 心包経 真皮内電位と電流の方向

心包経	郄門－間使*1	間使－内関*2	郄門－内関*3
正→	2	9	1
逆←	9	2	1

*1〔郄門→間使〕の順で正方向
*2〔間使→内関〕の順で正方向
*3〔郄門→間使→内関〕の順で正方向

m×n分割表
検定の結果

自由度	2
χ^2 値	8.9
P値（上側確率）	1.2×10^{-2}
分割表分析係数	0.52
クラーメルのV値	0.61
χ^2 (0.95)	6.0

表XI-2-3 心包経経穴での真皮内電位の平均値

心包経	真皮内電位・平均値（mV）
郄門	1095
間使	1168
内関	1059

表XI-2-4 心包経絡穴での真皮内電位と表面電位の平均値の差のt検定

心包経	真皮内電位・平均値（mV）	表面電位・平均値（mV）
郄門	1095	29
間使	1168	31
内関	1059	25
平均値	1107	28

t - 検定：一対の標本による平均の検定ツール

	真皮内電位・平均値	表面電位・平均値
平均	1107	28
分散	3069	11
観測数	3	3
ピアソン相関	0.93	
仮説平均との差異	0	
自由度	2	
t	35.72	
P（T<=t）片側	3.91×10^{-4}	
t 境界値片側	2.92	
P（T<=t）両側	7.83×10^{-4}	
t 境界値 両側	4.30	

図XI-4　肺経の図（太淵、孔最）　　　図XI-5　大腸経の図

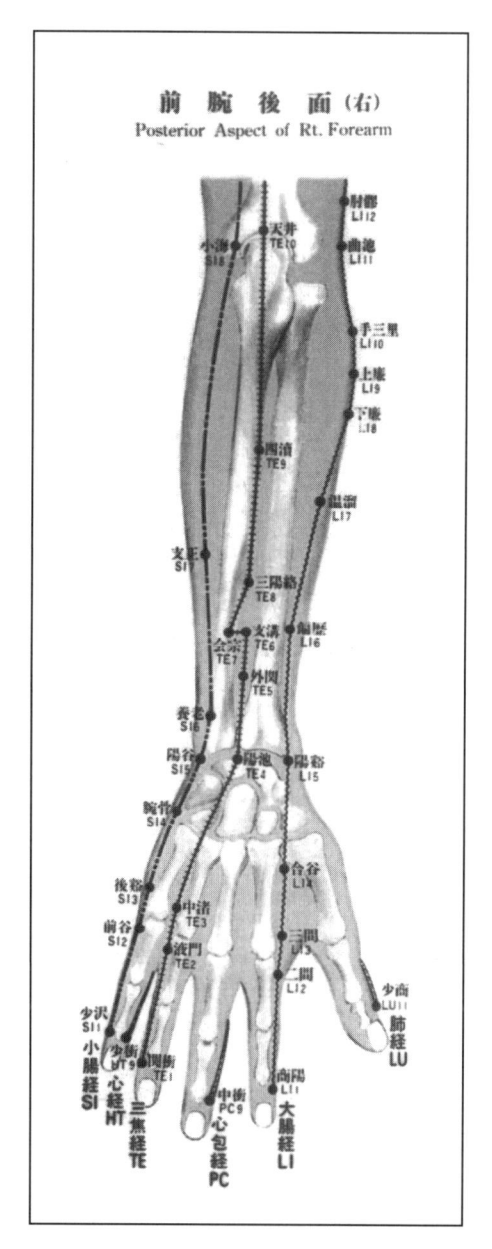

〔木下晴都：『臨床経穴図』7頁、医道の日本社（1979）より〕

表XI-3-1　肺経　真皮内電位と電流の方向

(電位の単位＝mV、BP値の単位＝μA)

番号	被験者	男女	肺経	孔最　太淵	BP値の逆転（肺＜大腸）*
1	Su-Su	F	電位 方向	888　760 →	無 肺（1656）＞大腸（1396）
2	Iw-Yu	F	電位 方向	799　675 →	無 肺（1935）＞大腸（1414）
3	In-Ti	F	電位 方向	674　671 →	無 肺（1124）＞大腸（730）
4	Tan-Hi	M	電位 方向	1040　590 →	無 肺（1844）＞大腸（1630）
5	Tad-Hi	M	電位 方向	1171　618 →	無 肺（1998）＞大腸（1804）
6	Ya-Na	M	電位 方向	674　419 →	無 肺（1690）＞大腸（1360）
7	Ao-Ak	M	電位 方向	2500　2422 →	有 肺（1682）＜大腸（1780）
8	Wa-Ak	M	電位 方向	817　523 →	無 肺（1708）＞大腸（1336）
			電位・平均値	1070　835	

＊AMIデータの肺、大腸のBP値を比較し、逆転を判定.　　　2004.4.14
　（　）内はBP値

表XI-3-2　肺経　真皮内電位と電流の方向

肺経	孔最－太淵*
正→	8
逆←	0

＊〔孔最→太淵〕の順で正方向

χ^2(0.95)	3.8
自由度	1
項目数	2
χ^2値	8.0
正→	8
逆←	0

表XI - 3 - 3　肺経経穴での真皮内電位と表面電位の平均値

肺経	真皮内電位・平均値（mV）	表面電位・平均値（mV）
孔最	1070	19
太淵	835	12
平均値	953	15

表XI - 4 - 1　三焦経　表面電位と電流の方向

（電位の単位＝mV）

番号	被験者	男女	三焦経	左陽池	左外関	左支溝
1	It-Ka	F	電位 方向	61	64 ← →	60
2	Tu-Em	F	電位 方向	30	27 → →	24
3	In-Hi	F	電位 方向	35(35.21)	35(35.20) → →	27
4	Iw-Yu	F	電位 方向	104	108 ← →	101
5	In-Ti	F	電位 方向	10	26 ← →	14
6	Tan-Hi	M	電位 方向	121	113 → ←	119
7	Sa-Ke	M	電位 方向	53	52 → →	51
8	Tad-Hi	M	電位 方向	21	26 ← ←	28
9	Iw-Sh	M	電位 方向	14	24 ← →	-5
10	Ya-Na	M	電位 方向	39	47 ← ←	48
電位・平均値				49	52	47

2004.4.15

表XI-4-2 三焦経 表面電位と電流の方向

三焦経	陽池－支溝*1	外関－支溝*2	陽池－外関*3
正→	3	7	4
逆←	2	3	6

*1〔陽池→外関→支溝〕の順で正方向
*2〔外関→支溝〕の順で正方向
*3〔陽池→外関〕の順で正方向

表XI-4-3 三焦経 経穴での表面電位の平均値

三焦経	表面電位・平均値（mV）
陽池	49
外関	52
支溝	47

m×n分割表
検定の結果

自由度	2
χ^2値	1.9
P値（上側確率）	0.39
分割表分析係数	0.26
クラーメルのV値	0.27
χ^2(0.95)	6.0

グラフXI-4 表面電位 三焦経（左陽池、左外関、左支溝）男性（I.S）04.1.24のデータ

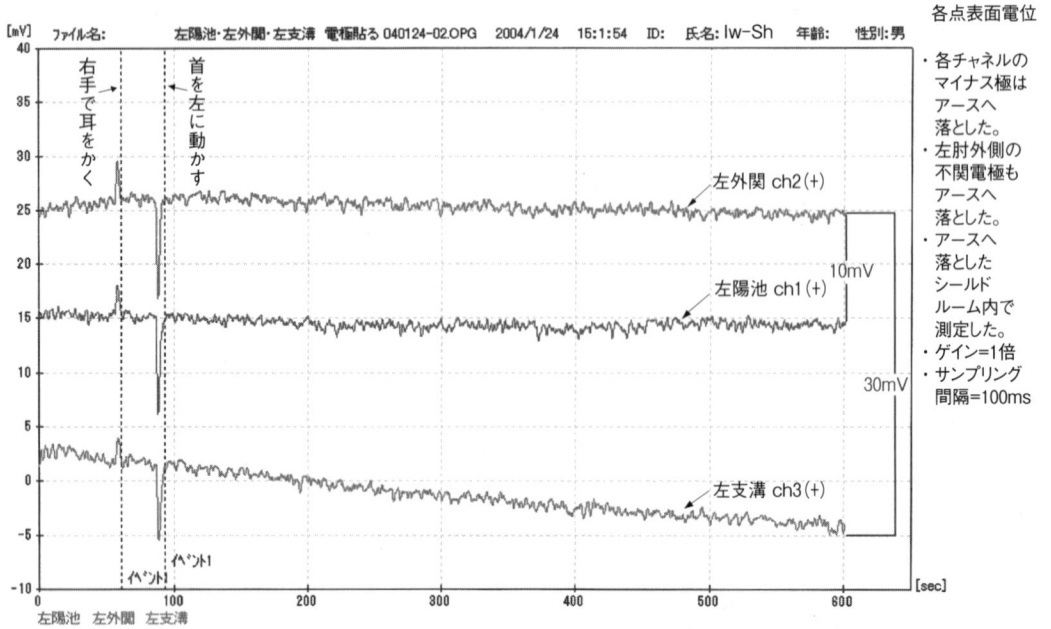

各点表面電位
・各チャネルのマイナス極はアースへ落とした。
・左肘外側の不関電極もアースへ落とした。
・アースへ落としたシールドルーム内で測定した。
・ゲイン=1倍
・サンプリング間隔=100ms

コメント：ch1(+)＝左陽池、ch2(+)＝左外関、ch3(+)＝左支溝の表皮に不分極電極（ブルーセンサー）を貼る、ch1(-)＝ch2(-)＝ch3(-)＝アース、左肘外側＝不関アース

表XI-5-1 心包経 表面電位と電流の方向

(電位の単位＝mV)

番号	被験者	男女	心包経	郄門	間使	内関
1	It-Ka	F	電位 方向	105	94 → →	82
2	Su-Su	F	電位 方向	18	26 ← →	18
3	Iw-Yu	F	電位 方向	45	47 ← →	43
4	In-Ti	F	電位 方向	26	20 → ←	22
5	Tak-Ta	F	電位 方向	40	43 ← →	39
6	Tan-Hi	M	電位 方向	31	37 ← →	25
7	Tad-Hi	M	電位 方向	-5	8 ← →	7
8	Iw-Sh	M	電位 方向	8	8 → →	0
9	Ya-Na	M	電位 方向	35	37 ← →	28
10	Ao-Ak	M	電位 方向	-1	6 ← →	-11
11	Wa-Ak	M	電位 方向	15	17 ← →	16
電位・平均値				29	31	25

表XI-5-2　心包経　表面電位と電流方向

心包経	郄門－間使*1	間使－内関*2	郄門－内関*3
正→	3	10	2
逆←	8	1	0

*1 〔郄門→間使〕の順で正方向
*2 〔間使→内関〕の順で正方向
*3 〔郄門→間使→内関〕の順で正方向

m×n分割表
検定の結果

自由度	2
χ^2値	11
P値（上側確率）	4.5×10^{-3}
分割表分析係数	0.56
クラーメルのV値	0.67
χ^2 (0.95)	6.0

表XI-5-3　心包経経穴での表面電位の平均値

心包経	表面電位・平均値（mV）
郄門	29
間使	31
内関	25

表XI-2-4　心包経経穴での真皮内電位・表面電位の平均値

心包経	真皮内電位・平均値（mV）	表面電位・平均値（mV）
郄門	1095	29
間使	1168	31
内関	1059	25
平均値	1107	28

2004.4.14

表XI-2-5 心包経3点の真皮内電位と表面電位との間の差のt検定

左郄門

番号	被験者	真皮内	表面
1	It-Ka	869	105
2	Su-Su	1152	18
3	Iw-Yu	1097	45
4	In-Ti	698	26
5	Tak-Ta	928	40
6	Tan-Hi	1036	31
7	Tad-Hi	1021	-5
8	Iw-Sh	1142	8
9	Ya-Na	875	35
10	Ao-Ak	2496	-1
11	Wa-Ak	729	15

t検定：一対の標本による平均の検定ツール

	真皮内	表面
平均	1095	29
分散	2.4×10^5	9.0×10^2
観測数	11	11
ピアソン相関	-0.38	
仮説平均との差異	0	
自由度	10	
t	7.0	
P（T<=t）片側	1.8×10^{-5}	
t境界値片側	1.8	
P（T<=t）両側	3.5×10^{-5}	
t境界値両側	2.2	

左間使

番号	被験者	真皮内	表面
1	It-Ka	851	94
2	Su-Su	1159	26
3	Iw-Yu	1037	47
4	In-Ti	735	20
5	Tak-Ta	1160	43
6	Tan-Hi	1130	37
7	Tad-Hi	1153	8
8	Iw-Sh	1187	8
9	Ya-Na	1022	37
10	Ao-Ak	2500	6
11	Wa-Ak	913	17

t検定：一対の標本による平均の検定ツール

	真皮内	表面
平均	1168	31
分散	2.2×10^5	6.5×10^2
観測数	11	11
ピアソン相関	-0.41	
仮説平均との差異	0	
自由度	10	
t	7.9	
P（T<=t）片側	6.5×10^{-6}	
t境界値片側	1.8	
P（T<=t）両側	1.3×10^{-5}	
t境界値両側	2.2	

左内関

番号	被験者	真皮内	表面
1	It-Ka	709	82
2	Su-Su	985	18
3	Iw-Yu	1051	43
4	In-Ti	801	22
5	Tak-Ta	994	39
6	Tan-Hi	877	25
7	Tad-Hi	1028	7
8	Iw-Sh	1059	0
9	Ya-Na	886	28
10	Ao-Ak	2495	-11
11	Wa-Ak	767	16

t検定：一対の標本による平均の検定ツール

	真皮内	表面
平均	1059	25
分散	2.4×10^5	6.1×10^2
観測数	11	11
ピアソン相関	-0.56	
仮説平均との差異	0	
自由度	10	
t	6.8	
P(T<=t) 片側	2.4×10^{-5}	
t境界値片側	1.8	
P(T<=t) 両側	4.8×10^{-5}	
t境界値両側	2.2	

表XI-6-1　肺経　表面電位と電流の方向

(電位の単位＝mV)

番号	被験者	男女	肺経	孔最	太淵
1	Su-Su	F	電位 方向	19	3 →
2	Iw-Yu	F	電位 方向	44	39 →
3	In-Ti	F	電位 方向	21	23 ←
4	Tan-Hi	M	電位 方向	35	10 →
5	Tad-Hi	M	電位 方向	8	11 ←
6	Ya-Na	M	電位 方向	18	19 ←
7	Ao-Ak	M	電位 方向	-4	-17 →
8	Wa-Ak	M	電位 方向	12	6 →
			電位・平均値	19	12

2004.4.14

表XI-6-2　表面電位と電流方向

肺経	孔最－太淵*
正→	5
逆←	3

＊〔孔最→太淵〕の順で正方向

χ^2 (0.95)	3.8
自由度	1
項目数	2
χ^2 値	0.50
正→	5
逆←	3

表XI-6-3　肺経経穴での表面電位の平均値

肺経	表面電位・平均値 (mV)
孔最	19
太淵	12

グラフⅪ-5 表面電位 心包経（左内関、左間使、左郄門）、肺経（左太淵、左孔最）（I.T.）女性 04.4.4 のデータ

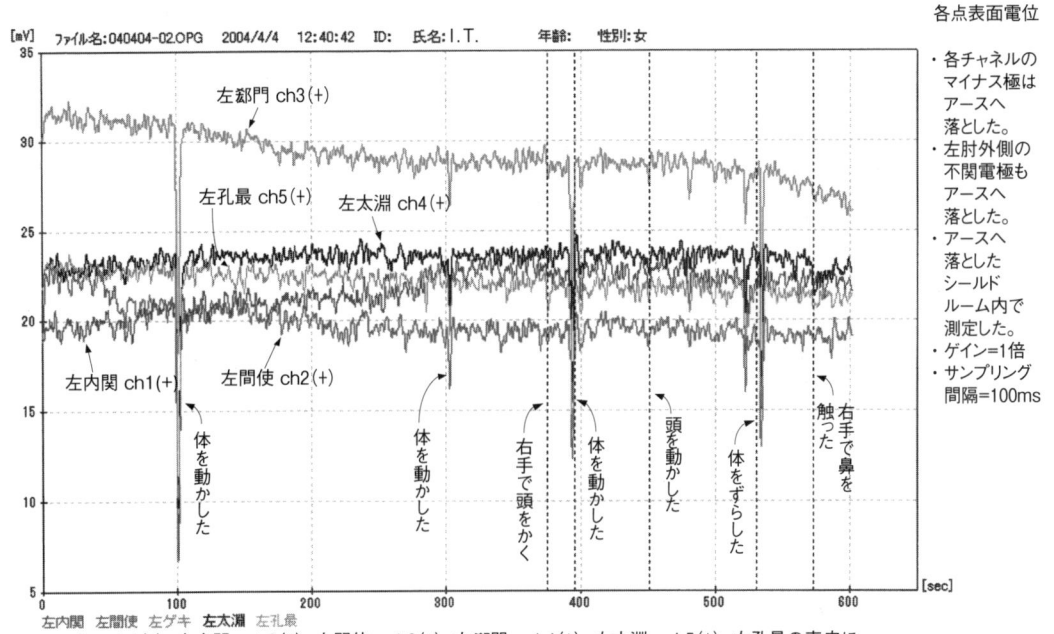

各点表面電位

- 各チャネルのマイナス極はアースへ落とした。
- 左肘外側の不関電極もアースへ落とした。
- アースへ落としたシールドルーム内で測定した。
- ゲイン=1倍
- サンプリング間隔=100ms

コメント：ch1(+)=左内関、ch2(+)=左間使、ch3(+)=左郄門、ch4(+)=左太淵、ch5(+)=左孔最の表皮に不分極電極（ブルーセンサー）を貼る、ch1(-)=ch2(-)=ch3(-)=ch4(-)=ch5(-)=アース、左肘外側=不関アース

表Ⅺ-7-1 真皮内－心包経 VS 三焦経 電位比較

心包経	真皮内電位・平均値(mV)
郄門	1095
間使	1168
内関	1059

心包経3点平均（真皮内）= 1107

三焦経	真皮内電位・平均値(mV)
陽池	1104
外関	1161
支溝	-215

三焦経3点平均（真皮内）= 683

心包経3点平均（真皮内）= 1107
三焦経3点平均（真皮内）= 683

心包経平均（真皮内）＞三焦経平均（真皮内）

2004.4.15

表XI-7-2 表皮−心包経 VS 三焦経　電位比較

心包経	表面電位・平均値（mV）
郄門	29
間使	31
内関	25

心包経 3 点平均（表面）＝ 28

三焦経	表面電位・平均値（mV）
陽池	49
外関	52
支溝	47

三焦経 3 点平均（表面）＝ 49

心包経 3 点平均（表面）＝ 28
三焦経 3 点平均（表面）＝ 49

心包経平均（表面）＜三焦経平均（表面）

表XI - 8 真皮内　内関と外関の間の電位の、内関＞外関と、内関＜外関の度数のχ²値

(a) 真皮内　内関と外関の電位

	心包経内関	三焦経外関
It-Ka	709	1263
Iw-Yu	1051	1239
In-Ti	801	1023
Tan-Hi	877	1383
Tad-Hi	1028	1227
Iw-Sh	1059	1237
Ya-Na	886	934

(b) 内関＞外関と、内関＜外関の度数のχ²値

度数

	内関＞外関	内関＜外関
	0	1
	0	1
	0	1
	0	1
	0	1
	0	1
	0	1
度数合計	0	7

χ² (0.95)	3.8
自由度	1
項目数	2
χ²値	7.0
内関＞外関	0
内関＜外関	7

第XI章 真皮内に経絡がある

図XI-6 肺経経絡図

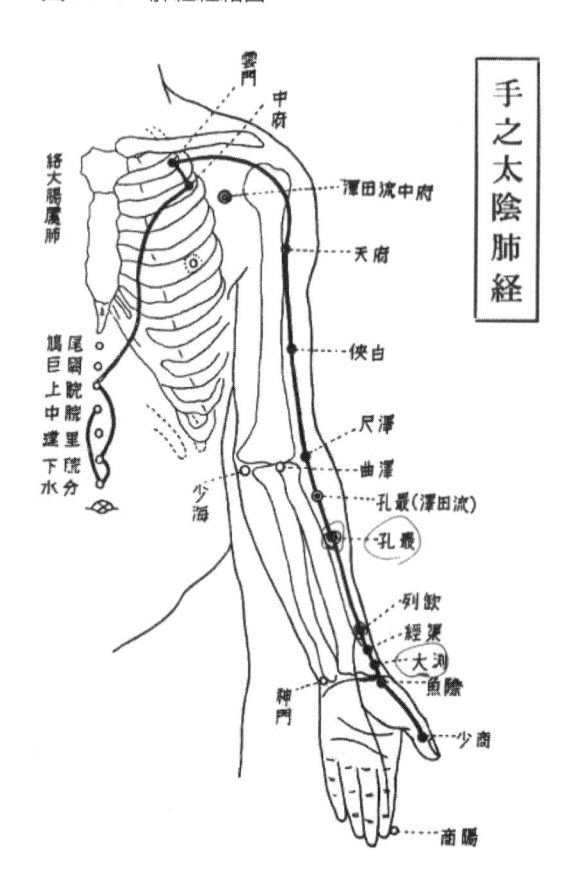

図XI-7 大腸経経絡図

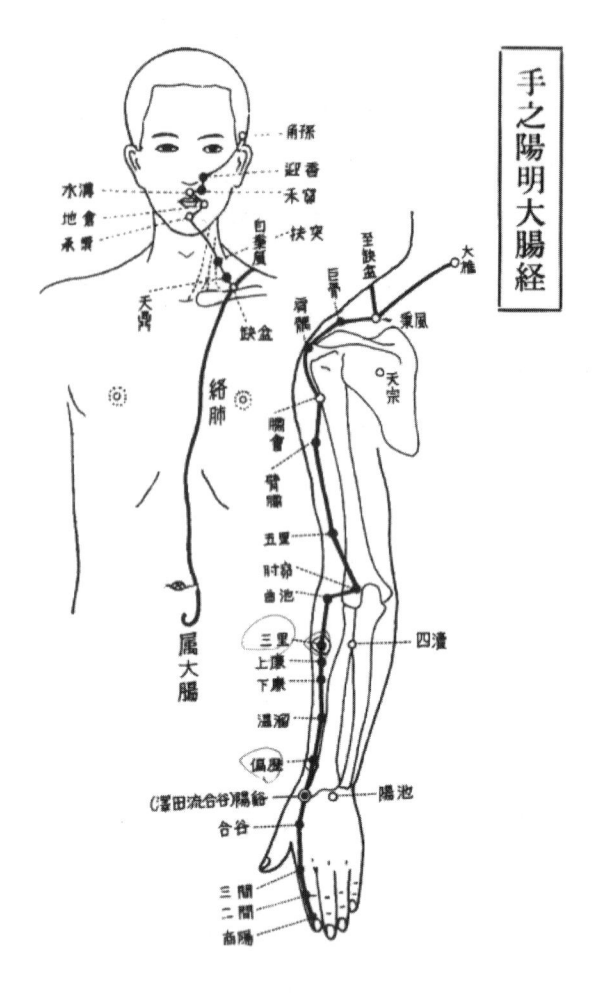

図XI - 8　胃経経絡図

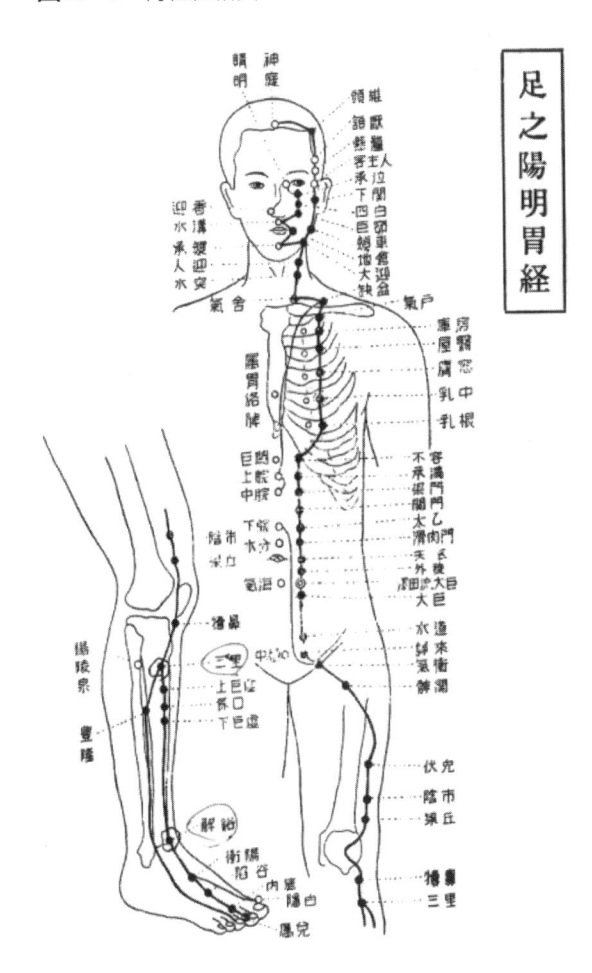

図XI - 9　脾経経絡図

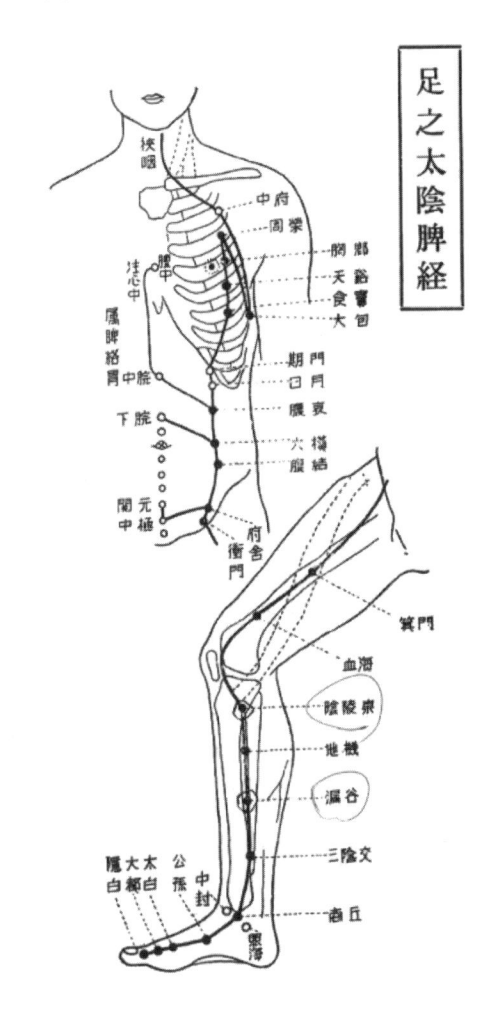

表XI-9　肺経経穴の真皮内電位と平均値

肺経	真皮内電位 (mV)
孔最 LU6	1070
太淵 LU9	835
平均値	953

＊表1は「真皮内に経絡がある」で使用した8名分の平均値（ステンレス製シールド針使用）

表XI-10　大腸経経穴の真皮内電位と平均値

大腸経	真皮内電位 (mV)
偏歴 LI6	269
手三里 LI10	89
平均値	179

表XI-11　脾経経穴の真皮内電位と平均値

脾経	真皮内電位 (mV)
漏谷 SP7	133
陰陵泉 SP9	121
平均値	127

表XI-12　胃経経穴の真皮内電位と平均値

胃経	真皮内電位 (mV)
足三里 ST36	146
解谿 ST41	63
平均値	105

＊表2〜4は男性3名、女性3名、計6名の平均値（銀塩化銀製シールド針使用）

＊「真皮内に経絡がある」では肺経は測定したが、大腸経は測定しなかったので今回測定して解析した。

表XI-13 陰経BPと陽経BPの大小による各経絡の2経穴間の電流方向の計数と電位測定経穴名

陰陽関係	陰経BP>陽経BP		陰経BP<陽経BP		計		合計		電位測定経穴名	
電流方向	正方向	逆方向	正方向	逆方向	正方向	逆方向				
肺	7	0	1	0	8	0	8	陰合計 24	孔最 LU6	太淵 LU9
脾	3	1	1	1	4	2	6		漏谷 SP7	陰陵泉 SP9
心包	1	2	2	5	3	7	10		郄門 PC4	間使 PC5
大腸	6	0	0	0	6	0	6	陽合計 19	偏歴 LI6	手三里 LI10
胃	4	0	2	0	6	0	6		足三里 ST36	解谿 ST41
三焦	2	0	5	0	7	0	7		陽池 TE4	支溝 TE6
計	23	3	11	6	34	9	43			

*三焦経で3名、心包経で1名は電位測定のみでAMI測定しなかったので計数から除いてある

表XI-14 逆転・非逆転を区別しない場合

m×n分割表
観察度数

	正方向	逆方向	合計
肺	8	0	8
脾	4	2	6
心包	3	7	10
大腸	6	0	6
胃	6	0	6
三焦	7	0	7
合計	34	9	43

検定の結果

自由度	5
χ^2値	22.3
P値（上側確率）	4.7×10^{-4}
分割表分析係数	0.58
クラーメルのV値	0.72
χ^2 (0.95)	11.1

表XI-15 陰経BP>陽経BP（非逆転）の場合

m×n分割表
観察度数

	正方向	逆方向	合計
肺	7	0	7
脾	3	1	4
心包	1	2	3
大腸	6	0	6
胃	4	0	4
三焦	2	0	2
合計	23	3	26

検定の結果

自由度	5
χ^2値	12.1
P値（上側確率）	0.03
分割表分析係数	0.56
クラーメルのV値	0.68
χ^2 (0.95)	11.1

表XI-16 陰経BP<陽経BP（逆転）の場合

m×n分割表
観察度数

	正方向	逆方向	合計
肺	1	0	1
脾	1	1	2
心包	2	5	7
胃	2	0	2
三焦	5	0	5
合計	11	6	17

**肺／大腸で逆転の人がいなく大腸経は正方向・逆方向ともカウントが0になり、検定処理ができないので除いて解析

検定の結果

自由度	4
χ^2値	8.6
P値（上側確率）	0.07
分割表分析係数	0.58
クラーメルのV値	0.71
χ^2 (0.95)	9.5

表XI-17 各経絡平均電位

経絡	平均電位 (mV)
肺経	953
大腸経	179
肺経－大腸経	773
脾経	127
胃経	105
脾経－胃経	22

グラフⅪ-6　肺経・大腸経　真皮内電位測定

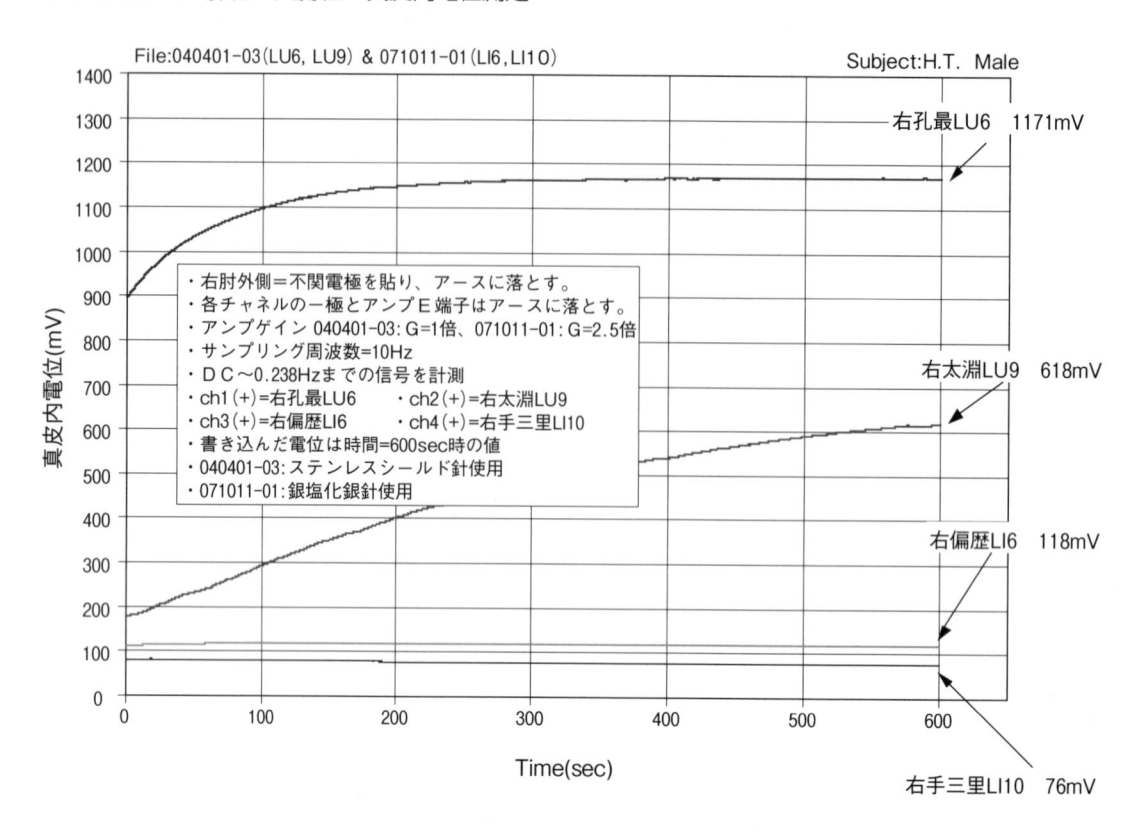

グラフⅪ-7　脾経・胃経　真皮内電位測定

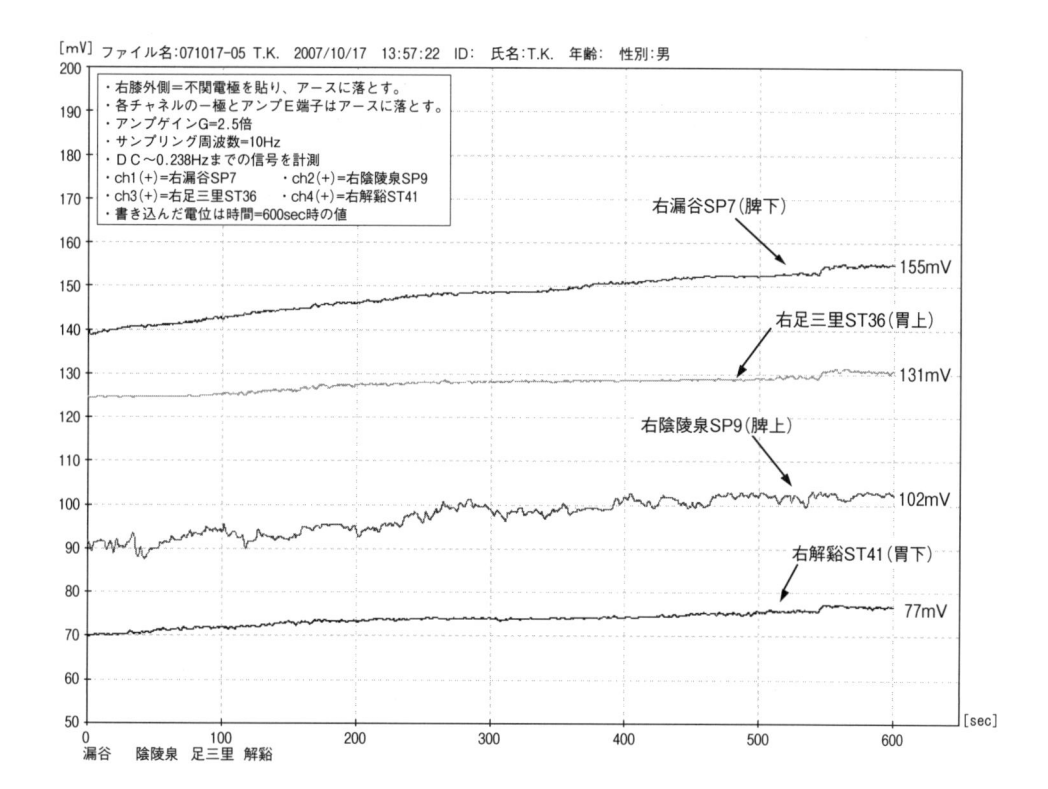

[mV]　ファイル名:071017-05 T.K.　2007/10/17　13:57:22　ID：　氏名:T.K.　年齢：　性別:男

- 右膝外側＝不関電極を貼り、アースに落とす。
- 各チャネルの一極とアンプE端子はアースに落とす。
- アンプゲインG=2.5倍
- サンプリング周波数=10Hz
- ＤＣ～0.238Hzまでの信号を計測
- ch1(+)＝右漏谷SP7　　・ch2(+)＝右陰陵泉SP9
- ch3(+)＝右足三里ST36　・ch4(+)＝右解谿ST41
- 書き込んだ電位は時間=600sec時の値

右漏谷SP7(脾下)　155mV
右足三里ST36(胃上)　131mV
右陰陵泉SP9(脾上)　102mV
右解谿ST41(胃下)　77mV

漏谷　陰陵泉　足三里　解谿

第XII章

陰陽関係による経絡間の因果関係についての実験と結果

Ⅰ．要約

Ⅱ．測定と統計解析
    1）測定
    2）被験者
    3）統計解析

Ⅲ．統計解析と、その結果の考察
    1）各陽経と6陰経との重回帰分析
    2）6対の陰陽関係の単回帰分析

Ⅳ．結論
    1）全ての陰経と1つの陽経との重回帰分析
       の結果と考察に基づく結論
    2）単回帰分析の結果と考察からの結論
    3）1）と2）より

付録

第XII章
陰陽関係による経絡間の因果関係についての実験と結果

I．要約

　IRP（宗教心理学研究所）付属の鍼灸院（井の頭鍼灸院）のAMIデータ6000余りの内から、エクセルの乱数発生関数により、男10名、女10名を選び、その乱数発生関数で選んだ各人の日時に近いAMIのデータを選んだ(註1)（表XII-1 (256頁) を見よ）。

　次に、20名の肺経→膀胱経の各経絡のBP値の内、20人の全ての6陰経絡のBP値を独立変数（原因因子）とし、各陽経のBP値を従属変数（結果因子）として、両者間に因果関係があるかどうかを重回帰分析をして、その結果を考察したところ、心包経—大腸経、脾経—胃経、心経・腎経—胆経、心包経—三焦経、腎経—膀胱経、脾経・心経・心包経・腎経—小腸経間に因果関係がみられ、小腸経は多くの陰経絡と因果関係のあることがみられた。ただし、回帰係数、確率は高くなく、密接な因果関係とは言えない。しかも、肺経と肝経は陽経との因果関係を示さなかった。

　これに対し、古来から臨床的に知られている6対の、一対毎の陰陽関係にある経絡間では、回帰係数、相関係数も高い値であり、確率も高い有意水準で、陰経と陽経間に高い有意な因果関係のあることが結論された。

II．測定と統計解析

1）測定

　測定は、鍼灸院の患者にAMI(註2)による通常の測定を行なった（本山博『東洋医学 気の流れの測

定・診断と治療』を参照)。

2) 被験者

数年間の AMI データより、エクセルの乱数発生関数によりランダムに男 10 名、女 10 名を選ぶ。

3) 統計解析

① 最初、20人の AMI データから、全ての6つの陰経の BP 値を独立変数とし、1つの陽経の BP 値を従属変数として重回帰分析を行ない、両者間の因果関係を調べた。
② 次に、6対の各陰陽関係にある1対毎の陰-陽経絡について単回帰分析を行ない、各対の陰陽経絡間に因果関係があるかどうかを分析した。

III. 統計解析と、その結果の考察

全ての陰経と各陽経との間の因果関係を、重回帰分析、単回帰分析にて調べる。

1) 各陽経と6陰経との重回帰分析

6陰経絡を独立変数(原因因子)とし、各陽経絡を従属変数(結果因子)として、重回帰分析を行なう。

(1) 表XII-2 (257頁)、XII-3 (257頁) をみよ〔6陰経絡と大腸経(陽経)との重回帰分析〕

心包経と大腸経の間に回帰係数(regression coefficient = RC)0.617、偏相関係数(partial correlation coefficient = PCC)0.523、確率(probability = P)0.045 で、5%の有意水準で正の相関、因果関係がみられる。

(2) 表XII-4 (258頁)、XII-5 (258頁) をみよ

脾経と胃経は、RC = 0.446、PCC = 0.537、P = 0.04 で、5%の有意水準で正の相関、因果関係を示す。

(3) 表Ⅻ-6 (259頁)、Ⅻ-7 (259頁) をみよ

心経と胆経、腎経と胆経の間に因果関係がみられる。

心経―胆経間では、RC = 0.790、PCC = 0.697、P = 3.90×10^{-3}で、有意な正の因果関係。

腎経―胆経間では、RC = 0.591、PCC = 0.609、P = 0.02で、有意な正の因果関係。

(4) 表Ⅻ-8 (260頁)、Ⅻ-9 (260頁) をみよ

脾経と小腸経の間では、RC = 0.415、PCC = 0.773、P = 7.36×10^{-4}と、かなり高い有意水準で正の因果関係がみられる。

心経と小腸経間では、RC = 0.355、PCC = 0.636、P = 0.01で、有意な正の因果関係がみられる。

心包経と小腸経との間では、RC = 0.570、PCC = 0.736、P = 1.74×10^{-3}と高い有意水準で正の因果関係がみられる。

腎経と小腸経間では、RC = − 0.319、PCC = − 0.617、P = 0.01と、1%の有意水準で負の因果関係がみられる。

これは正の因果関係では、陰経でBP（気エネルギー）が増加すれば、陽経でもBPが増加する。陰経で減少すれば、陽経でも減少する。これに対し負の因果関係では、陰経での増減と陽経でのそれが逆になることを示す。

小腸経は4つの陰経と因果関係があること、しかも腎経とは負の因果関係があることは、経絡全体の気のバランスをとる上で、小腸経は重要な役割をもつように思われる。

(5) 表Ⅻ-10 (261頁)、Ⅻ-11 (261頁) をみよ

6つの陰経と三焦経の間の重回帰分析では、心包経と三焦経との間――これは古来から言われている、心包経―三焦経の対の陰陽関係にある陰陽経絡である――では、RC = 0.566、PCC = 0.526、P = 0.04で、有意な正の因果関係がある。

(6) 考察と結論

6つの陰経と各1個の陽経との間では、6つの陰経のBP（気エネルギー）との組合せと各陽経間との因果関係を重回帰分析で調べた結果、

① 心包経―大腸経、脾経―胃経、心経・腎経―胆経、脾経・心包経・心経・腎経―小腸経、心包経―三焦経で、腎経―小腸経で負の因果関係を除いて、他は正の因果関係であった。
② 陰経で何れの陽経とも因果関係を示さなかったのは、肺経と肝経である。

2) 6対の陰陽関係の単回帰分析

次に、6対の陰陽関係の各経絡間では因果関係はどうなっているかを、陰経のBP値を独立変数とし、陽経のBP値を従属変数として、単回帰分析を行なって調べる(註3)。

(1) 肺経と大腸経

表XII-14 (263頁)、XII-15 (263頁) を見ると、肺経―大腸経間では、RC = 0.783、PCC = 0.899、P = 6.87×10^{-8} と、非常に高い有意水準で高い正の相関と因果関係を示す。陰経（肺経）のBPが増加すると、大腸経（陽経）のBPも増加せしめられる。肺経のBPが減少すると、大腸経のBPも減少する。

(2) 表XII-16 (264頁)、XII-17 (264頁) をみよ

脾経―胃経間では、RC = 0.758、PCC = 0.915、P = 1.64×10^{-8}。脾経―胃経間でも、脾経のBPが増減すれば、胃のBPも増減を生ぜしめられるという、正の因果関係を示す。

(3) 表XII-18 (265頁)、XII-19 (265頁) をみよ

肝経―胆経間では、RC = 0.678、PCC = 0.737、P = 2.12×10^{-4} で、正の因果関係、相関を示す。

(4) 表XII-20 (266頁)、XII-21 (266頁) をみよ

心経―小腸経間でも、RC = 0.924、PCC = 0.941、P = 7.05×10^{-10} と、正の高い有意な因果関係を示す。

(5) 表XII-22 (267頁)、XII-23 (267頁) をみよ

心包経―三焦経間では、RC = 0.884、PCC = 0.942、P = 5.63×10^{-10} と、高い正の因果関係を示す。

(6) 表XII-24 (268頁)、XII-25 (268頁) をみよ

腎経―膀胱経間では、RC = 0.887、PCC = 0.776、P = 5.86×10^{-5} と、高い有意な正の因果関係を示す。

IV. 結論

1) 全ての陰経と1つの陽経との重回帰分析の結果と考察に基づく結論

　全ての陰経（肺経、大腸経…肝経）と、各々1個の陽経との間の因果関係を重回帰分析で調べてみると、対の陰陽関係での1対1の因果関係と違って、心包経—大腸経、心経・腎経—胆経、脾経・心経・心包経・腎経—小腸経という、普通言われている一対の、1対1の陰陽関係でない陰陽関係と、複数の陰経と1つの陽経との間に陰経—陽経の因果関係のあることが明らかになった。

　ただし、それらは6対の1対1の陰陽関係に較べて3つのケースである。他の3つのケースでは、重回帰分析でも一対の陰陽関係にある陰陽経絡間で、脾経—胃経、心包経—三焦経、腎経—膀胱経間で陰陽の正の因果関係、つまり陰経のBP（気エネルギー）が増減すると、陽経のBPも増減することを示している。

　P値は、重回帰分析ではP = 0.052からP = 7.36×10^{-4}の間で、0.052、0.045、0.04、0.02、0.01、1.74×10^{-3}、3.90×10^{-3}、7.36×10^{-4}と、有意度が高くない。

　以上では、腎経—小腸経間を除いて全て正の因果関係、相関を示すが、腎経—小腸経間では、RC = − 0.319、偏相関（PCC）= − 0.617と、負の相関を示す。つまり、腎経のBP（気エネルギー）が増加すれば、小腸経のBPは減少する。逆も真である。

　肺経と肝経は、重回帰分析では一対の陰陽関係にある、大腸経、胆経との因果関係を示さない。

　次に、1対1の陰陽関係にある陰経と陽経との間の、単回帰分析の結果と分析から、次のように結論できる。

2) 単回帰分析の結果と考察からの結論

　肺経—大腸経（表XII-15）では、F = 76.28、PCC = 0.899、P = 6.87×10^{-8}、RC = 0.783。
　脾経—胃経（表XII-17）では、F = 92.33、PCC = 0.915、P = 1.64×10^{-8}、RC = 0.758。
　肝経—胆経（表XII-19）では、F = 21.36、PCC = 0.737、P = 2.12×10^{-4}、RC = 0.678。
　心経—小腸経（表XII-21）では、F = 138.12、PCC = 0.941、P = 7.05×10^{-10}、RC = 0.924。
　心包経—三焦経（表XII-23）では、F = 142.07、PCC = 0.942、P = 5.63×10^{-10}、RC = 0.884。

腎経―膀胱経（表XII-25）では、F = 27.19、PCC = 0.776、P = 5.86 × 10^{-5}、RC = 0.887。
　全ての各陰陽対では、単回帰分析で、上の全ての陰経と一つの陽経との重回帰分析と違って、肝経―胆経での最低のP = 2.12 × 10^{-4} でも、10^{-4}のレベルで有意な因果関係を示し、他の各陰陽対ではP = 10^{-8}から10^{-10}の、非常に高い有意度で正の相関、因果関係を示す（表XII-19）。

　重回帰分析では陽経との因果関係、相関関係を示さなかった肺経、肝経も、単回帰分析では、対の陰陽関係にある（肺経―）大腸経、（肝経―）胆経と陰陽関係で、高い有意な因果関係、正の相関を示している。

　全ての各陰陽対の間には、重回帰で示されたように、負の因果関係はなく、全て正の因果関係を示す。

3) 1) と 2) より

　古来から言われている各陰陽関係、つまり肺経―大腸経、脾経―胃経、心包経―三焦経、心経―小腸経、腎経―膀胱経、肝経―胆経の各対の経絡の間には密接な正の因果関係、陰経でBP（気）が増加すれば、陽経でも気が増加する。陰経でBP（気）が減少すれば、陽経でも減少するという、密接な関係があると推定される。

(2007.5.13)

付録

2007年5月までの数十年余りの、陰陽関係についての実験と結果から明らかになった事実

　この20～30年間の経絡の電気生理学的研究で明らかになった多くのことの内、XII章で、〔陰―陽〕関係について因果関係の有無を調べたところ、6対の陰陽関係の経絡間に正の相関、因果関係のあることが、重回帰分析、特に単回帰分析で明らかになったが、それに関連して、今までに明らかに電気生理学的に証明された陰経、陽経についての事項を以下に列挙し、それぞれに引用した研究、論文名を挙げることにする。

① 6対の陰陽関係にある各陰陽経絡間では、ノーマルな関係、陰経、陽経が正常な状態にあるときは、〔陰経のBP＞陽経のBP〕の関係にある
　（本山博『東洋医学 気の流れの測定・診断と治療』39頁を参照せよ）

② 〔陰＜陽〕の逆転が生じると、陰経に関係する各臓器で機能異常、疾病が生じる

（表XII-26-1～4：本山の心臓手術前後の〔心経＜小腸経〕、〔心経＞小腸経〕のデータ）(269、270頁)

③ 陰経の電位は正常状態では、陽経のそれより300mV～1000mV高い。元の各電位は、陽経（三焦経）では683mV、陰経（心包経）では1107mV
（『気の科学』第XI章「真皮内に経絡が在る」）

④ 陰経の電位勾配は体躯幹から手足の尖端への位相を示し、陽経の電位勾配は手足から体躯幹への勾配（位相）を示す
（『気の科学』第XI章「真皮内に経絡が在る」）

⑤ 各対の陰陽関係の陰経と陽経の間には、正の回帰係数、相関を示し、陰経のBP（気エネルギー）が増えれば陽経のBPも増える。減れば、減る。逆も真である。つまり陽経のBPが増えれば、陰経のBPも増える。陰経が減れば、陽経も減る
（『気の科学』第XII章「陰陽関係による経絡間の因果関係についての実験と結果 "IV 結論"」）

⑥ 各経絡は0.1～5Hz、50～100μVの信号周波数をもち、秒速20～50cmの速さで経絡内を流れ、関係する各臓器に機能賦活、減衰を生ぜしめる
（本山博『東西医学による診断の比較』石川達也他：「西洋医学的検査成績と対応する経絡の機能」）

〔註〕

1 　各人の日時に近いAMIのデータを選んだ
　　男女それぞれ10名分、計20名分のデータを無作為抽出するために、測定日の年、月、日と性別をそれぞれExcelの乱数発生関数により発生させ、20名分の年月日と性別を用意する（性別構成が男10名：女10名になるまで繰り返す）。
　　その日付（年月日）に該当する性別のデータがAMIデータベースにあればそれを使用した（その日に複数データがある場合は一番早い時間のものを使用）。またAMIデータベースに該当する日付にデータがない場合は、その年月日に最も近い測定日の被験者のAMIデータを用いた。

2 　AMI
　　本山博『東洋医学 気の流れの測定・診断と治療』、『気の科学』第I章を参照して下さい。

3 　単回帰分析を行なって調べる
　　同じデータ（20名）を使って、陽経のBP値を独立変数とし、陰経のBP値を従属変数として単

回帰分析をすると、陰経を独立変数、陽経を従属変数とした場合とほとんど同じ確率（P）で有意な正の相関と因果関係を示した。即ち、陽経のBP値が増えれば、陰経のBP値も増える。陽経で減れば、陰経でも減る、ということである。その理由は、下記の数式と解説を参照してください。

＜単回帰分析で独立変数と従属変数を入れ替えたときについて＞ 式と解説：荘司恒武 記

実測値データ $(x_i, y_i), i = 1, 2 \cdots, n$ の単回帰分析を行うとき、独立変数を x_i、従属変数を y_i とした場合の回帰直線を $y = b_0 + b_1 x$ としたとき、n個の点の実測値 y_i と回帰直線上の予測値 $\hat{y}_i = b_0 + b_1 x_i$ との差 $y_i - \hat{y}_i$ の平方和 $\sum_{i=1}^{n}(y_i - \hat{y}_i)^2$ を最小にする b_0、b_1 を求める。b_0、b_1 は次の正規方程式を解くことで求められる。

$$nb_0 + b_1 \sum_{i=1}^{n} x_i = \sum_{i=1}^{n} y_i \quad (1)$$
$$b_0 \sum_{i=1}^{n} x_i + b_1 \sum_{i=1}^{n} x_i^2 = \sum_{i=1}^{n} x_i y_i \quad (2)$$

b_0、b_1 は次のようになる。

$$b_1 = \frac{S_{xy}}{S_{xx}} \quad (3)$$
$$b_0 = \bar{y} - b_1 \bar{x} \quad (4)$$

ここで、S_{xy} は x と y の共分散、S_{xx} は x の分散、$\bar{x}_i$ は x の平均、$\bar{y}$ は y_i の平均。b_0 は定数項、b_1 は回帰係数である。直線 $y = b_0 + b_1 x$ は次のように書ける。

$$y - \bar{y} = \frac{S_{xy}}{S_{xx}} (x - \bar{x}) \quad (5)$$

平均値の座標 $(\bar{x}, \bar{y})$ を通り、傾きが $\frac{S_{xy}}{S_{xx}}$ の直線である。

次に独立変数を y_i、従属変数を x_i とした場合の回帰直線を $x = a_0 + a_1 y$ としたとき、n個の点の実測値 x_i と回帰直線上の予測値 $\hat{x}_i = a_0 + a_1 y_i$ との差 $x_i - \hat{x}_i$ の平方和 $\sum_{i=1}^{n}(x_i - \hat{x}_i)^2$ を最小にする a_0、a_1 を求める。a_0、a_1 は次の正規方程式を解くことで求められる。

$$na_0 + a_1 \sum_{i=1}^{n} y_i = \sum_{i=1}^{n} x_i \quad (6)$$
$$a_0 \sum_{i=1}^{n} y_i + a_1 \sum_{i=1}^{n} y_i^2 = \sum_{i=1}^{n} y_i x_i \quad (7)$$

a_0、a_1 は次のようになる。

$$a_1 = \frac{S_{xy}}{S_{yy}} \qquad (8)$$

$$a_0 = \bar{x} - a_1 \bar{y} \qquad (9)$$

ここで、S_{xy} は x と y の共分散、S_{yy} は y の分散、$\bar{x}$ は x_i の平均、$\bar{y}$ は y_i の平均。a_0 は定数項、a_1 は回帰係数である。直線 $x = a_0 + a_1 y$ は次のように書ける。

$$x - \bar{x} = \frac{S_{xy}}{S_{yy}}(y - \bar{y}) \qquad (10)$$

平均値の座標 $(\bar{y}, \bar{x})$ を通り、傾きが $\frac{S_{xy}}{S_{yy}}$ の直線である。

式(5)と(10)の傾きはそれぞれ、$\frac{S_{xy}}{S_{xx}}$、$\frac{S_{xy}}{S_{yy}}$ であり、分散 S_{xx} と S_{yy} は常に正の値であるので、両式の傾きの符号は x と y の共分散 S_{xy} で決まる。したがって、独立変数と従属変数を互いに入れ替えて解析しても回帰係数の符号は同じになる。つまり独立変数を陰経BP、従属変数を陰陽対の陽経BPとして単回帰分析をしたときに回帰係数が正ならば、同じデータで独立変数を陽経BP、従属変数を陰陽対の陰経BPと入れ替えた時の回帰係数の符号も同じ正になる。

＜参考文献＞
本山博『東洋医学 気の流れの測定・診断と治療』宗教心理出版　東京　1985

第XII章　陰陽関係による経絡間の因果関係についての実験と結果

〔図・表・グラフ一覧〕

表XII-1　各被験者のAMIデータ（左右平均BP値）

No	被験者	性別	測定日	測定時年齢	肺	大腸	脾	胃	肝	胆	心	小腸	心包	三焦	腎	膀胱
1	T.T.	男	2000/11/21	33	1659	1557	2000	1468	2096	1707	1602	1403	1318	1448	1919	1884
2	I.T.	女	2004/7/11	26	2203	1636	1729	1640	1881	1577	1661	1446	1502	1622	1718	1616
3	K.H.	女	2001/8/26	38	2644	2328	2327	1994	2548	2120	2262	2005	2320	2298	2484	1888
4	Y.O.	女	1999/4/11	16	1770	1572	1844	1776	2134	1700	1634	1627	1624	1569	1828	1458
5	K.S.	女	2000/9/10	59	2298	1624	2240	1718	2097	1728	1684	1601	1696	1708	2080	1801
6	H.T.	男	2006/4/23	36	2083	1506	2088	1743	2010	1845	1821	1586	1682	1543	2042	2086
7	H.K.	男	2000/6/4	50	2058	1910	2155	1723	2004	1746	2054	1958	1818	1800	1670	1604
8	Y.N.	男	2005/10/8	24	2389	2044	2464	2016	1983	1964	1888	1952	1824	1812	2160	1978
9	T.O.	男	2006/8/20	28	2336	1872	2208	1848	2412	2004	2044	1758	1798	1653	2088	1998
10	S.S.	女	1999/6/19	44	1636	1350	1942	1504	2232	1048	1233	1232	1334	1242	1645	1022
11	N.N.	女	2007/3/6	30	1578	1480	1822	1596	1753	1526	1571	1459	1507	1298	1636	1412
12	K.Su.	男	1999/6/12	31	1540	1256	1866	1589	1830	1617	1475	1239	1256	1304	1754	1418
13	N.S.	男	2004/2/15	64	1937	1329	1708	1604	2004	1631	1642	1444	1544	1565	1756	1260
14	Y.F.	女	2004/8/11	54	2471	2154	2796	2212	2766	2152	2168	1968	1902	1854	2318	1656
15	M.K.	女	2000/4/6	44	1756	1182	1433	1118	1490	1186	1462	1268	1292	1246	1484	1190
16	J.H.	男	2004/4/29	63	2360	1917	2330	1929	2384	2032	2184	1888	1833	1688	2123	2096
17	M.M.	男	1999/10/20	14	1927	1574	2056	1806	2095	1842	1765	1598	1627	1455	1798	1752
18	H.Ma.	男	2002/5/26	35	1094	940	1672	1158	1784	1174	1336	1094	1007	1175	1494	902
19	F.S.	女	2000/12/26	69	1538	1208	1202	970	1317	1088	1369	1210	1262	1174	1171	1140
20	T.Oh	女	2006/10/13	61	1374	1238	1516	1381	1448	1490	1528	1232	1294	1256	1665	1475

* 値は左右平均値
** 逆転している陰陽経絡の陽経のセル背景色をアミカケ■にした。

表XII-2 従属変数＝大腸経 BP 値、独立変数＝凡ての陰経 BP 値のデータ

		陰経 BP 値（独立変数：原因）						陽経 BP 値（従属変数：結果）
No	被験者	肺	脾	肝	心	心包	腎	大腸
1	T.T.	1659	2000	2096	1602	1318	1919	1557
2	I.T.	2203	1729	1881	1661	1502	1718	1636
3	K.H.	2644	2327	2548	2262	2320	2484	2328
4	Y.O.	1770	1844	2134	1634	1624	1828	1572
5	K.S.	2298	2240	2097	1684	1696	2080	1624
6	H.T.	2083	2088	2010	1821	1682	2042	1506
7	H.K.	2058	2155	2004	2054	1818	1670	1910
8	Y.N.	2389	2464	1983	1888	1824	2160	2044
9	T.O.	2336	2208	2412	2044	1798	2088	1872
10	S.S.	1636	1942	2232	1233	1334	1645	1350
11	N.N.	1578	1822	1753	1571	1507	1636	1480
12	K.Su.	1540	1866	1830	1475	1256	1754	1256
13	N.S.	1937	1708	2004	1642	1544	1756	1329
14	Y.F.	2471	2796	2766	2168	1902	2318	2154
15	M.K.	1756	1433	1490	1462	1292	1484	1182
16	J.H.	2360	2330	2384	2184	1833	2123	1917
17	M.M.	1927	2056	2095	1765	1627	1798	1574
18	H.Ma.	1094	1672	1784	1336	1007	1494	940
19	F.S.	1538	1202	1317	1369	1262	1171	1208
20	T.Oh	1374	1516	1448	1528	1294	1665	1238

表XII-3 重回帰分析結果従属変数＝大腸経 BP 値、独立変数＝凡ての陰経 BP 値

重回帰分析

データ数	20
重相関係数R	0.965
決定係数R2	0.931
自由度修正済み決定係数	0.899
Y評価値の標準誤差	115.0
ダービン・ワトソン比	1.049

分散分析表

要因	偏差平方和	自由度	平均平方	F値	P値	F (0.95)
回帰	2305092.9	6	384182.2	29.03	8.32×10^{-7}	2.92
残差	172025.6	13	13232.7			
計	2477118.6	19				

回帰係数の有意性の検定と信頼区間

	回帰係数	標準誤差	標準回帰係数	偏相関係数	t値	F値	P値	95%下限	95%上限
定数項	-301.7	173.6	-301.7		-1.74	3.02	0.11	-676.7	73.3
肺	0.126	0.163	0.145	0.210	0.77	0.60	0.45	-0.226	0.478
脾	0.317	0.181	0.332	0.436	1.75	3.06	0.10	-0.075	0.709
肝	-0.021	0.157	-0.021	-0.038	-0.14	0.02	0.89	-0.360	0.317
心	0.204	0.229	0.168	0.240	0.89	0.79	0.39	-0.291	0.698
心包	0.617	0.279	0.518	0.523	2.21	4.89	0.045	0.014	1.220
腎	-0.141	0.217	-0.122	-0.178	-0.65	0.42	0.53	-0.609	0.327

表XII-4 従属変数＝胃経BP値、独立変数＝凡ての陰経BP値のデータ

No	被験者	肺	脾	肝	心	心包	腎	胃
		\multicolumn{6}{c	}{陰経BP値（独立変数：原因）}	陽経BP値（従属変数：結果）
1	T.T.	1659	2000	2096	1602	1318	1919	1468
2	I.T.	2203	1729	1881	1661	1502	1718	1640
3	K.H.	2644	2327	2548	2262	2320	2484	1994
4	Y.O.	1770	1844	2134	1634	1624	1828	1776
5	K.S.	2298	2240	2097	1684	1696	2080	1718
6	H.T.	2083	2088	2010	1821	1682	2042	1743
7	H.K.	2058	2155	2004	2054	1818	1670	1723
8	Y.N.	2389	2464	1983	1888	1824	2160	2016
9	T.O.	2336	2208	2412	2044	1798	2088	1848
10	S.S.	1636	1942	2232	1233	1334	1645	1504
11	N.N.	1578	1822	1753	1571	1507	1636	1596
12	K.Su.	1540	1866	1830	1475	1256	1754	1589
13	N.S.	1937	1708	2004	1642	1544	1756	1604
14	Y.F.	2471	2796	2766	2168	1902	2318	2212
15	M.K.	1756	1433	1490	1462	1292	1484	1118
16	J.H.	2360	2330	2384	2184	1833	2123	1929
17	M.M.	1927	2056	2095	1765	1627	1798	1806
18	H.Ma.	1094	1672	1784	1336	1007	1494	1158
19	F.S.	1538	1202	1317	1369	1262	1171	970
20	T.Oh	1374	1516	1448	1528	1294	1665	1381

表XII-5 重回帰分析結果　従属変数＝胃経BP値、独立変数＝凡ての陰経BP値

重回帰分析

データ数	20
重相関係数R	0.946
決定係数R2	0.894
自由度修正済み決定係数	0.846
Y評価値の標準誤差	123.1
ダービン・ワトソン比	2.700

分散分析表

要因	偏差平方和	自由度	平均平方	F値	P値	F(0.95)
回帰	1668015.0	6	278002.5	18.35	1.19×10^{-5}	2.92
残差	196979.5	13	15152.3			
計	1864994.6	19				

回帰係数の有意性の検定と信頼区間

	回帰係数	標準誤差	標準回帰係数	偏相関係数	t値	F値	P値	95%下限	95%上限
定数項	-34.2	185.8	-34.2		-0.18	0.03	0.86	-435.6	367.1
肺	-0.029	0.174	-0.039	-0.046	-0.17	0.03	0.87	-0.406	0.348
脾	0.446	0.194	0.538	0.537	2.30	5.28	0.04	0.027	0.865
肝	0.052	0.168	0.060	0.086	0.31	0.10	0.76	-0.310	0.415
心	-0.035	0.245	-0.033	-0.039	-0.14	0.02	0.89	-0.564	0.495
心包	0.366	0.299	0.355	0.322	1.23	1.51	0.24	-0.279	1.011
腎	0.125	0.232	0.125	0.148	0.54	0.29	0.60	-0.376	0.626

表XII-6 従属変数＝胆経BP値、独立変数＝凡ての陰経BP値のデータ

No	被験者	肺	脾	肝	心	心包	腎	胆
		陰経BP値（独立変数：原因）						陽経BP値（従属変数：結果）
1	T.T.	1659	2000	2096	1602	1318	1919	1707
2	I.T.	2203	1729	1881	1661	1502	1718	1577
3	K.H.	2644	2327	2548	2262	2320	2484	2120
4	Y.O.	1770	1844	2134	1634	1624	1828	1700
5	K.S.	2298	2240	2097	1684	1696	2080	1728
6	H.T.	2083	2088	2010	1821	1682	2042	1845
7	H.K.	2058	2155	2004	2054	1818	1670	1746
8	Y.N.	2389	2464	1983	1888	1824	2160	1964
9	T.O.	2336	2208	2412	2044	1798	2088	2004
10	S.S.	1636	1942	2232	1233	1334	1645	1048
11	N.N.	1578	1822	1753	1571	1507	1636	1526
12	K.Su.	1540	1866	1830	1475	1256	1754	1617
13	N.S.	1937	1708	2004	1642	1544	1756	1631
14	Y.F.	2471	2796	2766	2168	1902	2318	2152
15	M.K.	1756	1433	1490	1462	1292	1484	1186
16	J.H.	2360	2330	2384	2184	1833	2123	2032
17	M.M.	1927	2056	2095	1765	1627	1798	1842
18	H.Ma.	1094	1672	1784	1336	1007	1494	1174
19	F.S.	1538	1202	1317	1369	1262	1171	1088
20	T.Oh	1374	1516	1448	1528	1294	1665	1490

表XII-7 重回帰分析結果 従属変数＝胆経BP値、独立変数＝凡ての陰経BP値

重回帰分析

データ数	20
重相関係数R	0.959
決定係数R2	0.921
自由度修正済み決定係数	0.884
Y評価値の標準誤差	113.4
ダービン・ワトソン比	2.548

分散分析表

要因	偏差平方和	自由度	平均平方	F値	P値	F(0.95)
回帰	1937909.2	6	322984.9	25.13	1.95×10^{-6}	2.92
残差	167077.4	13	12852.1			
計	2104986.6	19				

回帰係数の有意性の検定と信頼区間

	回帰係数	標準誤差	標準回帰係数	偏相関係数	t値	F値	P値	95%下限	95%上限
定数項	-290.3	171.1	-290.3		-1.70	2.88	0.11	-659.9	79.3
肺	-0.074	0.161	-0.093	-0.128	-0.46	0.21	0.65	-0.422	0.273
脾	0.087	0.179	0.099	0.134	0.49	0.24	0.63	-0.299	0.474
肝	-0.137	0.155	-0.149	-0.238	-0.88	0.78	0.39	-0.471	0.197
心	0.790	0.226	0.709	0.697	3.50	12.26	3.90×10^{-3}	0.303	1.278
心包	-0.159	0.275	-0.145	-0.158	-0.58	0.33	0.57	-0.753	0.435
腎	0.591	0.214	0.555	0.609	2.77	7.65	0.02	0.129	1.052

表XII - 8 従属変数＝小腸経BP値、独立変数＝凡ての陰経BP値のデータ

No	被験者	肺	脾	肝	心	心包	腎	小腸
		陰経BP値（独立変数：原因）						陽経BP値（従属変数：結果）
1	T.T.	1659	2000	2096	1602	1318	1919	1403
2	I.T.	2203	1729	1881	1661	1502	1718	1446
3	K.H.	2644	2327	2548	2262	2320	2484	2005
4	Y.O.	1770	1844	2134	1634	1624	1828	1627
5	K.S.	2298	2240	2097	1684	1696	2080	1601
6	H.T.	2083	2088	2010	1821	1682	2042	1586
7	H.K.	2058	2155	2004	2054	1818	1670	1958
8	Y.N.	2389	2464	1983	1888	1824	2160	1952
9	T.O.	2336	2208	2412	2044	1798	2088	1758
10	S.S.	1636	1942	2232	1233	1334	1645	1232
11	N.N.	1578	1822	1753	1571	1507	1636	1459
12	K.Su.	1540	1866	1830	1475	1256	1754	1239
13	N.S.	1937	1708	2004	1642	1544	1756	1444
14	Y.F.	2471	2796	2766	2168	1902	2318	1968
15	M.K.	1756	1433	1490	1462	1292	1484	1268
16	J.H.	2360	2330	2384	2184	1833	2123	1888
17	M.M.	1927	2056	2095	1765	1627	1798	1598
18	H.Ma.	1094	1672	1784	1336	1007	1494	1094
19	F.S.	1538	1202	1317	1369	1262	1171	1210
20	T.Oh	1374	1516	1448	1528	1294	1665	1232

表XII - 9 重回帰分析結果　従属変数＝小腸経BP値、独立変数＝凡ての陰経BP値

重回帰分析

データ数	20
重相関係数R	0.986
決定係数R2	0.971
自由度修正済み決定係数	0.958
Y評価値の標準誤差	59.9
ダービン・ワトソン比	2.235

分散分析表

要因	偏差平方和	自由度	平均平方	F値	P値	F (0.95)
回帰	1586692.5	6	264448.7	73.64	2.79×10^{-9}	2.92
残差	46682.3	13	3590.9			
計	1633374.8	19				

回帰係数の有意性の検定と信頼区間

	回帰係数	標準誤差	標準回帰係数	偏相関係数	t値	F値	P値	95%下限	95%上限
定数項	50.4	90.4	50.4		0.56	0.31	0.59	-144.9	245.8
肺	0.007	0.085	0.010	0.023	0.08	0.01	0.93	-0.176	0.191
脾	0.415	0.095	0.535	0.773	4.39	19.24	7.36×10^{-4}	0.210	0.619
肝	-0.125	0.082	-0.154	-0.389	-1.52	2.32	0.15	-0.301	0.052
心	0.355	0.119	0.361	0.636	2.97	8.84	0.01	0.097	0.612
心包	0.570	0.145	0.590	0.736	3.93	15.41	1.74×10^{-3}	0.256	0.884
腎	-0.319	0.113	-0.340	-0.617	-2.83	8.00	0.01	-0.563	-0.075

表XII-10 従属変数＝三焦経BP値、独立変数＝凡ての陰経BP値のデータ

No	被験者	陰経BP値（独立変数：原因）						陽経BP値（従属変数：結果）
		肺	脾	肝	心	心包	腎	三焦
1	T.T.	1659	2000	2096	1602	1318	1919	1448
2	I.T.	2203	1729	1881	1661	1502	1718	1622
3	K.H.	2644	2327	2548	2262	2320	2484	2298
4	Y.O.	1770	1844	2134	1634	1624	1828	1569
5	K.S.	2298	2240	2097	1684	1696	2080	1708
6	H.T.	2083	2088	2010	1821	1682	2042	1543
7	H.K.	2058	2155	2004	2054	1818	1670	1800
8	Y.N.	2389	2464	1983	1888	1824	2160	1812
9	T.O.	2336	2208	2412	2044	1798	2088	1653
10	S.S.	1636	1942	2232	1233	1334	1645	1242
11	N.N.	1578	1822	1753	1571	1507	1636	1298
12	K.Su.	1540	1866	1830	1475	1256	1754	1304
13	N.S.	1937	1708	2004	1642	1544	1756	1565
14	Y.F.	2471	2796	2766	2168	1902	2318	1854
15	M.K.	1756	1433	1490	1462	1292	1484	1246
16	J.H.	2360	2330	2384	2184	1833	2123	1688
17	M.M.	1927	2056	2095	1765	1627	1798	1455
18	H.Ma.	1094	1672	1784	1336	1007	1494	1175
19	F.S.	1538	1202	1317	1369	1262	1171	1174
20	T.Oh	1374	1516	1448	1528	1294	1665	1256

表XII-11 重回帰分析結果　従属変数＝三焦経BP値、独立変数＝凡ての陰経BP値

重回帰分析

データ数	20
重相関係数R	0.953
決定係数R2	0.907
自由度修正済み決定係数	0.865
Y評価値の標準誤差	104.6
ダービン・ワトソン比	1.696

分散分析表

要因	偏差平方和	自由度	平均平方	F値	P値	F(0.95)
回帰	1396102.4	6	232683.7	21.25	5.15×10^{-6}	2.92
残差	142358.6	13	10950.7			
計	1538461.0	19				

回帰係数の有意性の検定と信頼区間

	回帰係数	標準誤差	標準回帰係数	偏相関係数	t値	F値	P値	95%下限	95%上限
定数項	43.9	157.9	43.9		0.28	0.08	0.79	-297.3	385.1
肺	0.102	0.148	0.148	0.187	0.69	0.47	0.50	-0.219	0.422
脾	-0.077	0.165	-0.102	-0.128	-0.47	0.22	0.65	-0.433	0.280
肝	0.012	0.143	0.015	0.023	0.08	0.01	0.94	-0.297	0.320
心	0.071	0.208	0.074	0.094	0.34	0.12	0.74	-0.379	0.521
心包	0.566	0.254	0.603	0.526	2.23	4.98	0.04	0.018	1.114
腎	0.223	0.197	0.245	0.299	1.13	1.28	0.28	-0.203	0.649

表XII-12 従属変数＝膀胱経 BP 値、独立変数＝凡ての陰経 BP 値のデータ

No	被験者	肺	脾	肝	心	心包	腎	膀胱
		\multicolumn{6}{c}{陰経 BP 値（独立変数：原因）}	陽経 BP 値（従属変数：結果）
1	T.T.	1659	2000	2096	1602	1318	1919	1884
2	I.T.	2203	1729	1881	1661	1502	1718	1616
3	K.H.	2644	2327	2548	2262	2320	2484	1888
4	Y.O.	1770	1844	2134	1634	1624	1828	1458
5	K.S.	2298	2240	2097	1684	1696	2080	1801
6	H.T.	2083	2088	2010	1821	1682	2042	2086
7	H.K.	2058	2155	2004	2054	1818	1670	1604
8	Y.N.	2389	2464	1983	1888	1824	2160	1978
9	T.O.	2336	2208	2412	2044	1798	2088	1998
10	S.S.	1636	1942	2232	1233	1334	1645	1022
11	N.N.	1578	1822	1753	1571	1507	1636	1412
12	K.Su.	1540	1866	1830	1475	1256	1754	1418
13	N.S.	1937	1708	2004	1642	1544	1756	1260
14	Y.F.	2471	2796	2766	2168	1902	2318	1656
15	M.K.	1756	1433	1490	1462	1292	1484	1190
16	J.H.	2360	2330	2384	2184	1833	2123	2096
17	M.M.	1927	2056	2095	1765	1627	1798	1752
18	H.Ma.	1094	1672	1784	1336	1007	1494	902
19	F.S.	1538	1202	1317	1369	1262	1171	1140
20	T.Oh	1374	1516	1448	1528	1294	1665	1475

表XII-13 重回帰分析結果　従属変数＝膀胱経 BP 値、独立変数＝凡ての陰経 BP 値

重回帰分析

データ数	20
重相関係数R	0.873
決定係数R 2	0.763
自由度修正済み決定係数	0.653
Y評価値の標準誤差	210.5
ダービン・ワトソン比	1.653

分散分析表

要因	偏差平方和	自由度	平均平方	F値	P値	F (0.95)
回帰	1851982.3	6	308663.7	6.96	1.75×10^{-3}	2.92
残差	576250.9	13	44327.0			
計	2428233.2	19				

回帰係数の有意性の検定と信頼区間

	回帰係数	標準誤差	標準回帰係数	偏相関係数	t値	F値	P値	95%下限	95%上限
定数項	-79.8	317.7	-79.8		-0.25	0.06	0.81	-766.2	606.6
肺	0.282	0.298	0.327	0.254	0.95	0.90	0.36	-0.362	0.927
脾	0.106	0.332	0.112	0.088	0.32	0.10	0.75	-0.611	0.823
肝	-0.520	0.287	-0.526	-0.449	-1.81	3.28	0.09	-1.140	0.100
心	0.714	0.419	0.596	0.427	1.70	2.90	0.11	-0.191	1.620
心包	-0.531	0.511	-0.450	-0.277	-1.04	1.08	0.32	-1.634	0.572
腎	0.848	0.397	0.741	0.510	2.14	4.57	0.052	-0.009	1.705

表XII-14 従属変数＝大腸経BP値、独立変数＝肺経BP値のデータ

No	被験者	独立変数（原因）肺	従属変数（結果）大腸
1	T.T.	1659	1557
2	I.T.	2203	1636
3	K.H.	2644	2328
4	Y.O.	1770	1572
5	K.S.	2298	1624
6	H.T.	2083	1506
7	H.K.	2058	1910
8	Y.N.	2389	2044
9	T.O.	2336	1872
10	S.S.	1636	1350
11	N.N.	1578	1480
12	K.Su.	1540	1256
13	N.S.	1937	1329
14	Y.F.	2471	2154
15	M.K.	1756	1182
16	J.H.	2360	1917
17	M.M.	1927	1574
18	H.Ma.	1094	940
19	F.S.	1538	1208
20	T.Oh	1374	1238

表XII-15 単回帰分析結果従属変数＝大腸経BP値、独立変数＝肺経BP値

単回帰分析

データ数	20
重相関係数R	0.899
決定係数R2	0.809
自由度修正済み決定係数	0.798
Y評価値の標準誤差	162.1
ダービン・ワトソン比	2.437

分散分析表

要因	偏差平方和	自由度	平均平方	F値	P値	F(0.95)
回帰	2004199.2	1	2004199.2	76.28	6.87×10^{-8}	4.41
残差	472919.3	18	26273.3			
計	2477118.6	19				

回帰係数の有意性の検定と信頼区間

	回帰係数	標準誤差	標準回帰係数	偏相関係数	t値	F値	P値	95%下限	95%上限
定数項	70.0	177.1	70.0		0.40	0.16	0.70	-302.1	442.0
肺	0.783	0.090	0.899	0.899	8.73	76.28	6.87×10^{-8}	0.595	0.972

表XII-16　従属変数＝胃経BP値、独立変数＝脾経BP値のデータ

No	被験者	独立変数（原因）脾	従属変数（結果）胃
1	T.T.	2000	1468
2	I.T.	1729	1640
3	K.H.	2327	1994
4	Y.O.	1844	1776
5	K.S.	2240	1718
6	H.T.	2088	1743
7	H.K.	2155	1723
8	Y.N.	2464	2016
9	T.O.	2208	1848
10	S.S.	1942	1504
11	N.N.	1822	1596
12	K.Su.	1866	1589
13	N.S.	1708	1604
14	Y.F.	2796	2212
15	M.K.	1433	1118
16	J.H.	2330	1929
17	M.M.	2056	1806
18	H.Ma.	1672	1158
19	F.S.	1202	970
20	T.Oh	1516	1381

表XII-17　単回帰分析結果　従属変数＝胃経BP値、独立変数＝脾経BP値

単回帰分析

データ数	20
重相関係数R	0.915
決定係数R2	0.837
自由度修正済み決定係数	0.828
Y評価値の標準誤差	130.0
ダービン・ワトソン比	2.187

分散分析表

要因	偏差平方和	自由度	平均平方	F値	P値	F(0.95)
回帰	1560723.9	1	1560723.9	92.33	1.64×10^{-8}	4.41
残差	304270.6	18	16903.9			
計	1864994.6	19				

回帰係数の有意性の検定と信頼区間

	回帰係数	標準誤差	標準回帰係数	偏相関係数	t値	F値	P値	95%下限	95%上限
定数項	147.1	158.0	147.1		0.93	0.87	0.36	-184.9	479.1
脾	0.758	0.079	0.915	0.915	9.61	92.33	1.64×10^{-8}	0.592	0.923

表Ⅻ-18 従属変数＝胆経 BP 値、独立変数＝肝経 BP 値のデータ

		独立変数（原因）	従属変数（結果）
No	被験者	肝	胆
1	T.T.	2096	1707
2	I.T.	1881	1577
3	K.H.	2548	2120
4	Y.O.	2134	1700
5	K.S.	2097	1728
6	H.T.	2010	1845
7	H.K.	2004	1746
8	Y.N.	1983	1964
9	T.O.	2412	2004
10	S.S.	2232	1048
11	N.N.	1753	1526
12	K.Su.	1830	1617
13	N.S.	2004	1631
14	Y.F.	2766	2152
15	M.K.	1490	1186
16	J.H.	2384	2032
17	M.M.	2095	1842
18	H.Ma.	1784	1174
19	F.S.	1317	1088
20	T.Oh	1448	1490

表Ⅻ-19 単回帰分析結果　従属変数＝胆経 BP 値、独立変数＝肝経 BP 値

単回帰分析

データ数	20
重相関係数 R	0.737
決定係数 R 2	0.543
自由度修正済み決定係数	0.517
Y 評価値の標準誤差	231.3
ダービン・ワトソン比	2.044

分散分析表

要因	偏差平方和	自由度	平均平方	F 値	P 値	F (0.95)
回帰	1142371.4	1	1142371.4	21.36	2.12×10^{-4}	4.41
残差	962615.2	18	53478.6			
計	2104986.6	19				

回帰係数の有意性の検定と信頼区間

	回帰係数	標準誤差	標準回帰係数	偏相関係数	t 値	F 値	P 値	95%下限	95%上限
定数項	293.1	300.0	293.1		0.98	0.95	0.34	-337.2	923.3
肝	0.678	0.147	0.737	0.737	4.62	21.36	2.12×10^{-4}	0.370	0.987

表XII-20 従属変数＝小腸経BP値、独立変数＝心経BP値のデータ

No	被験者	独立変数（原因）心	従属変数（結果）小腸
1	T.T.	1602	1403
2	I.T.	1661	1446
3	K.H.	2262	2005
4	Y.O.	1634	1627
5	K.S.	1684	1601
6	H.T.	1821	1586
7	H.K.	2054	1958
8	Y.N.	1888	1952
9	T.O.	2044	1758
10	S.S.	1233	1232
11	N.N.	1571	1459
12	K.Su.	1475	1239
13	N.S.	1642	1444
14	Y.F.	2168	1968
15	M.K.	1462	1268
16	J.H.	2184	1888
17	M.M.	1765	1598
18	H.Ma.	1336	1094
19	F.S.	1369	1210
20	T.Oh	1528	1232

表XII-21 単回帰分析結果　従属変数＝小腸経BP値、独立変数＝心経BP値

単回帰分析

データ数	20
重相関係数R	0.941
決定係数R2	0.885
自由度修正済み決定係数	0.878
Y評価値の標準誤差	102.3
ダービン・ワトソン比	1.879

分散分析表

要因	偏差平方和	自由度	平均平方	F値	P値	F (0.95)
回帰	1445057.4	1	1445057.4	138.12	7.05×10^{-10}	4.41
残差	188317.4	18	10462.1			
計	1633374.8	19				

回帰係数の有意性の検定と信頼区間

	回帰係数	標準誤差	標準回帰係数	偏相関係数	t値	F値	P値	95%下限	95%上限
定数項	-40.2	137.1	-40.2		-0.29	0.09	0.77	-328.2	247.8
心	0.924	0.079	0.941	0.941	11.75	138.12	7.05×10^{-10}	0.759	1.089

表XII-22 従属変数＝三焦経BP値、独立変数＝心包経BP値のデータ

No	被験者	独立変数（原因）心包	従属変数（結果）三焦
1	T.T.	1318	1448
2	I.T.	1502	1622
3	K.H.	2320	2298
4	Y.O.	1624	1569
5	K.S.	1696	1708
6	H.T.	1682	1543
7	H.K.	1818	1800
8	Y.N.	1824	1812
9	T.O.	1798	1653
10	S.S.	1334	1242
11	N.N.	1507	1298
12	K.Su.	1256	1304
13	N.S.	1544	1565
14	Y.F.	1902	1854
15	M.K.	1292	1246
16	J.H.	1833	1688
17	M.M.	1627	1455
18	H.Ma.	1007	1175
19	F.S.	1262	1174
20	T.Oh	1294	1256

表XII-23 単回帰分析結果 従属変数＝三焦経BP値、独立変数＝心包経BP値

単回帰分析

データ数	20
重相関係数R	0.942
決定係数R2	0.888
自由度修正済み決定係数	0.881
Y評価値の標準誤差	98.0
ダービン・ワトソン比	1.609

分散分析表

要因	偏差平方和	自由度	平均平方	F値	P値	F(0.95)
回帰	1365454.9	1	1365454.9	142.07	5.63×10^{-10}	4.41
残差	173006.1	18	9611.5			
計	1538461.0	19				

回帰係数の有意性の検定と信頼区間

	回帰係数	標準誤差	標準回帰係数	偏相関係数	t値	F値	P値	95%下限	95%上限
定数項	145.6	118.7	145.6		1.23	1.51	0.24	-103.6	394.9
心包	0.884	0.074	0.942	0.942	11.92	142.07	5.63×10^{-10}	0.728	1.040

表XII-24 従属変数＝膀胱経BP値、独立変数＝腎経BP値のデータ

		独立変数（原因）	従属変数（結果）
No	被験者	腎	膀胱
1	T.T.	1919	1884
2	I.T.	1718	1616
3	K.H.	2484	1888
4	Y.O.	1828	1458
5	K.S.	2080	1801
6	H.T.	2042	2086
7	H.K.	1670	1604
8	Y.N.	2160	1978
9	T.O.	2088	1998
10	S.S.	1645	1022
11	N.N.	1636	1412
12	K.Su.	1754	1418
13	N.S.	1756	1260
14	Y.F.	2318	1656
15	M.K.	1484	1190
16	J.H.	2123	2096
17	M.M.	1798	1752
18	H.Ma.	1494	902
19	F.S.	1171	1140
20	T.Oh	1665	1475

表XII-25 単回帰分析結果 従属変数＝膀胱経BP値、独立変数＝腎経BP値

単回帰分析

データ数	20
重相関係数R	0.776
決定係数R2	0.602
自由度修正済み決定係数	0.580
Y評価値の標準誤差	231.8
ダービン・ワトソン比	1.764

分散分析表

要因	偏差平方和	自由度	平均平方	F値	P値	F(0.95)
回帰	1460940.7	1	1460940.7	27.19	5.86×10^{-5}	4.41
残差	967292.5	18	53738.5			
計	2428233.2	19				

回帰係数の有意性の検定と信頼区間

	回帰係数	標準誤差	標準回帰係数	偏相関係数	t値	F値	P値	95%下限	95%上限
定数項	-52.0	317.6	-52.0		-0.16	0.03	0.87	-719.3	615.2
腎	0.887	0.170	0.776	0.776	5.21	27.19	5.86×10^{-5}	0.530	1.245

表XII-26-1　本山博　2003/10/18　AMIデータ（治療法BP）

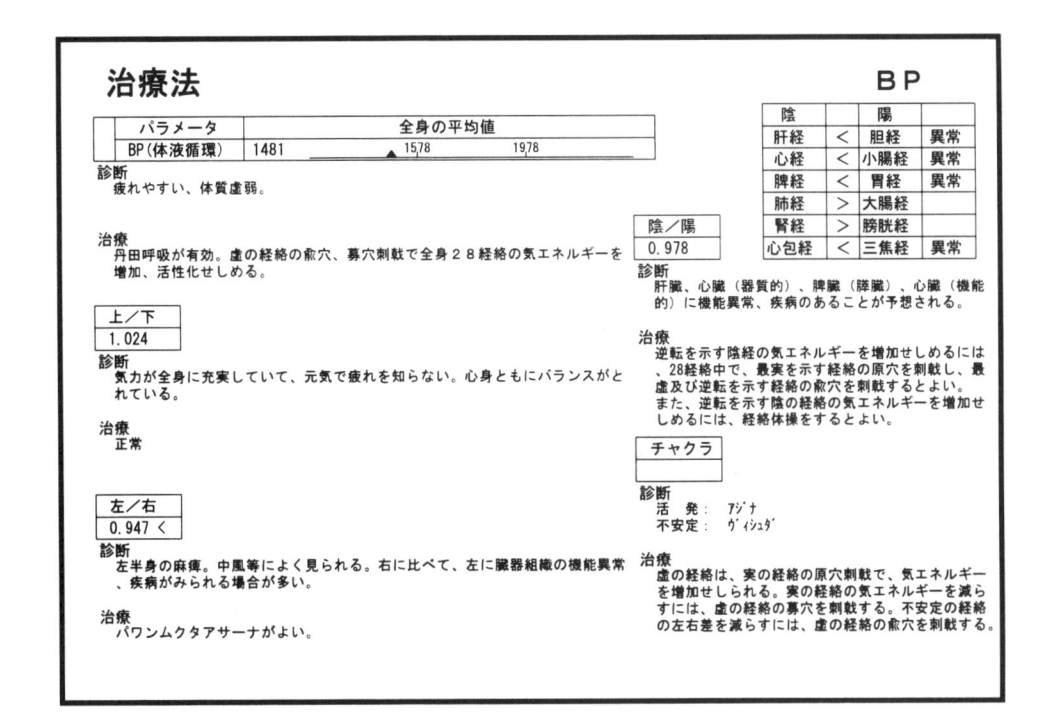

治療法　　　　　　　　　　　　　　　　　　　　　　　　　　　　BP

パラメータ	全身の平均値
BP（体液循環）	1481　　　15.78　　　19.78

診断
疲れやすい、体質虚弱。

治療
丹田呼吸が有効。虚の経絡の兪穴、募穴刺戟で全身28経絡の気エネルギーを増加、活性化せしめる。

陰		陽	
肝経	<	胆経	異常
心経	<	小腸経	異常
脾経	<	胃経	異常
肺経	>	大腸経	
腎経	>	膀胱経	
心包経	<	三焦経	異常

陰／陽
0.978

診断
肝臓、心臓（器質的）、脾臓（膵臓）、心臓（機能的）に機能異常、疾病のあることが予想される。

治療
逆転を示す陰経の気エネルギーを増加せしめるには、28経絡中で、最実を示す経絡の原穴を刺戟し、最虚及び逆転を示す経絡の兪穴を刺戟するとよい。
また、逆転を示す陰の経絡の気エネルギーを増加せしめるには、経絡体操をするとよい。

上／下
1.024

診断
気力が全身に充実していて、元気で疲れを知らない。心身ともにバランスがとれている。

治療
正常

チャクラ

診断
活　発：　アジナ
不安定：　ヴィシュダ

左／右
0.947 <

診断
左半身の麻痺。中風等によく見られる。右に比べて、左に臓器組織の機能異常、疾病がみられる場合が多い。

治療
パワンムクタアサーナがよい。

治療
虚の経絡は、実の経絡の原穴刺戟で、気エネルギーを増加せしめられる。実の経絡の気エネルギーを減らすには、虚の経絡の募穴を刺戟する。不安定の経絡の左右差を減らすには、虚の経絡の兪穴を刺戟する。

表XII-26-2　S=本山博　2004/2/1　狭心症のカテーテル手術の後

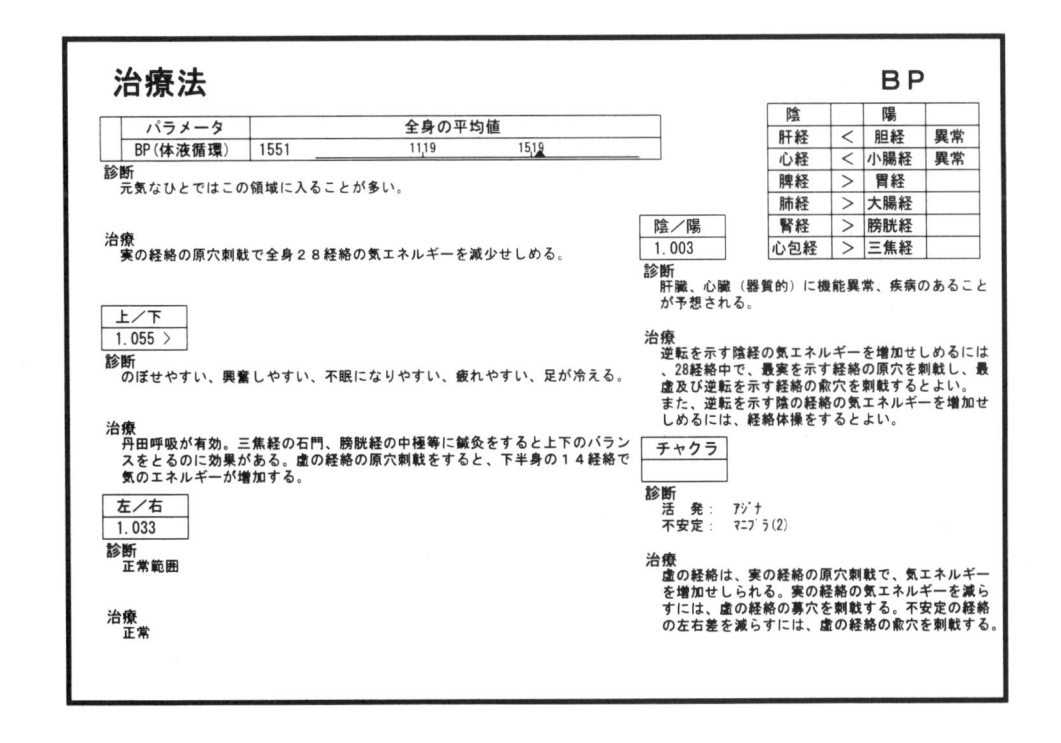

治療法　　　　　　　　　　　　　　　　　　　　　　　　　　　　BP

パラメータ	全身の平均値
BP（体液循環）	1551　　　11.19　　　15.19

診断
元気なひとではこの領域に入ることが多い。

治療
実の経絡の原穴刺戟で全身28経絡の気エネルギーを減少せしめる。

陰		陽	
肝経	<	胆経	異常
心経	<	小腸経	異常
脾経	>	胃経	
肺経	>	大腸経	
腎経	>	膀胱経	
心包経	>	三焦経	

陰／陽
1.003

診断
肝臓、心臓（器質的）に機能異常、疾病のあることが予想される。

治療
逆転を示す陰経の気エネルギーを増加せしめるには、28経絡中で、最実を示す経絡の原穴を刺戟し、最虚及び逆転を示す経絡の兪穴を刺戟するとよい。
また、逆転を示す陰の経絡の気エネルギーを増加せしめるには、経絡体操をするとよい。

上／下
1.055 >

診断
のぼせやすい、興奮しやすい、不眠になりやすい、疲れやすい、足が冷える。

治療
丹田呼吸が有効。三焦経の石門、膀胱経の中極等に鍼灸をすると上下のバランスをとるのに効果がある。虚の経絡の原穴刺戟をすると、下半身の14経絡で気のエネルギーが増加する。

左／右
1.033

診断
正常範囲

治療
正常

チャクラ

診断
活　発：　アジナ
不安定：　マニプラ(2)

治療
虚の経絡は、実の経絡の原穴刺戟で、気エネルギーを増加せしめられる。実の経絡の気エネルギーを減らすには、虚の経絡の募穴を刺戟する。不安定の経絡の左右差を減らすには、虚の経絡の兪穴を刺戟する。

表XII-26-3　本山博　2004/10/31　心臓バイパス手術後

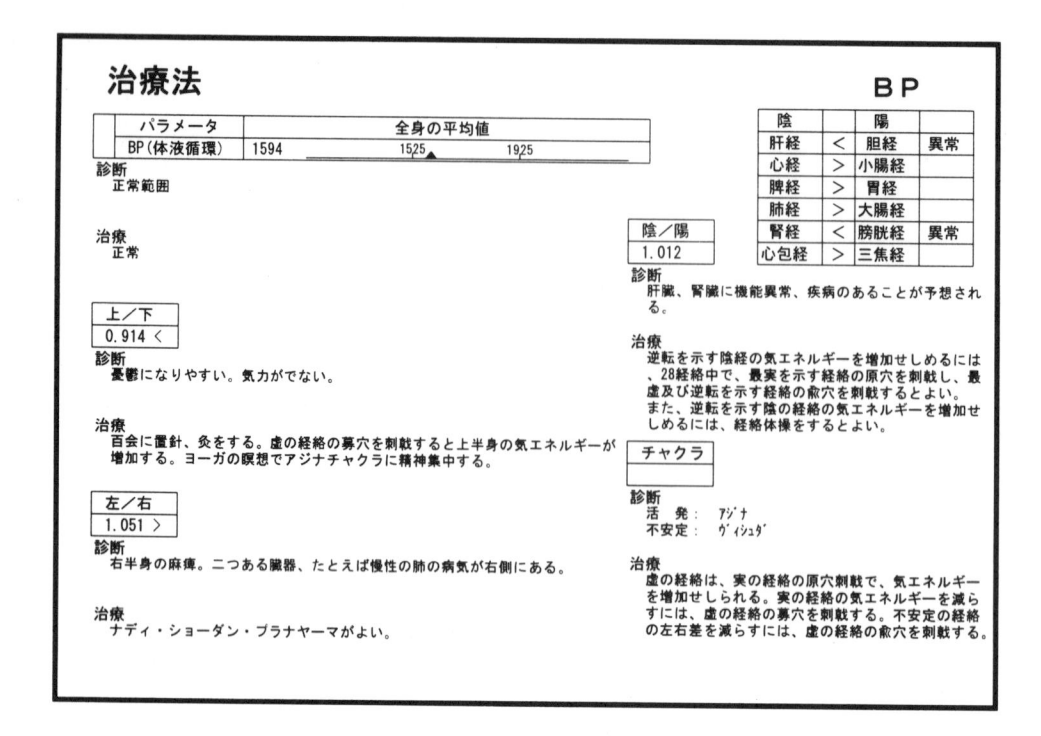

治療法

BP

パラメータ	全身の平均値
BP（体液循環）	1594　　1525▲　　1925

診断
　正常範囲

治療
　正常

上／下
0.914 <

診断
　憂鬱になりやすい。気力がでない。

治療
　百会に置針、灸をする。虚の経絡の募穴を刺戟すると上半身の気エネルギーが増加する。ヨーガの瞑想でアジナチャクラに精神集中する。

左／右
1.051 >

診断
　右半身の麻痺。二つある臓器、たとえば慢性の肺の病気が右側にある。

治療
　ナディ・ショーダン・プラナヤーマがよい。

	陰		陽	
	肝経	<	胆経	異常
	心経	>	小腸経	
	脾経	>	胃経	
	肺経	>	大腸経	
	腎経	<	膀胱経	異常
	心包経	>	三焦経	

陰／陽
1.012

診断
　肝臓、腎臓に機能異常、疾病のあることが予想される。

治療
　逆転を示す陰経の気エネルギーを増加せしめるには、28経絡中で、最実を示す経絡の原穴を刺戟し、最虚及び逆転を示す経絡の兪穴を刺戟するとよい。
　また、逆転を示す陰の経絡の気エネルギーを増加せしめるには、経絡体操をするとよい。

チャクラ

診断
　活　発：　アジナ
　不安定：　ヴィシュダ

治療
　虚の経絡は、実の経絡の原穴刺戟で、気エネルギーを増加せしられる。実の経絡の気エネルギーを減らすには、虚の経絡の募穴を刺戟する。不安定の経絡の左右差を減らすには、虚の経絡の兪穴を刺戟する。

表XII-26-4　S＝本山博　2004/11/05　血管・糖尿病の改善

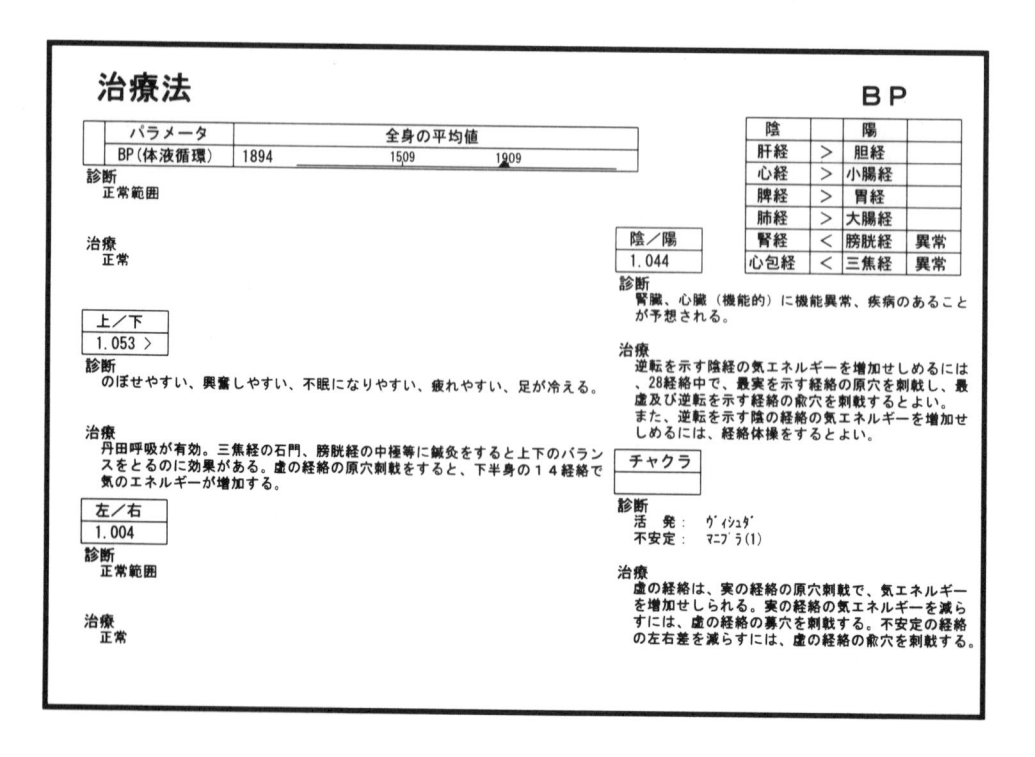

治療法

BP

パラメータ	全身の平均値
BP（体液循環）	1894　　1509　　1909

診断
　正常範囲

治療
　正常

上／下
1.053 >

診断
　のぼせやすい、興奮しやすい、不眠になりやすい、疲れやすい、足が冷える。

治療
　丹田呼吸が有効。三焦経の石門、膀胱経の中極等に鍼灸をすると上下のバランスをとるのに効果がある。虚の経絡の原穴刺戟をすると、下半身の14経絡で気のエネルギーが増加する。

左／右
1.004

診断
　正常範囲

治療
　正常

	陰		陽	
	肝経	>	胆経	
	心経	>	小腸経	
	脾経	>	胃経	
	肺経	>	大腸経	
	腎経	<	膀胱経	異常
	心包経	<	三焦経	異常

陰／陽
1.044

診断
　腎臓、心臓（機能的）に機能異常、疾病のあることが予想される。

治療
　逆転を示す陰経の気エネルギーを増加せしめるには、28経絡中で、最実を示す経絡の原穴を刺戟し、最虚及び逆転を示す経絡の兪穴を刺戟するとよい。
　また、逆転を示す陰の経絡の気エネルギーを増加せしめるには、経絡体操をするとよい。

チャクラ

診断
　活　発：　ヴィシュダ
　不安定：　マニプラ(1)

治療
　虚の経絡は、実の経絡の原穴刺戟で、気エネルギーを増加せしられる。実の経絡の気エネルギーを減らすには、虚の経絡の募穴を刺戟する。不安定の経絡の左右差を減らすには、虚の経絡の兪穴を刺戟する。

著者略歴

- 1925　香川県小豆島に生まる
- 1951　東京文理科大学（現筑波大学）哲学科卒業
- 1956　同大学院卒業
- 1957　科学基礎論学会（京都）講演（「超感覚的なものと科学」）
- 1958　東京文理科大学記念賞受賞（「東西神秘思想の研究」により）
- 1960　宗教心理学研究所所長～現在に至る
- 1962　文学博士（哲学・生理心理学）
　　　アメリカ、デューク大学にて、超常的能力の電気生理学的研究に関し研究と講義
- 1963　インド、ラジャスタン大学にて、ヨーガの電気生理学的研究に関し研究と講義
　　　著書『宗教経験の世界』ユネスコ哲学部門優良図書に推薦される
- 1964　デューク大学にて、超常能力の電気生理学的研究に関し再び研究と講義
- 1969　インド、アンドラ大学大学院客員教授（超心理学、生理心理学）
- ～70
- 1972　国際宗教・超心理学会（IARP）会長～現在に至る
- 1977　イタリア学士院アカデミア・チベリナ正会員
- 1980　アメリカ『ジャーナル・オブ・ホリスティックメディスン』誌編集委員
- 1983　インド、ヒンズー大学医学部ヨーガ研究センター海外委員
- 1988　ブラジル、国際オールタナティブセラピー学会にて特別講演
- 1989　アメリカ、フェッツアー財団にて特別講演
- 1990　フランス、第1回人体エネルギー国際大会にて特別講演
- 1991　南カリフォルニア大学院大学（SCI）日本校設立・学長
　　　中国での、鍼灸医学と自然医学大会にて基調講演
- 1992　フランス、第2回人体エネルギー国際大会にて特別講演
　　　カリフォルニア人間科学大学院大学（CIHS）設立・学長
- 1993　ブラジル、アドバンスド・メディカル・アソシエイション理事
- 1994　本山人間科学大学院・日本センター（MIHS）を設立・学長
- 1995　カナダ、第3回鍼灸医学と自然医学国際大会にて基調講演
- 1996　J. B. ライン博士生誕百年記念賞受賞
- 1997　コスタリカ国連平和大学にて講演
　　　米国 UCLA メディカルセンターで行われた「仮想現実と超生物学」シンポジウムで特別講演
- 2000　コスタリカ政府関係者の招聘による講演会とコスタリカ国立大学での AMI ワークショップ（サン・ホセ）

気の科学
―経絡、気エネルギーの電気生理学的証明と東西医学統合の試み―

著者　本山　博

編集者　本山カヲル

2009 年 1 月 23 日　印刷
2009 年 2 月 8 日　発行

発行所　宗教心理出版　〒181-0001 東京都三鷹市井の頭 4-11-7
TEL　0422-48-3535　振替　00140-1-80047
FAX　0422-48-3548
URL http://www.shukyoshinri.com

印刷所　松澤印刷株式会社
本文レイアウト／株式会社オルツ

© Hiroshi Motoyama 2009, Printed in Japan.
ISBN978-4-87960-711-9　C0014　¥14286E

万一落丁・乱丁の場合はお買上の書店又は発行所にてお取替えいたします。

本山 博 著作集

宗教・哲学書

			本体価格
宗教の進化と科学 　　世界宗教への道	Ａ５判	196頁	2,200円
人間と宗教の研究 　　地球社会へ向けて	四六判	225頁	2,524円
存在と相互作用の論理	四六判	131頁	2,600円

超常現象の科学的研究

超感覚的なものとその世界 　　宗教経験の世界 　　★ユネスコ哲学部門優良推薦図書	Ａ５判	246頁	2,913円
脳・意識・超意識 　　魂の存在の科学的証明	Ｂ５判	264頁	11,429円
Psiと気の関係 　　宗教と科学の統一	Ｂ６判	146頁	1,800円

東洋医学の科学的研究書

経絡－臓器機能測定について	Ｂ５判	155頁	5,800円
生命物理研究（創刊号） 　　AMI測定電流の波形解析とその意味	Ａ４判	14頁	1,900円
生命物理研究（第２号） 　　生体におけるエネルギー場について	Ａ４判	18頁	2,100円
AMIによる神経と経絡の研究	Ｂ６判	143頁	2,000円
東洋医学 気の流れの測定・診断と治療	Ｂ５判	308頁	10,000円
ヨーガの東西医学による研究 　　（オンデマンド版）	Ｂ６判	117頁	1,905円
東西医学による診断の比較	Ｂ５判	96頁	2,600円

＊＊＊＊名著刊行会＊＊＊＊

気・瞑想・ヨーガの健康学 　　　　　　　四六判　240頁　2,500円
　東洋医学の深層

宗教と医学 　　　　　　　　　　　　　　四六判　265頁　2,524円
　身・心・霊の調和への道

宗教心理出版　　〒181-0001　東京都三鷹市井の頭4-11-7
　　　　　　　　TEL0422-48-3535　FAX0422-48-3548
　　　　　　　　URL http://www.shukyoushinri.com